«Ich habe keinen einzigen Traum aufgegeben»

Ernst Augustin zum Gedächtnis

Abbildung 1 (© Isolde Ohlbaum)

«Ich habe keinen einzigen Traum aufgegeben»

Ernst Augustin zum Gedächtnis

Herausgegeben von Lutz Hagestedt

C.H.Beck

Diese Fest- und Erinnerungsgabe an ein großes Künstlerpaar wurde der geltenden Rechtschreibnorm behutsam angeglichen. Ernst Augustins besondere Schreibweise freilich blieb unverändert. Die Privataufnahmen aus der Orffstraße 10 illustrieren unsere Wortbeiträge, die Hausbesuchen gleichen: Sie sind Zeugnis der wunderbaren Gastfreundschaft, die Inge und Ernst Augustin mit ihrem literarischen und künstlerischen Werk zum Ausdruck gebracht haben. Mögen uns Haus, Werk und Bilder als ihr Vermächtnis erhalten bleiben.

© Verlag C.H.Beck oHG, München 2022
www.chbeck.de
Umschlaggestaltung: Rothfos & Gabler, Hamburg
Umschlagabbildung: Augustin © Robert Brembeck
Satz: Janß GmbH, Pfungstadt
Druck und Bindung: Pustet, Regensburg
Gedruckt auf säurefreiem, alterungsbeständigem Papier
(hergestellt aus chlorfrei gebleichtem Zellstoff)
Printed in Germany
ISBN 978 3406 78407 1

myclimate

klimaneutral produziert
www.chbeck.de/nachhaltig

Inhalt

Ernst Augustin 11
Ich über mich

Wolfgang Beck 16
Trauerrede für Ernst Augustin

Ernst Augustin 23
Das Bild des Verlegers

Uwe Timm 26
Nachruf auf Ernst Augustin

Lutz Hagestedt 31
Trauerrede

Hildegard Baumgart 33
Ein paar Worte zum Abschied von Dixie

Mary Banbury 37
I Remember Ernst

Ernst Augustin 42
Gastürme und Rehe

Tilman Spreckelsen 43
Aufwachen im Traum. Zum Tod des Autors
Ernst Augustin

Ulrich Rüdenauer 46
Fantastischer Fantastiker. Nachruf auf Ernst
Augustin

Ernst Augustin 50
Glücklich

Adelbert Reif 53
Schizophrenie in Literatur und Gesellschaft.
Zwei Gespräche mit Ernst Augustin

Katrin Hillgruber 70
Im Bann des Sonnengottes. Auf Preußenart das
Licht des Südens preisen: Ernst Augustin schickt
seine Leser in «Die Schule der Nackten»

Hans Magnus Enzensberger 74
Ernst Augustin: Der Kopf

Stephan Lesker 78
Der Kopfmensch und sein Körper.
Weltenwanderer bei Ernst Augustin und Walter
Kempowski – mit einem Seitenblick auf
Flammarion

Cornelia Zetzsche 99
Das Sein ist das eigentliche Geheimnis.
Gespräch mit Ernst Augustin in der Orffstraße

Katrin Hillgruber 113
Das Hirn liegt da und friert. Ernst Augustins
«Das Monster von Neuhausen»

Ernst Augustin 117
Ein zärtlicher Erfinder

Adolf Muschg 120
Spielwitz. Rede auf Ernst Augustin

Hanns-Josef Ortheil 137
München ist eine exotische Stadt.
Laudatio auf Ernst Augustin

Cornelia Zetzsche 153
«Donnerwetter». Laudatio auf Ernst Augustin
zum Ernst Hoferichter-Preis

Ernst Augustin 165
Das blutige Herz Afghanistans. Eine Trauerrede

Uwe Wittstock im Gespräch mit Ernst Augustin 171
«Schwarze Romantik liegt mir am meisten».
Über die Lust am Fabulieren und die Gruppe 47

Johannes Willms 176
im Gespräch mit Ernst Augustin über ‹Raum›

Thomas von Steinaecker 185
Der Mann der vielen heimlichen Leidenschaften
«Hier entlang bitte!» – Ein Besuch im Haus des
Schriftstellers Ernst Augustin

Hansjörg Schertenleib 196
Der Phantast. Ein Besuch bei dem Schriftsteller
Ernst Augustin

Jan Bürger 203
Orffstraße 10. Zu Besuch im Zwischenraum

Ernst Augustin, Psychiater und Schriftsteller . . 212
im Gespräch mit Wolfgang Habermeyer

**Malte Herwig und Sven Michaelsen im
Gespräch mit Ernst Augustin** 247
«Ich schreibe mit der Hand, ohne zu sehen,
was ich schreibe»

Erdmute Klein 259
Ein Sprachmagier. Ernst Augustin im Gespräch
über «Gutes Geld»

Ernst Augustin 266
Das Abenteuer der Menschheit

Martin Hielscher 271
Die dünne Eierschale der Wirklichkeit.
Der Schriftsteller Ernst Augustin

Sherko Fatah 304
Laudatio auf Ernst Augustin

Christiane Freudenstein 312
Unsichtbar werden. Gedanken zu
«Robinsons blaues Haus»

Ernst Augustin 318
Die Taucherglocke

Harald Eggebrecht 324
Magische Augenblicke. Abenteuer mit
Ernst Augustin

Tolle, lege Augustin 338
Nachwort und Dank des Herausgebers

Nachweis der Erstveröffentlichungen 344

Die Beiträger 348

Ernst Augustin

Ich über mich

Im Jahr 1955 glaubte ich, es geschafft zu haben. Ich stand in dem stark ummauerten Hof der schweren Station VIII der Nervenklinik der Berliner Charité, wo der Klettermaxe seit einem halben Jahrhundert einen dicken grünen Pelz an der Mauer hochgezogen hatte, und betrachtete gelassen die aufgesetzten Fanggitter. Gelassen, da ich hier nicht als Patient, sondern als junger Nervenarzt stand.

Ich erinnere mich an den Augenblick, als man mir den Anstaltsschlüssel aushändigte, einen sonderbar speziellen Schlüssel mit hochgezogenem Bart. Mit diesem Schlüssel öffnete man die Stationstüren, aber auch die Türen der Einzelzellen und vor allem die Türen zu den beiden Villen, wo die schweren Fälle lagen. Ich hatte einige Assistentenzeit in anderen Charitékliniken hinter mir, Chirurgie und Innere, insofern glaubte ich mich auch in der Nervenklinik orientieren zu können.

Man trug hier kein Stethoskop um den Hals, sondern ein kleines silbernes Hämmerchen in der Kitteltasche, und auch sonst bemerkte ich ein paar Unterschiede. Oberarzt Fenchow zum Beispiel trug im Gegensatz zu den weißen Hosen der Chirurgen schwarze Hosen. Ich bemerkte: Trägt man in der Ohrenklinik diesen eindrucksvollen Kopfreif mit dem Spiegel, so trägt man in der Nervenklinik das Geheimnis. Das war es.

Abbildung 2: Ernst Augustin 2006

Ich erinnere mich an die inbrünstigen Stunden in der großen Staatsbibliothek am Humboldtufer, im November, wenn draußen der Regen auf die grauen Säulen fiel, und ich unter meinem Lämpchen studierte: Die großen Pathopsychologen und die großen Analytiker. Den großen Freud habe ich hier zum ersten Mal gelesen, und den großen Jung, den Adler, den Magnus Hirschfeld, den Steckel habe ich gelesen und der hat mich am meisten erschreckt. Und dann die Pathobiographien, die ich studiert habe, vom Strindberg, der wohl geisteskrank war, und van Gogh, dem Irren mit dem abgeschnittenen Ohr.

Dann 1958 Afghanistan, das Entwicklungskrankenhaus in Cha-i-anjirs. In meinen Träumen liegt es immer im Regen, die spitzen schwarzen Berge und die ausgesägten Grate der Kakaowüste. Obwohl es in Afghanistan nie geregnet hat, soweit ich mich erinnere, höchstens im Winter, und dann war es unheimlich still im Land, beides, still und unheimlich, ohne einen Menschen auf hundert Kilometer. Wenn man einen Schritt geht, hörte man, seine eigene Schuhsohle laut auf dem Sand, das Heben des Brustkorbes.

Der Reisende, der über den Quettopaß kommt, riecht sie von weitem. Die Holzkohlenfeuer Afghanistans, lange bevor er die nach außen geneigte Paßkehre erreicht, wo er das Land zum erstenmal sieht, die Sandstrecken und Schluchten, die Räuber und Tiger in den Schluchten, die da alle versammelt sind. Und Angst? Ja, Angst hat er unbedingt, aber eine noch viel größere, ob er nämlich jemals wieder herauskommen würde. Aus diesem Land, wie es da liegt, mit seinen grausamen

Todesstrafen und seinen an Stricken hängenden Räubern, den abgeschnittenen Genitalien und den gehäuteten Ehebrechern.

Mein Hospital hatte dreißig Betten, einen Behandlungsraum, einen Operationsraum, einen Verbandsraum, Röntgenraum und eine Apotheke. Draußen war ein großer Hof, wo die Verwandten schlafen konnten, oder die Patienten, die am Abend ankamen, um am Morgen behandelt zu werden. Und da saßen sie alle. Voller Vertrauen. Und ich sagte: Was wollt ihr von mir, ich kann euch nicht helfen, ich kann nicht mal einen Blinddarm anständig operieren. Da freute sich die ganze Bande und dachte, ich habe eine Ansprache gehalten.

Einer hob seinen Arm und ich sah schon von weitem, daß er eine riesige Aleppobeule hatte, oder Kandaharbeule, wie man dort sagte. Oder die Frau, deren Bauch ich durch ein winziges Loch im Kleid untersuchte, welches der Ehemann mit der Schere herausgeschnitten hatte. Und trotzdem, abgemagert vor Angst und dünn vor Verantwortung bin ich auf seltsam ferne Art glücklich gewesen.

Ich habe damals in der «Mamma» drei Exemplare für dieses «Spiel» erfunden, Überlebenskünstler in den vorgegebenen Kulissen, was dann leider gründlich mißverstanden wurde. Vielleicht, daß das Buch zu früh kam oder zu spät, und die Werbung war wohl auch nicht ganz glücklich. Jedenfalls habe ich meine Absicht diesmal deutlicher ausgedrückt und habe dieses Buch «Raumlicht» geschrieben, das meinen Lebenslauf beschreibt, gleichzeitig aber einen Zeitraum von nur vier Stunden, eine Behandlungsdauer: Der Nervenarzt versucht seine schizophrene Patientin aus ihrem Schub herauszuziehen. Mit allen Mitteln und mit allem Einsatz, dazu muß er aber selbst an die Grenze seiner Existenz gehen, wenn er die Patientin erreichen will. An die Grenze der Vernichtung.

Und während des Schreibens habe ich entdeckt, daß mir im modern klinischen Milieu eine der schönsten antiken Liebesgeschichten untergekommen ist. Die Geschichte vom Mann, der hinabsteigt, um die geliebte Frau heraufzuholen. Das Orpheusmotiv.

Wolfgang Beck

Trauerrede für Ernst Augustin (am 5. November 2019)

Meine Damen und Herren, liebe Freunde Ernst Augustins, liebe Mary Banbury,
ich spreche hier als Verleger Ernst Augustins, d. h. ich sollte besser sagen: als sein Verleger in den letzten zwei Jahrzehnten. Denn im Jahr 2002 wechselte Ernst Augustin von Suhrkamp zu C.H.Beck, ein großer Glücksfall für unseren Verlag. Mittler dieses Wechsels – nachdrücklicher Dank sei ihm hierfür ausgesprochen – war Martin Hielscher, Lektor in unserem Verlag sowie Kenner und Verehrer Ernst Augustins seit langem. Siebzehn Verlegerjahre mit Ernst Augustin sind es somit für mich, eigentlich eine eher kurze Zeit, misst man sie an der Lebensspanne des bereits seit den frühen sechziger Jahren so wunderbar produktiven Autors.

Die fast schon nachbarliche Münchner Nähe seines neuen Verlags erleichterte die Zusammenarbeit. Persönliche Treffen waren häufig, ebenso Gespräche am Telefon, auch zu Lektorats- und Redaktionsfragen. Alles vollzog sich in direktem mündlichen Austausch, ich konnte zu meiner Überraschung keinen einzigen Brief Ernst Augustins in unserer Ablage finden.

Sein Einstandswerk in unserem Verlag mit hohem Potential an Lese- und Lachvergnügungen war ein – man darf sagen – hochkarätiger *München*-Roman mit dem Titel «Schule der Nackten». Ohne Ortswechsel, ausschließlich in Deutschlands südlichster und wärmster Großstadt und dort im Besonderen im hochsommerlichen FKK-Gelände eines großen Münchner Freibads spielt sich das Geschehen ab, das seinen Protagonisten in ein Wechselbad heftiger Erlebnisse stürzt.

In München lebten Ernst und Inge Augustin damals schon seit vierzig Jahren. Es war ihr bewusst gewählter Lebensmittelpunkt, den sie trotz vieler Reisen und Abwesenheiten zu schätzen wussten. Und den sie in künstlerischen Visionen ausschmückten und verschönerten. In Ernst Augustins Worten: «Wenn an warmen Sommerabenden die zweihundert Türme schwarz vor den apfelsinenfarbenen Alpen stehen. Und sich durch eine Luftspiegelung auch noch das abendliche Verona über die Alpen hereinspiegelt – an vier Tagen sind sogar die Glocken zu hören – [...], dann möchte man doch noch ein bisschen dableiben.»

Ja, dazubleiben, das hieß insbesondere, sich wohnlich einzurichten in einem Haus, von dem wir alle wissen, dass es zu einem Gesamtkunstwerk ohnegleichen ausgestaltet war, an dem vor allem auch Inge Augustin künstlerische Hand angelegt hatte:

mit phantastischen Ausmalungen in perfekter Trompe-l'œil-Ausführung, mit schönsten Imaginationen italienischer Architektur und südländisch-tropischer Naturlandschaften. – – Inge Augustin war es auch, die dem Verlag die Gemälde-Vorlagen für die Umschlag-Gestaltungen der Bücher ihres Mannes lieferte, wie er es sich ausdrücklich gewünscht hatte. Dabei ging es nicht nur um die neuen Bücher, sondern auch um sukzessiv erscheinende Ausgaben aller älteren Werke Ernst Augustins. Bis zu seinem 80. Geburtstag im Herbst 2007 lag bereits eine höchst ansehnliche achtbändige Werkausgabe vor, an der ihr Autor deutlich sichtbare Freude zeigte. Einige frühere Romane wie «Das Badehaus» und «Mamma» waren dort in überarbeiteter Form und mit verändertem Titel enthalten. Mit zwei weiteren älteren Werken, die erst später neu aufgelegt wurden, und mit den Romanen «Robinsons blaues Haus» und «Das Monster von Neuhausen», die noch folgten, ergibt sich ein in unserem Verlag lieferbares Gesamtwerk von zwölf Büchern – ein Œuvre von einzigartigem erzählerischen Gehalt, wie alle Ernst-Augustin-Leser wissen.

Den 80. Geburtstag hatten wir nicht etwa im Münchner Literaturhaus, sondern mit einer Salsa-Party im Szeneclub «Ampère» gefeiert: Die Stimmung war vergnügt, heiter, ja ausgelassen, schöner hätten wir es uns nicht wünschen können. Zwar war zum Jahrestag kein neues Buch erschienen, wie wir im Geheimen erhofft hatten, doch arbeitete Ernst Augustin an einem solchen und sprach mit uns darüber. Als seinen «Faust» oder «Fäustchen» kündigte er den Roman an, in dem er einige seiner wichtigsten Lebensthemen zu verarbeiten gedachte. Doch dann, etwa anderthalb Jahre später, schlug das Schicksal zu. Die Operation eines gutartigen Gehirntumors verunglückte und ließ von Ernst Augustins Sehkraft nur noch minimale Reste übrig. Das Roman-Manuskript war bis dahin zwar zu einem vorläufigen Abschluss gelangt. Doch gehörte es zu Ernst

Augustins Arbeitsweise, an seinen Texten zu feilen und sie mehrfach zu revidieren. Um das Manuskript nun trotz verlorenem Augenlicht in eine endgültige Gestalt zu überführen, die vor dem kritischen Urteil des Verfassers Bestand hatte, bedurfte es nicht nur gehöriger Motivation, woran es zum Glück nicht fehlte, sondern auch einer speziellen optischen Apparatur, die dazu diente, die Hand- und Maschinenschrift um ein Vielfaches zu vergrößern. Das Ergebnis freilich hätte überzeugender nicht ausfallen können. Mit «Robinsons blauem Haus» ist Ernst Augustin erneut ein meisterliches Werk gelungen: kein «Altersroman», obwohl der Tod in ihm eine wichtige Rolle spielt, vielmehr ein von jeglicher Schwermut freies Buch, das sprüht von Lebendigkeit, Geist, Witz und Komik und zusammengehalten wird von einer ebenso faszinierenden wie ungreifbaren Erzählerfigur, die changiert zwischen Identitäten, Orten und Lebensaltern.

Ernst Augustins entspannter, lockerer Erzählstil, die unbeschwerte Mündlichkeit, die für ihn charakteristisch ist, bei gleichzeitiger Blick- und Wahrnehmungsschärfe, floss dem Verfasser nicht von selbst aus der Feder. Er arbeitete im Detail an seinen Texten und bezeichnete sich als «Perfektionisten». Seine wunderbaren und in jedem Roman und in jeder Geschichte neu erfundenen Ich-Erzähler schildern das Geschehen nicht aus einer Perspektive distanzierten Durch- und Überblicks, sondern erleben es als unmittelbar Beteiligte, Betroffene und Agierende und sind dabei einem Strom wechselnder Emotionen und Gestimmtheiten ausgeliefert. Alles passiert gleichzeitig: Agieren, Reagieren, Beobachten, Wahrnehmen, Empfinden, Erzählen. Dies in einer leichtfüßigen, ungezwungenen und dennoch exakt-anschaulichen Sprache zu bewerkstelligen, das vermochte Ernst Augustin wie kein anderer.

Als Überschrift über seiner Kunst könnte der geflügelte Titel eines schon vor zweihundert Jahren geschriebenen Theaterstücks stehen: «Scherz, Satire, Ironie und tiefere Bedeutung». Doch Wichtiges bleibt dabei ausgeblendet: Ernst Augustins Weltneugier und Weltläufigkeit, die sein Schreiben auszeichnet und so selten ist in der deutschen Literatur, und vor allem der unerhörte Erfindungsreichtum in seinen Texten, wo das Reale sich verbindet mit dem Surrealen, das Wirkliche verschmilzt mit dem Phantastischen, Autobiographisches durchsetzt ist von Erdichtetem, und darüber hinaus allerhand Merkwürdigkeiten ihr höchst anregendes Spiel treiben. «Die Phantasie ist mein Werkzeug», so wird Ernst Augustin zitiert. Zugleich erzählt er, dass er schon in der Kindheit unentwegt Traumwelten in seinem Kopf entworfen habe. Im bekannten Fragebogen der Frankfurter Allgemeinen Zeitung äußerte er auf die Frage «Welchen Lebenstraum haben Sie aufgegeben?»: «Ich habe viele Leben gelebt und keinen einzigen Traum aufgegeben. Ich bin zu beneiden» und bezog sich dabei sowohl auf sein literarisches Werk wie auf sein Leben nach der Erblindung. Denn mit dem Verlust der Außensicht hörte das innere Sehen und Imaginieren ja nicht auf, im Gegenteil: Es gewann zusätzlich an Kraft und Bedeutung. Beglückt konnte Ernst Augustin hierüber sprechen: «Ich träume in ungeheuer brillanten Farben – und teilweise so schön, dass ich in die Knie gehe, weil ich während des Traumes denke, ich kann wieder sehen. Da bauen sich Städte von einer ungeheuerlichen Schönheit auf. Ich habe solche schönen Städte nie in meinem Leben gesehen.»

Und im gleichen Zuge äußert er: «Mein Grundgefühl ist, in einer großen Traumblase zu leben. Das Leben ist ein Traum *in* einem Traum.» Und der Tod, so fährt er fort, führe zu einem Aufwachen in einem neuen Traum. Hier und in seinen Büchern wird deutlich: Die Auffassung eines endgültigen Endes war Ernst Augustin fremd. Sie war ihm, so darf man es vielleicht deuten, zu *un*künstlerisch, nicht zu vereinbaren mit seiner Vorstellung einer Welt, der eine Verschönerung stets gut tut.

Das durchaus faszinierte Erleben seiner bewegten inneren Bilder und imaginären Welten half ihm, trotz schwerer physischer Einschränkungen, zu einer Art von Lebensfreude, scheint mir, bis zuletzt. Als meine Frau und ich einen Besuchswunsch bei Mary Banbury ankündigten, gab sie uns grünes Licht mit den Worten: «Ernst is physically weaker than the last time you saw him. […] But his spirit is still strong.» Wir planten unseren Besuch für den 3. November und waren schon an der Rezeption im Seniorenheim, als wir erfuhren, dass Ernst Augustin am Vormittag vom Notdienst in eine Innenstadt-Klinik überführt worden war. Bei unserem Anruf dort hatten wir Benjamin Koßin am Telefon, der uns zu unserem Schrecken mitteilte, Ernst Augustin sei vor einer dreiviertel Stunde gestorben, und er habe, so fuhr er fort, mit schwacher Stimme noch gesagt, nun müsse er seinem Verleger absagen.

Ja, so war er: Berührend aufmerksam im Mitmenschlichen, ungemein sympathisch für alle, die ihn persönlich kannten und erlebten. Mit Charme und Charisma auch als Lebenskünstler, mit vielen liebenswerten Eigenschaften, die er mit seinen Erzählerfiguren teilte. Allein in unserem Verlag bildeten seine Fans ein ganzes Grüppchen, weiblich und männlich. Wir mochten ihn schon unerhört gerne – man darf getrost von Liebe sprechen –, und diese bleibt uns jetzt zum Glück ja erhalten, neben seinen wunderbaren Büchern, in denen Ernst Augustin fortlebt. –

Ich danke Ihnen.

Ernst Augustin

Das Bild des Verlegers

Ein Verleger, meine Damen und Herren, ein Verleger ist laut und schwer. Er ist dröhnend, er füllt im Stehen einen Türrahmen vollständig aus, und er hat den Bodensee mindestens einmal durchschwommen – das vor allem. Autoren läßt er auf gar keinen Fall zu Wort kommen, und Autorinnen, also Autorinnen läßt er zu Wort kommen. Zu diesem Zweck fährt er einen blauen Jaguar. Und zwar zügig.

So. Mit diesem literarischen Leitbild also – oder sagen wir, mit ein paar Erfahrungen fand ich mich eines Tages in München vor dem Backsteinbau Ainmillerstraße 12 ein, wo ein erstes Verlegergespräch stattfinden sollte. Zögerte vielleicht einen Moment auf den Stufen, vielleicht in Erwartung des blauen Jaguars oder doch zumindest einer bläulichen Münchner Variante? Übersah dabei völlig den Radfahrer, der soeben auf seinem Fahrrad in die Einfahrt einbog. Das heißt, übersah ihn natürlich nicht, sonst könnte ich mich nicht an seinen Fahrradkorb erinnern, in welchem er einen gewichtigen Stapel Papier transportierte, ein wahrscheinlich siebzehnmal abgelehntes Manuskript, wie ich mitfühlend annahm, denn sonst wäre der Mann ja nicht Fahrrad gefahren – nach siebzehn Verlegergesprächen. Deshalb vielleicht doch etwas zögernd, stieg ich an diesem hellen Frühlingstag die Stufen zu *meinem* Gespräch empor.

Und das sieht so aus, daß ich natürlich auf *sämtliche* Fangfragen vorbereitet bin, etwa: «Warum schreiben Sie?» Oder: «Warum schreiben Sie nicht etwas Vernünftiges?» Jawohl, ich bin mit *sämtlichen* Gewalttätigkeiten vertraut, mit *allen* Kraftakten mit denen mich der Verleger auf Zwergenhöhe verkürzen wird. Ich bin sogar darauf vorbereitet, daß er mich frißt, oh ja. In diesem Fall erlaube ich mir, ein hochgefragter Autor zu sein, ich bin so gefragt, daß sich vier Münchner Verleger um mich bemühen, inklusive einer Verlegerin (!), und das sollte doch zu denken geben. Herr Verleger, werde ich sagen, Herr Verleger, die ist scharf auf mich! Und zwar lautstark, damit er mich auch hört.

So präpariert also und so couragiert sieht man mich an diesem hellen Frühlingstag in München, in der Ainmillerstraße 12 an die Verlegertür klopfen. Ich öffne die Tür. Trete beherzt ein, wobei ich versuche, den Türrahmen auszufüllen, setze dröhnend an – soweit es meine Mittel erlauben, tief aus der Brust und fest im Geist –, um gleich voll durchzustoßen, und, was soll ich sagen – – – stoße voll ins Leere.

Vor mir steht der Radfahrer – – –

Ich erinnere mich, es war hell, ein helles Zimmer voller heller Bücher, im Fenster knisterten die verlagseigenen Bäume, und es herrschte Stille, ich konnte das Knistern hören. Dann, still, kam der Mann auf mich zu und streckte mir die Hand entgegen. Ganz im Hintergrund knisterte noch ein weißmarmornes Treppenhaus, daran erinnere ich mich auch, das knisterte besonders still und fein.

Und der Mann sprach leise. «Warum schreiben Sie?»

Ja warum eigentlich. *So* gestellt wurde die Frage noch nie, nicht in dieser verhaltenen Tonlage. Und wenn er sagte: «Warum schreiben Sie nicht etwas Vernünftiges?», dann hörte sich das, so gesprochen, ganz vernünftig an. Ja, warum eigentlich nicht.

Oh, ganz zum Schluß sagte er noch etwas besonders feines Verlegerisches, und zwar mit wirklicher Delikatesse sagte er – und das will ich jetzt beschwören – er sagte: «Herr Augustin, wir sind scharf auf Sie!» Ich schwöre, er hat es gesagt, genauso delikat, Herr Hielscher hier ist Zeuge!

Und in diesem Sinn, meine Damen und Herren, wollen wir unser Glas erheben und ausrufen: «Herr Beck! Herr Beck, wir alle hier sind *scharf* auf Sie!»

Uwe Timm

Nachruf auf Ernst Augustin

Es gehört zu meinem Plan, dass ich nicht auffalle, oder doch kaum. So lässt Ernst Augustin seinen Roman «Raumlicht: Der Fall Evelyne B.» beginnen, und dann folgt eine genaue Beschreibung seines Hauses und des Münchner Viertels, in dem der Protagonist – wie auch sein Erzähler – wohnt. Wir können sagen, dass Ernst Augustin das Nichtauffallen gut gelungen ist, und das, obwohl seine Romane zu den außergewöhnlichsten in der neueren deutschen Literatur gehören. Ihrer Sprache, ihrer Konstruktion und ihren Stoffen ist Augustins Profession anzumerken, er war Arzt und Psychiater, vor allem aber war er ein Reisender. Nicht von Kulturinstituten gesponsert, sondern von eigenen Interessen geleitet, reiste er durch Afrika, Indien, Pakistan, Russland, China, getrieben von einer fragenden Neugierde, einem Interesse an dem Fremden, Anderen, Ungewohnten.

Am 31. Oktober 1927 in Hirschberg geboren, hatte er in der DDR, in Rostock und Berlin, Medizin studiert, arbeitete dann als Assistenzarzt für Neurologie und Psychiatrie an der Charité. 1958 nahm er die Stelle eines Arztes in einem einer amerikanischen Baufirma gehörenden Provinzkrankenhaus in Afghanistan an. Zu seiner Überraschung war er in diesem noch mittelalterlich lebenden Ort der einzige Arzt und der einzige Europäer. Diese wahrlich abenteuerliche Zeit hat er in dem

Roman «Raumlicht: Der Fall Evelyne B.» beschrieben. Der Mut, sich in eine so andere, so ferne, fremde Kultur hinein zu begeben und die Umwelt mit diesem neugierig vorurteilsfreien Blick zu betrachten, korreliert mit einem tiefen Interesse an dem Nächsten, dem Innenleben, der Psyche, der eigenen wie auch jener der anderen, dem so rätselhaften Verhältnis von Traum und Realität, von Wahn und Wirklichkeit, wie es sich insbesondere in der Schizophrenie zeigt. Da, wo die Umgangssprache zur Beschreibung psychischer Absonderlichkeiten dunkle Kammern, Keller, Oberstübchen, Tunnel oder Abgründe aufruft, entstehen bei Augustin faszinierende Räume, Gebäude, unterirdische Gewölbe. Ich kenne keine andere Prosa, in der Räume so genau beschrieben und mit dem Unbewussten in Beziehung gebracht werden, bis eine Seelenarchitektur vor uns ersteht.

In allen seinen Romanen ist die genaue Beobachtung verbunden mit einem jähen Wechsel, bei dem das vertraut Wirkliche ins phantastisch Unwirkliche kippen kann. Sprachspiele, die zwischen Realistik und Phantastik oszillieren und mit Witz und Ironie den Erzähler kommentierend einbeziehen. Der Kritiker Ulrich Rüdenauer hat zu Recht Augustins Romane mit existentiellen Wunschmaschinen verglichen. Wer etwas erfahren will über die Psychowelle, über das London im architektonischen Umbruch der siebziger Jahre und darüber, wie man in einem Eisschrank, der die Form einer roten Coca-Cola-Flasche hat, einige Tage überleben kann, sollte den Roman «Eastend» lesen.

Ich hatte das Vergnügen, Ernst Augustin vor mehr als dreißig Jahren auf einer Reise nach Bordeaux kennenzulernen. Vergnügen meint nicht nur das gemeinsame gute Essen, den vorzüglichen Wein, sondern vor allem die Gespräche mit ihm auf den Wegen durch die Stadt. Das waren Wanderungen durch Möglichkeitsformen. Ständig blieb er stehen, weil er einen Erker, ein Gesims bewunderte, aber auch Umbauvorschläge machte, Verbesserungen erfand, auch den Abriss von Verschandelungen erwog oder mögliche Anbauten beschrieb. Tatsächlich kaufte er immer wieder Häuser, baute sie um, wohnte eine Zeit lang darin, in London, in den USA, auf Elba, um sie dann wieder zu verkaufen. Vor allem baute er an seinem Haus in München, das er über die Jahrzehnte zusammen mit seiner Frau ausgestaltet hat. Mir erschien es wie ein begehbarer Roman, mit den gemalten Scheintüren, Figuren, Grotten, der kleinen Salsa-Bar samt Diskokugel im Keller und den sechzehn unter dem Glasdach im Treppenhaus stehenden pazifischen Königspalmen, die seine Frau Inge, Malerin surrealer Bilder, von einem entfernten Supermarkt auf einem Fahrradanhänger herangeschafft hatte. Oben auf dem Dach ein kleiner Swimmingpool, in dem man zwar nicht schwimmen, sich aber in heißen Nächten hineinlegen konnte. Dort oben im Sommer zu sitzen und über ein Atoll, das er kaufen wollte, zu reden, mit einem seiner gerührten oder geschüttelten Drinks in der Hand, war – wer ihn nicht kannte, wird es nicht glauben – Literatur.

Ein Kunstfehler eines Chirurgen bei der Operation

eines gutartigen Tumors im Kopf verletzte den Sehnerv derartig, dass Augustin, der Augenmensch, kaum noch sehen konnte. Zwei Romane hat er noch unter großen Mühen geschrieben, zog mit seiner Frau in ein Altersheim, erlebte ihr Dahinschwinden und starb dort einige Jahre später, am 3. November 2019.

Auf seiner Beerdigung waren seine Lebensfreundin Mary, der Verleger Wolfgang Beck mit seiner Frau, entfernte Verwandte, ein paar Freunde, ein paar Leser, die meisten grau, Kollegen fehlten, wie auch Mitglieder der Akademie, kein Vertreter der Stadt München, über die er wie kein anderer seit Thomas Mann und Lion Feuchtwanger geschrieben hat, und von der Landesregierung war natürlich auch niemand gekommen.

Ernst Augustin war es also gelungen, kaum aufzufallen. Seine Romane aber werden suchende Leser weiter zutiefst erstaunen.

Abbildung 3: Inge Augustin im Palmengarten

Lutz Hagestedt

Trauerrede

Es ist nun aber so, geehrte Trauergäste, verehrte Mary, dass der liebe Entschlafene an den Tod nicht geglaubt hat. Zwar hat er Geburt und Tod in seinem Werk beschrieben – die Geburt als «gewaltige Leibestätigkeit», den Tod als «ganz simples Niederwalzen» wie in «Mahmud der Schlächter» –, auch hat er uns die «Hühner von Antiochia» vor das «goldene Auge» gestellt, die sich erst «erkennen», als sie bereits «ausbluten» – aber er hat auch wirksam gegen den Tod opponiert, wie im «Amerikanischen Traum».

«Ich war tot, ich wußte es», heißt es in «Eastend», aber dann kommt es zur Verwandlung, zum Showdown, aus dem der Erzähler als Sieger, als Überlebender hervorgeht.

«Wir Abendländer», sagt Augustin in seinem Roman «Raumlicht», «Wir Abendländer sind auf diesem Gebiet von jeher schwer von Begriff, wir sagen: Tod, oder wir sagen: Ich werde einmal sterben, und horchen daraufhin, und es bedeutet gar nichts.»

Der Tod, sagte er damals (1996) im Seminar mit Bamberger Studenten, sei eine «reine Stimmungssache», er sei «einfach ein ganz anderer Bewußtseins-Zustand», in den man erst einmal hineinfinden müsse.

So hat er auch im wirklichen Leben gern und oft vom Tod gesprochen: da schon das Leben überhaupt «nicht möglich» sei, sei auch der Tod nicht vorstellbar: «Ich weiß gar nicht, wie man das macht, sterben!»

«Ich bin ja ein Innenmensch geworden», sagte er nach seiner Erblindung. Und er imaginierte sich lauter «Zwischenräume», in denen er sich einrichten konnte – wir haben davon in seinem Roman «Robinsons blaues Haus» gelesen. Zugleich aber galt: «In dieser Welt überlebt der Mensch nicht.»

Jedenfalls: Der liebe Augustin sah sich umsorgt, er genoss unsere «Fürsorge», die des Verlages und seiner Mitarbeiter, der Nachbarn und Freunde, die ihn besuchen kamen, auch natürlich des Pflegedienstes. Und: man umsorgte ihn gern! Denn er ertrug sein Schicksal mit Humor: «Mit zunehmender Demenz werden wir immer fröhlicher.» Damals lebte Queenie noch …

Er sah sich respektiert und wusste, seine Bücher würden erscheinen. Als er gerade an der dritten Fassung seiner Robinsonade arbeitete, sagte er mir: «Dieses Buch richtet mich auf, vermittelt mir ein eigenartiges Glücksgefühl. Es ist die Vorstellung, daß man der Welt etwas hinzugefügt hat.»

Ernst Augustin hat uns mit seinem Leben ein großes Geschenk gemacht.

Hildegard Baumgart

Ein paar Worte zum Abschied von Dixie

Außer der Schwägerin Urda, der Schwester von Ernst Augustins Frau, kenne sicher ich von allen, die hier sind, Ernst Augustin am längsten, schon aus den sechziger Jahren. Sehr bald nannten wir und unsere Kinder ihn mit dem Namen, den wohl seine Frau für ihn erfunden hatte, Dixie – Queenie und Dixie hießen sie seit den sechziger Jahren bei uns. Eine lange Geschichte also, mit vielen Schauplätzen. Dazu gehört nun seit einigen Jahren, sechs oder sieben, auch ein Alters- und Pflegeheim. Es waren keine häufigen Kontakte mit Dixie, aber wenn ich von Berlin nach München kam, habe ich ihn besucht; und auch öfter mit ihm telefoniert, wobei es schön war, dass er sich nach einigem Zusichkommen freute und wir immer lange sprachen. Sein Kopf, sein *Geist* war ja gegenüber allem sonstigen Kaputten klar und persönlich geblieben, und ich habe eigentlich jedes Mal mit ihm heiter über höchst ernste Dinge gesprochen, die mich, die ich nur zwei Jahre jünger bin als er, ja auch angehen. Das war erstaunlicherweise zuletzt drei Tage vor seinem Tod (wobei ich vergessen hatte, dass er gerade Geburtstag gehabt hatte – wir haben auch nicht darüber gesprochen).

Ich habe ihn da angerufen, weil ich selbst durch eine Augenbehandlung reduziert war und eine ganze Reihe von Dingen, die mir geläufig und natürlich sind, nicht unternehmen konnte. Die Vorstellung, dass er seit Jahren in einem viel schlimmeren Zustand war und nicht depressiv wurde, überwältigte mich anders als früher, und also sagte ich in diesem Gespräch: «Dixie, ich glaube, du bist ein Heiliger!» Das löste Heiterkeit aus, ich glaube sogar sein früheres Kichern – und wir kamen in ein Gespräch, wie wir es öfter hatten, über das Sterben, wozu er immer sagte: «Ich weiß nicht, wie das geht, daher kann ich es nicht ...»

Manchmal sprachen wir auch über Gott. Über den Gott, der ihm sozusagen beigebracht worden war, sagt er, das sei nicht der Richtige, mit dem sei er aber zutiefst böse, weil er ihm Queenie genommen hatte. Der richtige Gott aber – oh, das sei was anderes ...

Beim Nachdenken über seinen Tod und sein Leben kam ich dann aber doch auf eine Überlieferung – ich lese sie Ihnen vor. Es ist die Geschichte von Elija, der Schwerstes erlebt hat, sterben möchte und zum Gottesberg Horeb flieht. Dort bleibt er in einer Höhle (1. Kön. 19, 11 f.).

Der HERR sprach: Geh heraus und tritt hin auf den Berg vor den HERRN! Und siehe, der HERR ging vorüber. Und ein großer, starker Wind, der die Berge zerriss und die Felsen zerbrach, kam vor dem HERRN her; der HERR aber war nicht im Winde. Nach dem Wind aber kam ein Erdbeben; aber der HERR war nicht im Erdbeben. 12 Und nach dem Erdbeben kam ein Feuer; aber der HERR war nicht im Feuer. Und nach dem Feuer kam ein stilles, sanftes Sausen.

Martin Buber übersetzt: Eine Stimme verschwebenden Schweigens. Ein theologischer Freund von mir sagt, genauer übersetzt: eine zerschlissene Stimme, dünn geworden bis zum Schweigen. Elija kann offenbar nur verstehen, was so zu ihm spricht, wie er selbst in seinem abgekämpften Zustand hätte sprechen können. Diese Stimme ruft Elija aus seiner Höhle heraus.

Es wäre jetzt leicht, all die schrecklichen Erscheinungen, in denen der Herr in der Bibel *nicht* war, für Dixies letzte Lebenszeit zu interpretieren – sein Augenverlust, Queenies Tod, die immer schlimmeren Ausfälle an seinem Körper – aber ich gehe jetzt weiter: das Letzte, was wir von ihm wissen, war auch ein Schweigen. In der Bibel begegnet Elija im Zustand äußerster Erschöpfung dem Herrn, und so, denke ich, könnte es bei Dixie auch gewesen sein.

In alten frommen Zeiten habe ich täglich die Herrnhuter Losungen gelesen. Eine Freundin schenkt sie mir immer noch, aber gelesen habe ich sie in diesem Jahr noch nicht einmal. Ich habe aber vor kurzem, vor einer Woche etwa, jedenfalls nach Dixies Tod, gefunden, ich könnte das kleine Buch mal wieder einbinden, wie bisher in allen Jahren. Das immerhin. Und nun, als ich zugesagt hatte, hier ein paar Worte zu sagen, habe ich doch mal ein bisschen geblättert. Ein kleines Wunder: ich hatte mir die Elija-Geschichte schon vorgenommen – und fand an Dixies Beerdigungstag, dem 5. Dezember, als alttestamentlichen Text genau diesen, 1. Kön. 19.

Wie ging es nun weiter? Elijas Leben ging weiter. Das von Dixie auch? Er hat mir oft von seinen Bildern und Visionen voller Licht und Farbe erzählt, und so fiel mir dann etwas ein, was Queenie und Dixie wohl auch verstanden hätten, denn sie waren ja unter anderem länger in Italien: ein weltberühmter Satz von Giuseppe Ungaretti:

«M'illumino d'immenso.»

«Ich erleuchte mich mit Unermesslichem.»

Das wünsche ich ihm – und uns allen.

Mary Banbury

I Remember Ernst

The first time Ernst Augustin announced, «I don't know how to die», I responded, «Perhaps you should ask the man from Grevesmühlen, the little elderly gentleman with a hat.»

Although I do not speak German, and I have not actually read «Robinsons blaues Haus», I am familiar with the story. Over time, Ernst introduced me to the characters and narrated the plot. He invited me into his homes: a diving bell, a broom closet, a dungeon, a penthouse, and the magical blue house, among others. On his word carpet, I travelled with him to Minden, Luxembourg, Istanbul, London, Schwerin, New York, Skull Island, the South Seas, and, yes, several times to Grevesmühlen.

… Blind and partially paralyzed, maneuvering between his wheelchair and the hospital bed, Ernst was not able to architecturally change his senior residence; there was no wainscoting, smelling faintly of cinnamon. However, in those last years, he would describe his existence as «in between,» neither here nor there. In fact, he realized that he lived his life in that «in between», first, by choice, and, in the end, by necessity. And this was how he declared his freedom.

I used to tease Ernst that his propensity for freedom, his passion for living life on his own terms was engendered and nurtured by his father. Ernst once reminisced that the first words he learned in his life were «Lass es doch». He laughingly noted, «Not mama or papa, but Lass es doch.» He then recounted a particular instance, «When I put my finger in the honey, my father would say, ‹Lass es doch.› The magic word. And when my mother tried to take it away, I would cry out ‹Lassendo›.»

… In his final year, Ernst would often awake from one of his many naps, roll over, and ask me to tell him a story from my youth. He would then regale me with stories from his early years. And, I must admit, there were many similarities between him as a child and as a 91-year-old man. One of my favorite narratives was the retelling of the first story he composed. Since he was only about three-years-old, he dictated to his father, «The King went on a journey. When he returned, he was asked what he saw. The king said, «I have seen many beautiful things such as gas towers and deer.»

I treasure these early stories from Ernst's oral history. And I also cherish the last message he wrote me, an inscription on the title page of «Robinsons blaues Haus»:

My Mary,
With love from
Grevesmühlen

And so, Ernst Augustin, I will hold you to your promise to dream me again. And, in the meantime, I will keep an eye out for the man from Grevesmühlen, the little elderly gentleman with a hat.

Als Ernst Augustin zum ersten Mal verkündete: «Ich weiß nicht, wie man stirbt», da riet ich ihm: «Frag doch den Mann aus Grevesmühlen, den kleinen älteren Herrn mit dem Hut.»

Obwohl ich kein Deutsch spreche und «Robinsons blaues Haus» gar nicht gelesen habe, ist mir der Inhalt dennoch vertraut. Im Laufe der Zeit stellte Ernst mir die Figuren vor und erzählte mir die Handlung. Er lud mich in seine Häuser ein: eine Taucherglocke, eine Besenkammer, einen Kerker, ein Penthouse und natürlich das magische blaue Haus, um nur einige zu nennen. Auf dem fliegenden Teppich seiner Worte reiste ich mit ihm nach Minden, Luxemburg, Istanbul, London, Schwerin, New York, Skull Island, in die Südsee und, ja, auch mehrmals nach Grevesmühlen.

Blind und halbseitig gelähmt und zwischen Rollstuhl und Krankenhausbett pendelnd, war Ernst nicht in der Lage, seine Seniorenresidenz architektonisch zu verändern; es gab keine Wandverkleidung, die leicht nach Zimt roch. Und doch beschrieb er in jenen letzten Jahren seine Existenz als ein «Dazwischen», weder hier noch dort. Ihm war klargeworden, dass er – zunächst freiwillig, schließlich dann aus Notwendigkeit – sein Leben in diesem «Dazwischen» lebte. Und auf diese Weise verkündete er seine Freiheit.

Ich habe Ernst immer damit aufgezogen, dass sein Vater seinen Freiheitsdrang und das Bedürfnis, sein Leben nach seinen eigenen Vorstellungen zu leben, geweckt und tatkräftig unterstützt hatte. Ernst erzählte einmal, die ersten Worte, die er in seinem Leben gelernt habe, seien «Lass es doch» gewesen. «Nicht ‹Mama› oder ‹Papa›», bemerkte er und lachte, «sondern: ‹Lass es doch›.» Er konnte sich sogar noch an einen speziellen Fall erinnern: «Wenn ich den Finger in den Honig steckte, sagte mein Vater: ‹Lass es doch.› Das Zauberwort. Und wenn meine Mutter ihn wegnehmen wollte, rief ich: ‹Lassendo!›»

Wenn Ernst in seinem letzten Lebensjahr von einem seiner vielen Nickerchen aufwachte, drehte er sich zu mir um und bat mich, ihm eine Geschichte aus meiner Jugend zu erzählen. Anschließend revanchierte er sich mit Geschichten aus seiner Jugendzeit. Und ich muss sagen: Es gab durchaus Ähnlichkeiten zwischen ihm als Kind und als 91-Jährigem. Einer meiner Favoriten war die Nacherzählung der ersten Geschichte, die er sich je ausgedacht hatte. Da er damals erst etwa drei Jahre alt gewesen war, hatte er sie seinem Vater diktiert: «Der König verreiste. Als er zurückkam, fragte man ihn, was er gesehen hatte. Der König sagte: ‹Ich habe viele schöne Dinge gesehen, zum Beispiel Gastürme und Rehe.›»

Ich schätze diese frühen Geschichten, die Ernst mir erzählt hat, sehr und denke gerne an sie. Und genauso schätze ich die letzte Botschaft, die er mir schrieb, eine Widmung in der Titelei von «Robinsons blaues Haus»:

Meiner Mary,
Mit Liebe aus
Grevesmühlen

Und so, Ernst Augustin, möchte ich dich an dein Versprechen erinnern, wieder von mir zu träumen. In der Zwischenzeit werde ich nach dem Mann aus Grevesmühlen Ausschau halten, dem kleinen älteren Herrn mit dem Hut.

Ernst Augustin

Gastürme und Rehe

Die Landschaft des südlichen Southwark. Dieser ausgedehnte Stadtteil unterhalb der Themse, einst Stätte der Volkstheater, Bordelle, Lagerhäuser und Speicher, Südlondon sozusagen, ist heute nur noch ein einziger Abbruchplatz, er ist bewohnt, aber er ist unbewohnbar. Das ganze Gebiet wird jetzt von der Shell Company frisch mit Stahltürmen aufgeforstet; wo früher die Damen aus den Flohhäusern heraushingen, befinden sich heute Rohrlager und Gerüste, strichweise durchsetzt von Buschland, das sich in dem feuchtmilden Klima zu einem undurchdringlichen grünen Filz ausgewachsen hat und wo sich, nach allem, was wir wissen, Elefanten aufhalten könnten. Ich sah einen Busstop in Form eines Weltkrieg-I-Tanks. Ich sah Halden von Blechbüchsen unter smaragdfarbenen Teppichen, welche sich, obwohl mit Tilgungsmitteln gespritzt, als unausrottbar erwiesen hatten, was habe ich noch gesehen, Berge von Rost, Flüsse von Öl und Seife, Gastürme, Rehe, alles mit einem Auge, während wir der dunstigen Silhouette des in der Ferne aufragenden Waterloo-Bahnhofs zurasten. Wie ich mich vergewisserte, war es schon zwei Uhr sechzehn, und würden wir es schaffen?

Tilman Spreckelsen

Aufwachen im Traum. Zum Tod des Autors
Ernst Augustin

Wenn man die Rede vom «amerikanischen Traum» wörtlich nimmt, dann kommen Romane wie der um den mecklenburgischen Jungen heraus, der 1944 von einem amerikanischen Tiefflieger getroffen wird, vom Fahrrad stürzt und nun in einer Art Traum dem Helden seiner Lieblingsbücher begegnet, dem Privatdetektiv Hawk Steen, der sich vor seinen Augen aufmacht, die Besatzung des Tieffliegers zu verfolgen und nach zahlreichen hinreißend kolportagehaften Abenteuern zu stellen – so leicht sollen sie nicht davonkommen! 269 Seiten umfasst der Roman, doch als ganz am Ende das Fahrrad des Jungen langsam zum Stillstand kommt, sind seit dem tödlichen Angriff erst wenige Sekunden vergangen.

So unübersehbar der Roman «Der amerikanische Traum» mit seiner im Todesmoment gedehnten Zeit an literarische und filmische Vorlagen anknüpft, so eigenständig, so trostlos tröstlich ist er geraten, lässt er doch einerseits keinen Zweifel am Schicksal des lange vor der Zeit und, wie es scheint, aus der Langeweile der Tieffliegerbesatzung heraus erschossenen Jungen und bahnt doch zugleich der Phantasie des Sterbenden den Weg, die physischen Geschicke triumphal in den Hintergrund des Bewusstseins zu drängen. Es ist dieses

Spannungsfeld zwischen den Dingen und dem Bild, das wir uns von ihnen machen, das Ernst Augustin zeitlebens beschäftigte, als Arzt und ebenso als Autor. Geboren wurde er 1927 im schlesischen Hirschberg, sein Vater war Studienrat. Später zog die Familie nach Mecklenburg um. Zwei Jahre nach Kriegsende begann Augustin in Rostock ein Medizinstudium, das er 1952 in Ost-Berlin mit einer Dissertation zum «elementaren Zeichnen bei den Schizophrenen» abschloss. Wiederum sechs Jahre später machte er seinen Facharzt für Psychiatrie und Neurologie, floh aus der DDR und leitete danach ein amerikanisches Krankenhaus in Afghanistan.

In dieser Zeit begann er zu schreiben, und seine ersten Romane – «Der Kopf», erschienen 1962, «Das Badehaus» (1963) und «Mamma» (1970) – führen uns Protagonisten und ihre Welten vor, die sich nicht an einer äußeren Realität messen lassen – kaum ein Autor seiner Generation hat das Erbe der literarischen Phantastik so intensiv angenommen, verwandelt und in eine ebenso sinnliche wie abgründige Prosa überführt. In «Raumlicht: Der Fall Evelyn B.» aus dem Jahr 1976 stehen sich dann ein Psychiater und seine Patientin gegenüber, die abwechselnd erzählen und damit die Perspektive des anderen jeweils ergänzen, manchmal unterlaufen oder ihr entgegenstehen.

Augustin, der nach einem Aufenthalt in Costa Rica in München als psychiatrischer Gutachter arbeitete, wurde von der Kritik anerkannt, erhielt Auszeichnungen wie den Hermann-Hesse-Preis oder den Tukan-Preis der Stadt München und war Mitglied der Bayerischen Akademie der schönen Künste und der Deutschen Akademie für Sprache und Dichtung. Er überarbeitete frühere Romane und gab sie neu heraus, und der Verlag C.H.Beck ehrte ihn mit einer sukzessiven Werkausgabe.

Mit seinem Roman «Robinsons blaues Haus», dessen Erzähler in großangelegten architektonischen Träumen schwelgt, die oft genug die Realität ganz aus dem Blick verlieren, erreichte Augustin ein größeres Publikum – der Roman des knapp Fünfundachtzigjährigen war 2012 für den Deutschen Buchpreis nominiert. Augustin reiste nach Frankfurt und füllte dabei auch den Fragebogen dieser Zeitung aus. Welchen Lebenstraum er aufgegeben habe? «Ich habe viele Leben gelebt und keinen einzigen Traum aufgegeben», antwortete Augustin, «ich bin zu beneiden.» Und nach dem Tod? «Wache ich in einem neuen Traum auf.» Am Sonntag, wenige Tage nach seinem 92. Geburtstag, ist Ernst Augustin gestorben.

Ulrich Rüdenauer

Fantastischer Fantastiker

Nachruf auf Ernst Augustin

Beinahe wäre Ernst Augustin berühmt geworden. 1966 war er zur Tagung der Gruppe 47 nach Princeton eingeladen gewesen. Er las in diesem Kritiker-Haifischbecken einen Romanauszug, der sehr gut ankam. Man redete viel und lobend von ihm.

Dann allerdings meldete sich noch am selben Tag ein Kärntner Jungspund mit Beatles-Frisur zu Wort, beschimpfte die versammelte Autorenriege – und keiner beachtete mehr Ernst Augustin. Peter Handke hatte die Tagung eindeutig gekapert; schon damals war er für einen Skandal gut.

Ernst Augustin hat das nicht sonderlich angefochten. Das Erlebnis war eine schöne Anekdote, die er später erzählen konnte. Auf den Literaturbetrieb und das Schreiben zum Broterwerb war er niemals angewiesen gewesen, und ein bescheidener Ruhm unter Kennern genügte ihm vollauf. Immerhin hatte der 1927 in Hirschberg im Riesengebirge geborene Autor einen anständigen Beruf erlernt, der ihn ordentlich ernährte. Zunächst arbeitete er als Unfallchirurg in Wismar, später als Psychiater an der Ost-Berliner Charité. 1958 siedelte er in den Westen über, und er nutzte die gewonnene Freiheit ausgiebig aus. Drei Jahre lang leitete er ein amerikanisches Krankenhaus in Afghanistan; in dieser Zeit schrieb er seinen ersten, experimentellen Roman, «Der Kopf», der 1962 im Piper Verlag erschien.

Schließlich war er über Jahrzehnte als psychiatrischer Gutachter tätig und unternahm immer wieder lange Reisen in die entlegensten Erdgegenden. Beides – sowohl die seelischen Abgründe, mit denen er professionell konfrontiert war, als auch die Erkundung der Welt – hatte gehörigen Einfluss auf sein Schreiben. In seinen Büchern, von den frühen Romanen wie «Mamma» (1970) oder «Raumlicht» (1976) bis zu seinem späten Abenteuerroman «Robinsons blaues Haus» (2012), verwischen sich häufig die Grenzen zwischen Wirklichkeit und Wahn, Fantasie und Fantastik, Bewusstem und Unbewusstem.

Die Literatur war für ihn wie ein Gebäude mit tausend Türen, und hinter jeder konnte sich ein ganz eigener, verwinkelter, wiederum zu etlichen weiteren Zimmern führender Raum verbergen. Es ist ein alle Genre- und Denkkategorien weitendes Erzählen, und mit seiner Sprache gelang es Augustin, bis in die tiefsten inneren Provinzen seiner Figuren vorzudringen wie auch komplizierte architektonische Strukturen zu erschaffen.

Das Haus, das er sich zusammen mit seiner Frau in München entworfen hatte, war geradezu eine Materialisierung seiner literarischen Vorstellungskraft: ein Labyrinth von unterschiedlichsten Erfahrungsstätten, inklusive englischer Bibliothek, Muldengewölbe, einer Sonnenbank in Form eines Schlafwagenabteils, antik anmutender Loggia oder einem Diskokeller, in dem Augustin seiner Tanzleidenschaft nachgehen konnte.

Abbildung 4: Loggia

In seinem Roman «Der amerikanische Traum» (1989) führte Ernst Augustin auf eindrucksvolle Weise vor, zu was Literatur für ihn in der Lage ist – Trost und Transzendenz: Wir befinden uns im Jahr 1944; ein Junge fährt mit dem Fahrrad Richtung Schwerin, als eine amerikanische Douglas ihn als feindliches Objekt ins Visier nimmt und tödlich trifft. Während sein Leben ausgehaucht wird, trägt ihn die Fantasie noch einmal weit davon. Weil er ein großer Leser amerikanischer Detektivromane war, verwandelt er sich in seinen letzten Momenten in den Private Eye Hawk Steen, der seine Mörder in einer turbulenten Jagd durch die USA verfolgt. Wenige Sekunden weiten sich so zu einer 270 Seiten langen Gangstergeschichte. Hawk Steen, das ist natürlich eine lautspielerische Variante von Augustin: Am Sonntag ist dieser einzigartige, fantastische, satirische, sprachverliebte, ja, und auch komische Autor im Alter von 92 Jahren verstorben. Gewiss hat er noch in seinen letzten Lebensminuten einen ganzen Roman ersonnen.

Ernst Augustin

Glücklich

Die Tropen machen mich glücklich.

Rio de Janeiro, wo ich ausgeraubt wurde, zweimal sogar. Costa Rica mit den riesigen Flugkakerlaken. Thailand und seine tropischen Durchfälle, und zwar in einem Hotel ohne Wasser. Ist es das?

Nein. Es sind die üppiggrünen Freunde, die gefiederten, gefächerten, breitblättrigen, die dort unten zu mir sprechen. Ich habe sie alle in einem Tropenbuch gefeiert, seinerzeit, und seitdem nicht aufgehört, mich nach ihnen zu sehnen. «– – ja, das sind keine mickrigen Gewächse wie bei uns in den Hotels, das sind ganze Palmenpaläste, weite, bewedelte Gebäude, die oben noch kleine Tochterpalmen haben, hochschäftige Schönheiten in Grünbrokat bis Purpur.»

Wie aber im Münchner Winter? Der möglicherweise schon im November beginnt, bin ich da unglücklich? – Bei Tengelmann gab es Bananen. 60 cm hoch für DM 8,90 und schon ziemlich breitblättrig. Man ahnt, es handelte sich nicht um die gelben gebogenen Früchte der deutschen Einheit, sondern um plötzlich lebendige kleine Tropenträume. Ich habe sofort zwei davon gekauft und beobachtete sie ein paar Tage lang in meinem Zimmer, hier ein wenig Wasser gießend, dort ein wenig Wasser zerstäubend. Nicht weit vom Fenster, aber auch nicht zu nahe.

Bis sich da ein Sproß abhob, ein kleiner grüner Schlauch, ein Fingerchen, und wuchs und wuchs und sich dann erstaunlich schnell entfaltete! Ich bin sofort hingegangen und habe sechs weitere Bananen gekauft und sie alle in meinem Zimmer aufgestellt. Nicht zu nahe an der Heizung, aber auch nicht zu weit, denn es sind ja Tropenbäume, und die brauchen ein Klima, dazu kräftig mehrmals täglich Sprühwolken aus dem Zerstäuber, damit sie denken, es regnet.

Ich glaube, es hat sie glücklich gemacht, denn sie fingen sofort an zu wachsen, entfalteten ihre Fingerchen. Nein, jetzt weiß ich's, es waren kleine grüne zusammengerollte Regenschirme, die sich da im Schoß des jeweiligen letzten Blattes entfalteten. Entrollten! Einer nach dem anderen und immer schneller.

Ich bin sofort hingegangen und habe noch zwölf dazugekauft. Inzwischen war aber eine neue Lieferung eingetroffen, für DM 16,90 das Stück, 1,60 m hoch und frisch aus Bwana Mkuba. Man konnte bereits von Bananenbäumen sprechen, die ich alle in meinem Zimmer aufstellte und die sofort beachtlich große Regenschirme aufzurollen begannen – wenn ich mich hinkauerte, war ich im Wald (Bwana Mkuba). Bin also sofort noch einmal nachschauen gegangen: Da waren meine Bananen auch bei Tengelmann immer größer und größer geworden, weshalb man den Preis aus Platzgründen auf DM 11,90 abgesenkt hatte.

Was soll ich sagen, ich habe sie alle aufgekauft. Und da sitze ich nun in meinem Münchner Winter, der noch dazu vorgezogen ist, und messe den verbliebenen Abstand bis zur Decke, die auch bald erreicht sein wird. Es sind 53 Bananenbäume, ein jeder stark von Leben erfüllt und grün. – Ich habe das Zimmer ganz entrümpelt, alle Möbel auf den Korridor gestellt, bis auf einen einzigen Stuhl.

Auf dem ich sitze und von Herzen glücklich bin.

Adelbert Reif

Schizophrenie in Literatur und Gesellschaft

Zwei Gespräche mit Ernst Augustin

(1)

Die Motive des Publikums, das Romane über Geisteskranke offensichtlich gespannt aufgreift, sind nicht genau aufzuschlüsseln. Was aber bewegt einen Psychiater, über die Praxis seiner therapeutischen Tätigkeit hinaus die Fachthematik belletristisch zu verkleiden? SELECTA-Mitarbeiter Adelbert Reif fragte den Psychiater und Romancier Ernst Augustin.

Herr Dr. Augustin, kann Ihrer Auffassung nach durch die literarische Verwertung – um nicht zu sagen «Vermarktung» – des Phänomens «Schizophrenie» ein konstruktiver Beitrag zur Aufklärung der Öffentlichkeit geleistet werden? Besteht nicht vielmehr die Gefahr, dass die wirklichen Probleme damit verzeichnet werden? Eignet sich die Literatur überhaupt, zum besseren Verständnis eines so komplizierten individuellen und gesellschaftlichen Krankheitsfeldes beizutragen?

Augustin: Ich glaube, ja. Es ist sehr viel über Schizophrenie geschrieben worden. Man kann Lehrbücher verschiedenster Arten studieren und nachlesen. Trotzdem wird man über Geisteskrankheiten eigentlich nicht viel wissen, solange man sie nicht am Krankenbett gesehen hat. Die erzählende Literatur dagegen hat die

Möglichkeit des Bildes; sie vermittelt Lese-Erfahrung: Wenn man liest, speichert man nicht nur Wissen, sondern man erlebt selbst mit. Insofern kann man vielleicht gerade über den Umweg der Literatur mehr über Geisteskrankheiten erfahren, als wenn man eine rein wissenschaftliche Darstellung einsieht.

Für mein Buch habe ich einen ausgeprägt erzählerischen Stil verwendet. Das heißt, ich habe einen Roman geschrieben, der eine Handlung hat, auch eine Entwicklung. Einerseits umspannt er einen großen Zeitraum; andererseits ist er in die Klammer einer vierstündigen Behandlung gefasst, so dass man sich an einer abgegrenzten Form orientieren kann. Ich habe mit Absicht intensive Bilder verwendet, um dem Leser einen sinnlichen Eindruck zu vermitteln.

Ist nicht zu fürchten, dass solche Werke auf ein unvorbereitetes Publikum treffen oder dass das Interesse an dieser Problematik voyeurhaften Charakter hat? Da ist etwas Geheimnisvolles, Fremdes, und man möchte etwas über diese dunkle Seite des Lebens erfahren. Meinen Sie, dass dergleichen eine Rolle spielt?

Augustin: Das mag zutreffen. Aber für mich als Arzt hat das Thema gar nicht so viel Sensationelles; auch wollte ich im Grunde weniger das Krankheitsgeschehen als das Existentielle des Menschen schlechthin darstellen. Mit dem Beispiel der Schizophrenie, also eigentlich mit dem Negativbeispiel, entwickle ich das Existenzbewusstsein des Normalen.

Der Normale trägt ja den Schizophrenen in sich, das heißt, irgendwo im Hinterstübchen des Gehirns ist für jeden eine schizophrene Möglichkeit vorhanden. Es kommt nur darauf an, ob er irgendwann das Unglück hat, dort hineinzustolpern, oder ob die äußeren Umstände ihn dort hineintreiben. Bildhaft ausgedrückt: Die Tür, die dahin führt, ist mehr oder weniger weit geöffnet. Es gibt Menschen, die wenig Anlage haben, schizophren zu werden; andere wiederum sind so labil, so brüchig, dass schon Kleinigkeiten genügen, um diese Tür aufzustoßen.

Ich fasse die Schizophrenie gar nicht so unbedingt als Krankheit auf, weil sie eigentlich eine Erkrankung nur dann darstellt, wenn sie in ein Krankheitsgeschehen mündet: Wir verstehen unter Schizophrenie ein gespaltenes Bewusstsein, und dieses gespaltene Bewusstsein kann zu einem panikartigen und furchtbaren Angstzustand führen, zu einem Erregungszustand, eben zur Psychose.

Aber es kann auch äußerst produktiv werden – in tiefen Meditationsstufen zum Beispiel. Sie führen zu Durchbrüchen durch unsere Realität, denen ähnlich auch der Schizophrene unterworfen ist. Nur ist der Meditierende ihnen nicht *unterworfen*; er kennt den Weg dahin und auch zurück. Das ist der entscheidende Unterschied; beiden gemeinsam ist, dass sich ihr Ich-Bewusstsein qualitativ verändert. Die Vernichtungsängste des Schizophrenen liefern den Beweis für die ungeheuren Kräfte, die in solchen zwischenbereichlichen Bewusstseinslagen freigelegt werden.

Es ist sehr schwierig, über diese Dinge zu sprechen, weil es keine klaren Bezeichnungen dafür gibt. Man müsste dafür Definitionen erst einmal erfinden. Im Grunde genommen kann man nur an Beispielen erklären oder aber Erlebnisse voraussetzen, an die man anknüpft. Ähnlich, wie wenn Sie die Farbe Rot beschreiben wollen: Sie können *rot* nicht beschreiben, Sie können es nur sehen.

So ist es nur möglich, Schizophrenie zu *erleben*, und erlebt werden kann sie (in kleinen Ansätzen) etwa im LSD-Rausch. Oder man kann entsprechende Erfahrungen durch systematisches Training, zum Beispiel in der Meditation, erwerben.

Darf man sagen, dass heute eine kollektive «gesellschaftliche» Schizophrenie heraufbeschworen wird, weil in nahezu allen Bereichen unseres gesellschaftlichen Lebens, vor allem aber in der Politik, die Realität vernebelt oder umgekehrt wird?

Augustin: Ja, aber nicht so gradlinig. Es geschieht zunächst das Gegenteil: In unserer technisierten, konsumbewussten und materiellen Gesellschaft wird ja das Bewusstsein geradezu auf direkte Wahrnehmung trainiert. Wir nehmen wahr: Da ist etwas, wir wollen es haben, wir bekommen es. Und dieser kurze Weg ist so deprimierend, weil er so kurz ist. Aber gerade weil wir nur noch materialistisch trainiert sind, ist Schizophrenie möglich. Aufbrüchen in diesem «Stübchen» sind wir hilflos ausgeliefert, weil wir keinen Gegenwert einzusetzen vermögen. Wir sind nicht vorbereitet.

Als Gegenbeispiel möchte ich Indien nennen. Die Menschen sind dort durch ihren Lebensweg, durch ihre Tradition, ihre Religion und ihre Art zu denken mit transzendentalen Erfahrungen vertraut, und zwar in breiten Bevölkerungsschichten. Wenn dort jemand solche Einbrüche erlebt, wird er nicht in die tiefe Panik geraten wie unsere «Geisteskranken», weil er einerseits sich an den Erfahrungen anderer orientieren kann, andererseits von der Gesellschaft als Randerscheinung geduldet, möglicherweise sogar für heilig erklärt wird. Er ist noch irgendwie eingegliedert. Die totale Vernichtung – wie bei uns – findet nicht statt.

Ist die Erfindung oder Entwicklung neuer Entwürfe für die menschliche Gesellschaft durch einzelne Individuen eigentlich ohne einen Schuss Schizophrenie, genauer: Realitätsverlust möglich?

Augustin: Wenn Sie das weniger zugespitzt formulierten und stattdessen fragten: Würde eine schizophrene Haltung neue Formen fördern?, dann könnte ich es bejahen, sicherlich. Einmal, weil sie den ablösenden, verfremdenden Blick begünstigt, und zum anderen, weil eben – das habe ich in meinem Buch dargelegt – dem Schizophrenen ein starker produktiver Antrieb innewohnt. Das *fließende Bewusstsein* ist es, was wir vom Schizophrenen eigentlich lernen sollten. Es ist im Grunde eine Therapiemöglichkeit für uns «Normale».

Der Fall des Malers Salvador Dalí könnte vielleicht …

Augustin: Nein, der hat überhaupt nichts Schizophrenes, er ist Hysteriker, wie er ja selber zugibt. Als solcher verfügt er auch über eine Art von Produktivität, aber diese ist auf ein Publikum gerichtet. Er braucht nur seinen Schnurrbart aufzustellen, dann ist er produktiv, im Übrigen ist er «normal». Nichts gegen die

Normalen. Aber wir sprechen hier von den Möglichkeiten, nicht von Werturteilen.

Die Möglichkeiten, die im Normalen schlummern, liegen im Ausbrechen; nur findet der Normale meistens leider den Mut nicht zur Ekstase, und den sollte er lernen. Meiner Meinung nach ist das der eigentliche Schlüssel für unsere Entwicklung.

Was nun die Schizophrenen in unserer Gesellschaft anbelangt, so liegt doch wohl das Hauptproblem darin, dass es zu wenig behandelnde Ärzte gibt?

Augustin: Das ist völlig klar, aber nicht die Zahl der Ärzte ist zu klein, sondern die Zahl derer, die bereit sind «einzusteigen». Die Heilung eines schizophrenen Patienten hängt von der Kenntnis ab, die sich der Arzt über diesen Menschen zu verschaffen versteht. Er muss ihn erkennen als ein Wesen, das so und nicht anders beschaffen ist, und nicht nur als Krankheitsfall. Dann erst ist eine Chance zur Therapie gegeben.

Freud musste jeden Patienten vom Punkt Null her analysieren. Heute sind wir bereits analytisch vorprogrammiert. Der Therapeut kann darauf aufbauen. Ähnliches müsste im psychiatrischen Bereich für die Schizophrenie-Behandlung geschehen. Auch Analytiker behandeln Schizophrene, aber das halte ich nicht für erfolgversprechend, zumindest nicht im Kernbereich. Ein Beispiel: Wenn ein Schizophrener aus einem Steckkontakt Stimmen hört, dann können Sie als Analytiker entdecken, warum es gerade ein Steckkontakt ist und kein Aschenbecher. Sie können vielleicht auch noch entdecken, warum der Steckkontakt ihm dieses oder jenes sagt. Aber warum er überhaupt spricht, ergründen Sie mit analytischen Methoden nicht – jedenfalls nicht mit den bisherigen.

Sie können den Inhalt von Wahn oder Verkennung analysieren, aber nicht den eigentlichen Mechanismus; der liegt eine Etage tiefer – nämlich in dem verzweifelten Bemühen, den Wirklichkeitsentzug durch Pseudoerlebnisse zu befestigen.

Herr Dr. Augustin, ist unter den heutigen klinischen Voraussetzungen, wie sie von Ihnen im letzten Teil Ihres Romans geschildert werden, eine erfolgversprechende Behandlung oder gar Heilung Schizophrener überhaupt möglich?

Augustin: Hier ein umfassendes Urteil abzugeben, bin ich nicht kompetent, ich möchte nur Folgendes sagen: Zunächst einmal spielen die Vorgänge, die ich im Buch beschreibe, in den frühen sechziger Jahren. Es hat sich seitdem in den Kliniken einiges geändert. Neuartige Medikamente sind eingeführt worden, Psychotherapie, Gruppentherapie etc. haben Eingang gefunden, wenn auch vielleicht nicht in dem Umfang, in dem es nötig wäre. Insgesamt aber hat sich das äußere Bild gewandelt, bildlich gesprochen: Die psychiatrischen Stationen sind «ruhiger» geworden.

Bei alledem darf aber nicht übersehen werden, dass immer noch und nur symptomatisch behandelt wird. Erregungszustände können gedämpft, Angstzustände gemildert werden, autistische Phänomene, Isolierung, Vereinsamung können durch gruppendynamische Übungen aufgebrochen werden. Aber alles das kommt nicht an den Kern der Krankheit heran. Besserung ja, so als ob Sie einem Fiebernden ein kühles Tuch auflegen. Aber Heilung, nein, davon sind wir noch weit entfernt. Interessant ist dabei, dass es Selbstheilungen gibt, und es wäre wichtig zu erforschen, wie diese vor sich gehen.

Erschweren aber nicht auch ein gewisser Bürokratismus oder ein festgelegtes Standesbewusstsein die Einführung neuer Behandlungsmethoden?

Augustin: Bürokratismus ist wohl weniger das Hemmnis, auch nicht Standesbewusstsein, vielmehr dürften die Ursachen tiefer liegen. Eine Denkhemmung vielleicht, aber die betrifft nicht nur die Ärzte. Immerhin gibt es junge unabhängige Arbeitsgruppen, die sich meist an amerikanischen oder englischen Schulen orientieren und teilweise drastische Methoden anwenden. Hier ist wohl etwas Skepsis angebracht, insoweit es sich um nur *modische* Erscheinungen handelt; aber das Durchbrechen von festgefahrenen Verhaltensmustern ist schon an sich zu begrüßen.

Auf keinen Fall aber bringt es etwas, Zustände in Nervenkrankenhäusern öffentlich zu brandmarken – mit Fotos von zusammengespritzten, gefesselten und verschockten Patienten. Aus dem Zusammenhang gerissen wird es zur bloßen Sensation.

Hilfe brächte nur ein schrittweiser konstruktiver Prozess des Umdenkens. Und dieser geistige Prozess ist in Deutschland, obwohl reichlich Porzellan zerschlagen wurde, effektiv nicht genügend in Bewegung.

Die Medizin steckt allgemein in der Krise, die Psychiatrie insbesondere. Für Psychotiker gibt es zu wenig

Ärzte, zu wenig menschenwürdige Unterkünfte, zu wenig adäquate Therapiemöglichkeiten. Die Ärzte kümmern sich nur ungenügend um ihre geisteskranken Patienten, oder sie misshandeln sie mit Psychopharmaka und Elektroschocks – Maßnahmen, die nur geeignet sind, ihr geistiges Sein zu vergewaltigen.

Mit diesen und ähnlichen Vorurteilen wird die Öffentlichkeit unentwegt bombardiert. Dazu kommt noch das Superklischee von der «Kreativität», die in der Psychose befreit wurde: Schizophrenie als das wahre, das bessere, das «eigentliche» Leben; als «Zustand des Herausgehobenseins aus der Normalität», wie *Günther Blöcker* in der *FAZ* in seiner Rezension über den «Fall Evelyne B.» schrieb. «Sollte diese Verrückte etwa mit einem ‹Extrasinn› ausgestattet, also eher eine aufs höchste Talentierte sein?»

Auf solchem Boden ist gut Filme machen und Romane schreiben über Schizophrenie. Diese unerklärliche und in ihren wesentlichen Abläufen unbeschreibliche Krankheit (laut Prof. *Gaetano Benedetti*, Basel, sind selbst geheilte Schizophrene nicht mehr in der Lage, sich geistig voll in ihren krankhaften Zustand zurückzuversetzen) bietet als Romanentwurf unendlich viel Raum für dichterische Freiheiten. Die sind einem Romancier natürlich zuzugestehen, doch muss sich der Leser klar sein, dass er schöne Literatur vor sich hat und nicht eine wirklichkeitsnahe Aussage über das Wesen der Schizophrenie.

Immerhin gesteht *Ernst Augustin*, der Psychiater,

zu, dass diese Psychose eine *Krankheit* ist. Wohin sie den Patienten führt, ist gut geschildert in der Beschreibung einer Visite:

> «... insgesamt fast fünfzig Betten – zwanzig plus fünfzehn plus vierzehn –, und jedes Bett eine Tragödie für sich, jedes Bett vollkommene Vernichtung, in vollkommener und endgültiger Vernichtung lagen sie da und lauerten auf mich. Um sich zu barmen. Und sich zu klammern. Und mich zu bestürmen, sie noch einmal, noch ein letztes Mal zu begnadigen. Doch noch wenigstens einmal im Leben das Unrecht von ihnen zu nehmen. Denn sie seien ja. Schuldig, schuldig. Und bekennen sich. Und barmen sich. Und klammern sich.»

Das ist Psychose. Und zugleich ein gut gezielter Hieb gegen die Zustände in der klinischen Psychiatrie. In Deutschland. In der Bundesrepublik.

(2)

Herr Dr. Augustin, zwei Romane, von denen jeder das Schicksal Schizophrener zum Gegenstand hat, sind in diesem Jahr fast gleichzeitig auf dem deutschen Buchmarkt erschienen: «März» von Heinar Kipphardt und Ihr Roman «Raumlicht: Der Fall Evelyne B». Auch aus anderen Ländern kommen Nachrichten, dass literarische Werke mit dieser Thematik auf besonders reges Interesse bei Kritik und Publikum stoßen. Kann Ihrer Auffassung nach durch die literarische Verwertung – um nicht zu sagen «Vermarktung» – des Phänomens «Schizophrenie» wirklich ein konstruktiver Beitrag zur

Aufklärung der Öffentlichkeit über die vielschichtige
Problematik des Geisteskranken geleistet werden, oder
besteht nicht vielmehr die Gefahr einer Verzeichnung
und Verwischung ebendieser Problematik im öffent-
lichen Bewusstsein? Überspitzt formuliert: Eignet sich
die Literatur überhaupt dazu, zum besseren Verständ-
nis eines so komplizierten individuellen und gesell-
schaftlichen Krankheitsfeldes beizutragen?

Augustin: Ich glaube, die Frage ist zu bejahen. Es ist
sehr viel über Schizophrenie geschrieben worden. Lehrbücher sind verfasst, genaue Definitionen gegeben worden. Es sind Einteilungen, Katalogisierungen in verschiedensten Formen erschienen. Das kann man alles
nachlesen und studieren. Trotzdem wird man über
Geisteskrankheiten eigentlich nicht viel wissen, solange man sie nicht am Krankenbett gesehen hat. Dem-
gegenüber hat die erzählende Literatur die Möglichkeit
des Bildes und, vor allen Dingen, der Lesererfahrung;
wenn man liest, speichert man nicht nur Wissen, sondern man erlebt selbst, man macht eine Erfahrung, die
als eigenes Erlebnis zurückbleibt. Insofern kann man
vielleicht gerade über den Umweg der Literatur mehr
über Geisteskrankheiten – die ja zunächst einmal unbekannt und auch uneinfühlbar sind – erfahren, als wenn
man eine rein wissenschaftliche Darstellung einsieht.
Für mein Buch habe ich einen ausgeprägt erzählerischen Stil verwendet, das heißt, ich habe einen Roman geschrieben, der eine Handlung hat und einerseits
über einen großen Zeitraum geht, andererseits in die
Klammer einer vierstündigen Behandlung gefasst ist,

an der man sich orientieren kann. Ich habe mit Absicht intensive Bilder verwendet, um dem Leser einen sinnlichen Eindruck zu vermitteln. Der Roman ist in Ich-Form geschrieben; ich wollte den Leser einbeziehen, ihn an meinen Erlebnissen (denen des Ich-Erzählers) beteiligen.

Ich sehe nun die Gefahr, dass solche Werke ein unvorbereitetes Publikum finden. Interesse an dieser Problematik ist zweifellos vorhanden, aber ich finde es irgendwie voyeurhaft. Da ist etwas Geheimnisvolles, Fremdes, Außenseiterhaftes, und man möchte etwas über diese dunkle Seite des Lebens erfahren.

Augustin: Das mag zutreffen. Aber für mich als Arzt hat das Thema gar nicht so viel Sensationelles; auch wollte ich im Grunde weniger das Krankheitsgeschehen als das Existentielle des Menschen schlechthin darstellen. Mit dem Beispiel der Schizophrenie, also eigentlich mit dem Negativbeispiel, entwickle ich das Existenzbewusstsein des Normalen. Der Normale trägt ja den Schizophrenen in sich, das heißt, irgendwo im «Hinterstübchen» des Gehirns ist für jeden eine schizophrene Möglichkeit vorhanden. Es kommt nur darauf an, ob er irgendwann das Unglück hat, dort hineinzustolpern – oder dass die äußeren Umstände so sind, dass er dort hineingetrieben wird. Sagen wir einmal: die Tür, die dahin führt, ist mehr oder weniger verschlossen. Es gibt Leute, die wenig Anlagen haben, schizophren zu werden; andere wiederum sind so labil, so brüchig, dass nur ein weniges genügt, um diese Tür aufzustoßen. [...]

Es gibt so viele schizophrene Formen, wie es Menschen gibt. Das heißt, so wie es stille Charaktere gibt, lebhafte, produktive und depressive, gibt es genau die gleichen in schizophrener Version. Es gibt depressive Schizophrene, es gibt äußerst produktive oder gewalttätige, gute und böse.

Ist die Schizophrenie begrifflich überhaupt erfassbar? Entzieht sie sich nicht jeder exakten wissenschaftlichen Deutung?

Augustin: Sie können eine begrifflich und wissenschaftlich exakte Definition immer nur von außen geben. Alles sind Beschreibungen, die eigentlich nichts aussagen, die man nur am Fall selber studieren kann. [...] So ist es nur möglich, Schizophrenie zu *erleben*, und erlebt werden kann sie (in kleinen Ansätzen) etwa im LSD-Rausch. Es treten Verfremdungsgefühle auf, Depersonalisation, Raum-, Zeitverschiebungen. Die Betroffenen betrachten ihre Hand als nicht mehr zugehörig; sie wundern sich, dass die Hand sich bewegt. Und sie geraten dann in Angst, wenn sie bemerken, dass es ihre eigene Hand ist. Ein Paradoxon, das hier stattfindet, aber durch solche Experimente mit LSD kann man erfahren, dass der Zusammenhang von Bewusstsein und Körper nicht unbedingt lückenlos sein muss. Man kann ihn auch verlieren. Diese Erfahrungen wiederum müssen nicht nur unter Drogen gewonnen werden – das ist der einfachste Weg –, man kann sie auch durch systematisches Training, zum Beispiel in der Meditation, erwerben. Meditationserfahrungen sind vergleichbar mit dem absoluten Gehör: die Relation wird aufgehoben, und das Gespür für die absolute Existenz beginnt.

[...]

Lässt sich statistisch nachweisen, dass die Krankheits-
quote der Schizophrenie im Anstieg begriffen ist?

Augustin: Das ist sie, obwohl ich darüber keine direkten
Zahlen nennen kann. Ich kann nur in Bezug auf die Patienten, die ich sehe, etwas aussagen. Da ist der Prozent-
satz besonders der jugendlichen, schleichend verlaufen-
den Formen sowie der Grenzfälle größer geworden.

[...]

Inwieweit hängt die Schizophrenie mit der Aggressivi-
tät oder umgekehrt: die Aggressivität mit der Schizo-
phrenie des Menschen zusammen? Welche Verbin-
dungslinien gibt es hier?

Augustin: Sagen Sie statt Aggression Destruktion, denn
selbst Aggression kann ja noch produktiv sein. Die
Destruktion aber ist die ohnmächtige Wut des totalen
Materialisten, der keinen Weg mehr sieht, außer dem,
seine materialistische Welt, in der er sich befindet, zu
zerstören. Ein Ausweg, der keiner ist. Stattdessen sollte
er vom Schizophrenen den Fantasieakt lernen, mit dem
seine unmögliche Welt in eine mögliche umzuwandeln
wäre. Ich bin der Meinung, dass das Alte erst fällt, wenn
man das Neue dagegensetzt; dann fällt es von selber.
Destruktion allein ist tödlich. Der Schizophrene ist
nicht destruktiv, nicht einmal aggressiv, vielmehr ist er
verzweifelt bemüht, einen konstruktiven Bezug herzustellen. Wieweit er damit Erfolg hat, bestimmt die
Schwere seines Leidens.

Totaler Wirklichkeitsverlust findet also nicht statt?

Augustin: Nein, nur partieller. Schizophrenie, im engeren Sinne gefasst als Krankheitsbegriff, schließt selbstverständlich auch das Bewusstsein des Leidens ein. Jeder Geisteskranke leidet, und zwar kann er seine Krankheit *direkt* empfinden, oder aber durch seine projizierte Angst und durch seine Verzweiflung. Wie weit er jetzt krankheitseinsichtig ist, das ist eine Frage, die von Fall zu Fall verschieden zu beurteilen ist. Die Krankheitseinsicht beinhaltet bereits einen günstigen Verlauf. Aber Krankheitseinsicht ist nicht dasselbe wie Krankheitsempfinden, dieses ist viel animalischer. Wenn man Schmerz empfindet, sagt man auch nicht, ich weiß, jetzt leide ich, sondern man empfindet einfach nur Schmerz, das ist alles.

Schizophrenie ist also nicht «uneinfühlbar»?

Augustin: Nein. Nur in der klassischen Psychiatrie hat sie das Attribut uneinfühlbar. Dagegen sage ich, sie ist durchaus einzufühlen. Ich finde, dieses ist sogar der erste Schritt, den der Therapeut überhaupt tun sollte.

Das eigentliche Problem scheint mir jedoch darin zu liegen, dass die Zahl der behandelnden Ärzte viel zu gering ist, als dass ein Erfolg erwartet werden könnte.

Augustin: [...] Auch Analytiker behandeln Schizophrene, aber mit analytischen Mitteln. Das wiederum halte ich für nicht möglich, zumindest nicht für erfolgversprechend im Kernbereich. Ich möchte ein Beispiel dafür geben: Wenn Sie einen Neurotiker mit Waschzwang haben, dann können Sie primär etwa sagen, dass dieser Waschzwang eine Symbolhandlung für eine Schuldverarbeitung ist. Der Mann hat Schuld und wäscht sich die Hände. Sie können sozusagen aus dem

Übersymptom seine Hintergründe ablesen. *Warum* er jetzt Schuld hat, und *was* er für eine Schuld hat, und ob es überhaupt eine ist – das wiederum ist dann Sache der Analyse; sie dringt jetzt sozusagen in seinen Kernpunkt ein. [...] Sie können lediglich den Inhalt von Wahn oder Verkennung analysieren, aber nicht ihren eigentlichen Mechanismus, weil der eine Etage tiefer liegt – nämlich in dem verzweifelten Bemühen, den Wirklichkeitsentzug durch Pseudoerlebnisse zu befestigen. Das liegt unterhalb der analytischen Möglichkeit. Denn der Analytiker beschäftigt sich primär mit Neurosen, und Neurosen sind mehr oder weniger symptomatisierte Fehlverhalten von an sich normalen Menschen, wobei man unter normal wiederum die normale Bewusstseinslage versteht.

Könnten Sie hier etwas über Ihre eigene Behandlungsmethode sagen?

Augustin: Ich habe keine eigene Behandlungsmethode. Ich habe lediglich ein Buch geschrieben, das vielleicht Denkanstöße für eine mögliche Entwicklung neuartiger Behandlungsmethoden geben könnte. Und ich habe es – das mag im medizinischen Bereich ungewöhnlich sein – so anschaulich wie möglich als Roman geschrieben, wobei ich Spannung ganz bewusst als legitimes Mittel zur Lesebewältigung einsetze. Insofern ist das ganze fiktiv. Ich kann Ihnen aber sagen, wie ich im Einzelfall (im günstigsten Fall) mit meinem Patienten umgehe:

Ich versuche ihre Sprache zu sprechen. Um sie aber sprechen zu können, muss ich mir diesen kleinen Ruck geben, um mich auf ihre Ebene zu versetzen, von der aus ich den Tonfall und vor allem die Kontaktworte finde, durch die eine Begegnung einrasten kann. Ein plötzliches Licht im Auge des Patienten. Die bloße Tatsache, in seiner totalen Einsamkeit angesprochen und verstanden zu werden, wird von dem Kranken als eine solche Ungeheuerlichkeit empfunden, dass ihm – ich spreche immer vom günstigsten Fall – neue Kräfte zuwachsen, Selbstbestätigung, Geborgenheit, Vertrauen.

Ich gebe allerdings zu, dass auch das Umgekehrte geschehen kann: Mein Patient fühlt sich von einer Seite angesprochen, die er zutiefst fürchtet und ablehnt, dann gerät er erst recht in Panik. Deshalb ist der erste Kontakt wichtig; fühle ich die Ablehnung, gehe ich nicht weiter.

Was ist falsch an den heutigen klinischen Behandlungen von Schizophrenen?

Augustin: Es wird immer noch nur symptomatisch behandelt. Erregungszustände können gedämpft, Angstzustände gemildert, Isolierung, Vereinsamung durch gruppendynamische Übungen gebessert werden. Aber alles das kommt nicht an den Kern der Krankheit heran. Besserung ja, so als ob Sie einem Fiebernden ein kühles Tuch auflegen, und insofern findet natürlich eine mehr oder weniger erfolgversprechende Behandlung statt. Aber Heilung, nein; davon sind wir noch weit entfernt.

Katrin Hillgruber

Im Bann des Sonnengottes
Auf Preußenart das Licht des Südens preisen:
Ernst Augustin schickt seine Leser in
«Die Schule der Nackten»

«Ich weiß, ganz entschieden ist gemeinschaftliches
Baden von Männern und Frauen zu verwerfen, weil die
sinnliche Reizung die Wirkung des Bades vereitelt»,
ließ Ernst Augustin 1963 in seiner Hochstaplersaga
«Das Badehaus» die Hauptfigur Eddy, einen falschen
Holländer, erkennen – und wohl auch bedauern. Vierzig
Jahre und manches preisgekrönte Buch später, nicht im
Nebel der «Kur- und Hauptstadt Hagel», sondern im
gleißenden Münchner Föhnlicht, erlebt ein anderer
Ich-Erzähler Augustins endlich den relativen Reiz ge-
mischtgeschlechtlicher Freikörperkultur: «Erotik auf
dem Nacktbadegelände ist eine abstrakte Größe. Einerseits besteht das Überangebot nackten Fleisches, andererseits aber fehlt jegliches Gefälle.»

«Die Schule der Nackten» heißt das neue Buch des
75-jährigen Schriftstellers und Psychiaters, und schon
die Dame auf dem Umschlag lässt an Deutlichkeit
nichts vermissen: Versonnenen Blicks schwebt eine
Rothaarige mit sagenhaften Körpermaßen über eine
Hügellandschaft, eine zartgeäderte Volupia, träumende
Göttin der Lust. Ernst Augustins Frau Inge hat das Bild
gemalt, im Pinsel einen Hauch Morgenrot für die unte-

ren Konturen der Schönen. Sie wird auch die weiteren Einbände der Werkausgabe gestalten. Dieses Projekt trug maßgeblich zu Augustins Wechsel vom Suhrkamp Verlag zu C.H.Beck bei, denn er wünschte sich ausdrücklich einen Neubeginn. Parallel zur heiter-maliziösen Freibad-Saga wurde der Roman «Mahmud der Schlächter oder Der feine Weg» (1992) wieder aufgelegt, jetzt verknappt zu «Mahmud der Bastard».

Stets hat Ernst Augustin die Analyse des phänomenologischen In-der-Welt-Seins und dessen mögliche Störungen als wendiger, angelsächsisch geschliffener Stilist in Sprache übersetzt. Bereits die Herren Türmann und Asam aus seinem Debüt «Der Kopf» von 1962 gehen, jeder für sich, in einem «Strom von Wirklichkeit» spazieren. Sie frönen mit ihren exakten Phantasien jenem Zustand, den Immanuel Kant in der Schrift «Von den Schwächen und Krankheiten der Seele in Anschauung ihres Erkenntnisvermögens» als «positive Unvernunft» charakterisierte. Die Abkehr von der Dreidimensionalität des Denkens, wie Augustin sie in seiner beruflichen Praxis bei Schizophrenen erlebt hat (etwa Mitte der fünfziger Jahre in der Ost-Berliner Charité), beschäftigt ihn unvermindert als künstlerische Aufgabe. Am stärksten kam das in seinem Roman «Raumlicht: Der Fall Evelyne B.» zum Ausdruck, dem unorthodoxen bis phantastischen Behandlungsverlauf einer Schizophrenie, in dem ein labyrinthisches Münchner Haus eine tragende, erhellende Rolle spielt. Adolf Muschg lobte den Kleist-Preisträger 1989 als «Meister der Vortäuschung von Realität» und beneidete Augustin um seinen

Spielwitz, dem man die Mühe der Verfertigung nicht anmerke.

«Eines Tages werde ich das alles verdichten und den großen Münchenroman schreiben. Ein für allemal», nimmt sich Alexander, der Ich-Erzähler in Ernst Augustins jüngstem, neuntem Roman vor. Doch als er diesen Vorsatz fasst, hat er ihn beiläufig längst geschrieben – mit Nonchalance und unter deutlichem Föhneinfluss. Der gebürtige Schlesier Augustin und sein Held werden nicht müde, in durchaus preußischer Manier das Licht des Südens zu loben. 1961 aus Afghanistan kommend, wo er als Militärarzt gearbeitet hatte, nahm Augustin das beinahe «indische» Münchner Leuchten, das «Freigelände im Föhneinfluss» zum ersten Mal wahr – und blieb. Der bayerischen Prägnanz mit unterschwelligem Biergeruch, dem «schweren Dialekt», begegnet er mit ironischer Ehrfurcht und setzt letzteren in die Schilderung anatomischer Besonderheiten um: «Und mit welch gewaltigen Unterschieden, in jeder Kategorie, groß, klein, krumm und gerade. Mir war klar, dass ich mich in Bayern befand, und da fällt schon auf, welche Sprache man hier spricht.» Mehr sei dazu nicht verraten.

Im Werk des Orientreisenden Augustin wandern die Zeiten, die Träume, die Kontinente. So weist auch seine Hommage an München weit über sich hinaus, so sucht er jenseits des Genitalen die Nacktheit in allen historischen Variationen und Implikationen. «Die Schule der Nackten» ist eine Geschichte von erwachender Liebe und jähem Tod auf engstem Terrain, denn im Freibad mit seinen Handtuch-Parzellen entwickeln sich

Dramen im Zentimetermaß. Der Konkurrenzkampf um die prototypisch schöne Juliane entfacht sich aber nicht Mann gegen Mann, sondern Mann gegen Tantragruppe: Als der etwa 60-jährige Alexander, ein schwelgerischer Frühhistoriker, mit seiner aus Siegen stammenden Reinkarnation einer Göttin aus Ninive in deren wabenförmigem Appartement endlich allein ist, da treten sie auf den Plan, einem Ameisenstaat gleich: ein männlicher Tantriker nach dem anderen.

Die Auseinandersetzung mit grassierenden Selbsthilfegruppen, die am Ende schicksalhaft kulminiert, beschäftigte bereits den Protagonisten des Romans «Eastend» von 1982, so wie sich bei diesem Autor jedes Phänomen kosmisch rundet. «Schwimme mit leichtem Körper still im Lichtgrünen», lässt Eddy aus dem seinerzeit verkannten Roman «Das Badehaus» verlauten. Alles fließt, alles wird leicht im Werk Ernst Augustins, des großen Stilisten der Farben, der Elemente und Temperamente.

Hans Magnus Enzensberger

Ernst Augustin:
Der Kopf

Ein gänzlich unbekannter, fünfunddreißigjähriger Mann namens Augustin, Arzt von Beruf, kehrt von einer Orientreise zurück, überquert in Schwabing eine Seitenstraße, liest auf einem Türschild das Wort Verlag, bleibt stehen, überlegt, tritt ein, lässt sich melden, erklärt, er habe einen Roman verfasst, und es sei ihm, angesichts des Türschildes, der Gedanke gekommen, das Werk zu veröffentlichen: Der Lektor empfängt Augustins Manuskript und liest darin:

Ein gänzlich unbekannter, fünfunddreißigjähriger Versicherungsagent namens Türmann blickt von seinem Balkon auf eine Seitenstraße hinunter. In der Hand hat er einen Stein. Er sieht unten auf dem Bürgersteig einen Mann näherkommen, wartet, zielt und lässt den Stein los. Der Stein fällt auf den Mann zu: auf einen gänzlich unbekannten, fünfunddreißigjährigen Mann namens Asam, von Beruf Studienrat. Dieser Mann ist der Held des Romans »Der Kopf« von Ernst Augustin. »Er war nicht tot, der Stein wurde nicht losgelassen, und der Mann hieß auch nicht Asam. – Es gab niemanden, der Asam hieß« – außer im Kopf Türmanns, der nur im Kopf Augustins existiert.

Der Fall ist nicht gewöhnlich. Augustin hat ein schwindelerregendes Buch geschrieben. Der Kakao, den wir als Kinder trinken mussten, kam aus einer Schachtel, die mich damals erschreckt und belustigt hat. Auf der Schachtel war eine Köchin abgebildet, mit einer Kakaoschachtel in der Hand, und auf dieser Schachtel wieder eine Köchin mit einer Schachtel mit einer Köchin ...

Ähnlich verschachtelt ist Augustins Roman. Mit dem Unterschied, dass die Köchin je länger je undeutlicher und schließlich unsichtbar wurde; dagegen ist im Buch Asam deutlicher als Türmann und Türmann deutlicher als Augustin zu sehen. Fast übertrieben, nämlich beklemmend deutlich. Es handelt sich also um einen phantastischen Roman ersten Ranges. Verwickelt, aber nicht langweilig; abenteuerlich, aber nicht dumm: »Der Kopf« ist ein vierhundert Seiten langer, kunstvoll verzargter Alptraum in drei Abteilungen.

Erster Teil: bürgerliches Familienalbum mit eingebauter Zivilisationskatastrophe. Zweiter Teil: Höhlendasein im Kellerlabyrinth. Dritter Teil: Steinzeit mit beschränkter Haftung. Hauptfiguren: Türmann, als Demiurg; Asam, als Studienrat und Lederstrumpf; Asams Feind, der Clown und Ausbeuter Popow. Fabel: Asams erbarmungsloser Zweikampf mit Popow. Ort der Handlung: Türmanns Kopf, sowie die ganze Welt. Der böse Popow wird schließlich mit einem Stein zur Strecke gebracht: demselben Stein, den vierhundert Seiten früher, auf seinem Balkon, Türmann in der Hand wog, als er Asam unter sich auf dem Gehsteig sah ...

Das ist grandioser metaphysischer Witz, wie er bei

Laurence Sterne und E. Th. A. Hoffmann, bei Lewis Carroll und Jorge Luis Borges zu finden ist: radikale Fiktion, auf die Spitze getrieben: Augustin beschreibt die Erfindung einer Erfindung. Seine Einbildungskraft ist von bohrender Originalität und noch im Aberwitz witzig. »Der Kopf« ist Entwicklungsroman und Utopie, Abenteuergeschichte und Humoreske, expressionistisches Labyrinth und Robinsonade, dies alles zwischen zwei Buchdeckeln: der bodenlose Scherz sucht in unserer Literatur seinesgleichen.

Er sucht freilich auch, partienweise, nach seinem Autor. Denn Augustins Sprache ist Augustins Einfällen nicht durchaus gewachsen: »Seine Gedanken irrten gefährlich umher.« »Leichenträger, welche als schaurige Ahnung durch die Mauer drangen.« Das schmeckt nach Hintertreppe, Groschenroman, Sonntags-Schriftstellerei. Durch den tollen Text schimmert, allzufarbig, Kolportage durch. Nicht nur Gogol und Kafka haben ihm Pate gestanden, auch Dienstmädchen- und Trappergeschichten.

»Ich bin mir selbst so furchtbar im Unklaren«, schreibt Augustin auf Seite 54. Das müsste nicht unbedingt sein. Das ist nicht bloß Anfängerpech, das ist Schlamperei. Denn wollte er nur, wie er könnte, Augustin schriebe jede Seite mit dem Stichel. Seine Prosa ist der ausschweifenden und verzwickten Präzision fähig, die seine Fabel erfordert. Ganze Kapitel, haarscharf geschrieben, beweisen es.

Der Fall ist nicht gewöhnlich. Nicht gewöhnlich der Autor, der hier entdeckt worden ist; nicht gewöhnlich, was er uns entdeckt; nicht gewöhnlich die Arbeit, die es ihn kosten wird, seinem Buch über den Kopf zu wachsen.

Stephan Lesker

Der Kopfmensch und sein Körper
Weltenwanderer bei Ernst Augustin
und Walter Kempowski – mit einem Seitenblick
auf Flammarion

Der «Wanderer am Weltenrand», der auf dem weitbe-
kannten Holzstich des Flammarion aus dessen «L'atmo-
sphère. Météorologie populaire» (1888) seinen Kopf in
den Weltraum steckt, ist nur auf den ersten Blick zu
beneiden. Sein Schädel durchstößt zwar die Grenze zur
Himmelssphäre, erblickt dann aber statt der geordneten Sternenwelt, die ihm vertraut ist, ein ungeordnetes
Chaos. Wie eine Halskrause schließt sich der Rand der
Erdatmosphäre um sein Genick, die rechte Hand streckt
sich vergeblich nach den Erscheinungen der neuen Welt
aus, sein Stock in der Linken ist ihm schon beinahe
entglitten – wohl ein Indiz dafür, dass er alles fahren
lässt, was zu ihm gehört, er selbst aber in der Erden-
sphäre verbleiben muss. Dieses Bild einer Leib-Seele-
Dichotomie ist prominent von Ernst Augustin und
Walter Kempowski erzählt worden.

In Augustins Debütroman «Der Kopf» tritt uns Lehrer Asam als typischer Kopfmensch gegenüber, der
schon während des Unterrichts gedanklich nicht bei
der Sache ist, sich in andere Welten flüchtet – der die
Sphäre, in der er lebt, verlassen möchte (und dabei ausgerechnet an ein Terrarium denkt). Der Blick aus dem

Fenster markiert dabei, wie Fernsicht überhaupt, den Lebenswechsel: «Die Fenster waren alle bis zur Hälfte milchig gehalten, aber jenes zur Seite des Katheders war geöffnet, so daß er hinausblicken konnte. Oder demzufolge er hinausblicken konnte.»[1]

Dem Eskapismus eröffnet sich hier eine Gelegenheit, doch die fehlerhafte Latein-Übersetzung eines seiner Schüler holt Asam in die hiesige Welt zurück – vorerst. Der zweite Blick aus dem Fenster führt schon etwas weiter, aber auch hier wird Asam durch einen Stoß Schülerhefte wieder in seine Sphäre banaler Erdenschwere zurückversetzt: «Asam wollte die abgestandene Luft aus dem Lehrerzimmer hinauslassen und öffnete ein Fenster: Es war warm, der Baum auf dem Schulhof stand sehr breit in der Mitte, eine gewaltige Sommerkugel.» (S. 20 f.)

Die Intensivierung ist deutlich: Beim ersten Mal war das Fenster von jemand anderem geöffnet worden, stand also bereits offen – hier nun öffnet Asam es selbst. Und das steht im Zusammenhang mit einem sehr schwerwiegenden Vorgang: «Asam betrat die Holztreppe, die verbotene, die sich aufwärts zum Boden drehte.» Er «wußte, wohin er wollte: zur Luke an der Giebelseite – hier steckte er den Kopf hindurch, um über die ausgebreitete Stadt zu blicken.» (S. 21)

Bisher waren Asams Abschweifungen vom Unterricht eine eher lässliche Sünde gemäß der gestrengen, altmodischen Schulordnung. Nun aber betritt er explizit «verbotenes» Terrain, und der Blick nach draußen tut ihm zunächst gut. Gleichwohl nimmt das Unheil (hier in Gestalt einer durch den Fernblick aus der Luke angeregten Erkenntnis) seinen Lauf. Die Szene sei hier wegen ihrer frappierenden Ähnlichkeit mit Flammarions Holzstich in aller Ausführlichkeit zitiert:

> «Sein Gesicht erfrischte sich draußen, während tief unter ihm drei Personen gingen. Er schaute ohne besondere Gedanken, bis er sich mit einem Male eines befremdenden Gefühls bewußt wurde. Weil nämlich sein Körper, Rumpf, Arme und Beine in dem dumpfigen Bodenraum steckten – der Kopf aber draußen war – und das Bodenfenster mitsamt dem ganzen Satteldach voller Ziegel ihm als Krause um den Hals stand, ‹als enge Halskrause…›, konnte er den eigenen Körper nicht sehen und nicht sehen, was mit ihm zur Zeit geschah oder wer ihn bedrohte, ‹so als ob der Kopf auf Reisen› – ja – aber dann geschah dieses Seltsame, das ihm schon mehrmals geschehen, diese ganz bodenlose Ahnung. Er besann sich. So als ob er hinter sich stünde und sich selbst (also doch) betrachtete. So als ob…
>
> Er – wer? hinter ihm stünde. O du mein Gott, dachte er, dies Gefühl kenne ich, es wird gleich vorübergehen, – als ob er gar nicht wirklich vorhanden, sondern nur in Gedanken, sozusagen als etwas Ausgedachtes bestünde. Dieses Gefühl: ausgedacht er selbst in diesem Augenblick, da er den Kopf in der Dachlucke [sic!] hatte und sich als ausgedacht empfand …» (S. 22)

Wie der Wanderer auch, ist Asam wie von seinem Körper isoliert: Der Kopf- und Körpergrenze des Wanderers, die bei Flammarion durch das Himmelszelt markiert wird, entspricht bei Augustin die Dachschräge des

Schulgebäudes, die sich wie eine Halskrause um Asams Kragen legt.

Beide wollen den für sie zu engen Raum verlassen und scheinen hingerissen, ja fast geblendet von dem Anblick, der sich ihnen bietet. Schon in der «Sommerkugel» aus der vorangegangenen Szene kann man das Äquivalent eines Himmelskörpers ausmachen, der dem aus der Luke blickenden Asam nun die Welt, auf die er schaut, ganz direkt bescheint: «die Stadt war gelb von der Sonne». (S. 22) Es muss ein gleißendes Licht sein, in das Asam blickt, nicht unähnlich vielleicht derjenigen Illumination, die sich Flammarions Weltenwanderer bietet. Was der Holzstich nicht verrät, wird bei Augustin jedoch ekphrastisch beschrieben und auserzählt: Wie weiterleben, nachdem man einen Blick in das nicht für das menschliche Auge Bestimmte getan hat? Wie kann man sich wieder in seine enge Welt zurückbegeben und in ihr weiterexistieren? Asam jedenfalls ist dieses Gefühl nicht neu, er weiß, dass es vorübergeht. Dennoch erlebt er einen krisenhaften Moment – sein eigener Körper scheint ihm abhandengekommen, er kann ihn nicht mehr sehen. In dieser existenziellen Gefahrenlage bedient Asam sich eines psychologischen Tricks, der als Not-Triangulierung bezeichnet wird: Asam erschafft sich eine Figur, in der Wahrnehmen und Erleben voneinander getrennt sind.[2] Er tritt als sein eigener Beobachter hinter die Szenerie: «So als ob er hinter sich stünde und sich selbst (also doch) betrachtete.» Dem Wanderer hat er also etwas voraus: eine geschulte Wahrnehmung, die daraus resultiert, dass ihm besagtes Luken-Erlebnis schon vertraut ist. Aber ein ungutes Gefühl beschleicht ihn doch: Er erlebt sich als der Willkür eines anderen Subjektes (Gott?) ausgesetzt. Eine ähnliche Empfindung, wie sie Flammarions Wanderer heimgesucht haben muss, nachdem er einen Blick in das Reich Gottes getan hat: «Denk mich bloß genügend, lieber Gott, bat er und erschrak, weil er sich versündigte, aber wiederum nur ein wenig. ‹Man ist ein erwachsener Mensch›, sagte er laut, zog den Kopf aus der Luke und wandte sich langsam um. Er musterte sorgsam den Bodenraum, doch war es ihm nach der Helligkeit draußen nicht möglich, Einzelheiten zu erkennen.» (S. 23 – 2018 inszenierte Michael Lentz in seinem Roman «Schattenfroh» eine vergleichbare Dachkammer als Büchermagazin.)

Nach dem Blick in die Außenwelt ist die Sphäre des Schulhauses seiner Wahrnehmung zunächst nicht mehr zugänglich – überhaupt muss die Frage nach dem Sinn dieser Existenz gestellt werden, wenn sie nur dadurch ausgelöscht werden kann, dass Asam nicht mehr genug gedacht wird.

Der Leser, der sich Asam imaginiert, weiß bereits, wie dieser seinen Leib ertüchtigt und pflegt: «Asam hatte einen kräftigen, untersetzten Körper, dem man regelmäßige Leibesübungen ansah. Morgens stellte er sich für gewöhnlich nackt mitten in sein möbliertes Zimmer im zweiten Stock der Pension und machte zwanzig Kniebeugen, sieben oder acht Liegestützen, Atemübungen und derlei mehr.» (S. 11) So mochte es die zeitgenössische Ratgeberliteratur dem Junggesellen

empfohlen haben. Gleichwohl vollzieht sich eine Ab-
lösung, die den ‹gesunden› Körper vom Geist trennt.
Der Blick aus der Dachluke macht Asam vom Körper-
menschen nun vollends zum Kopfmenschen – und das
gleich zwiefach: einmal, weil er nun Kopf und Körper
als getrennt wahrnimmt, und des Weiteren, weil er sich
nur als Ausbund des Kopfes (also der Gedanken) eines
anderen erfährt. Eine Form der Schizophrenie vielleicht – als Spaltung von Leib und Seele. Jedenfalls kann
diese Szene als Plädoyer dafür aufgefasst werden, neben
dem Körper auch die Seele in den Fokus der Wahrnehmung zu rücken, wie es eine «Naturwissenschaft des
Geistes» fordert, «die den menschlichen Geist auf die
gleiche Art und Weise zu erforschen [gedenkt] wie die
menschlichen und nicht-menschlichen Körper.»[3] Die
Erforschung des Geistes war dem Neurologen Augustin, der sich über das «elementare Zeichnen bei den
Schizophrenen» promoviert hatte, naturgemäß ein besonderes Anliegen, dem er später auch einen eigenen
Roman gewidmet hat: «Raumlicht: Der Fall Evelyne B.»

Asam jedenfalls fühlt, dass seine Existenz klein und
unbedeutend ist, wenn sie nur der Phantasie eines den-
kenden Individuums entspringt, von dem er nicht weiß,
ob es ihm wohlgesonnen ist. Dieses Individuum bleibt
unzugänglich, so wie der Wanderer auch Gott nicht
sieht, sondern nur ein kaum fassbares Gewimmel von
Ringen, Kreisen und Rädern. Vor der Willkür dieser Instanz muss man sich schützen.

Ganz ähnlich führt Walter Kempowski uns eine
Szene vor, in der sich das erlebende Individuum der

Willkür anderer (ganz irdischer) Mächte ausgesetzt sieht und zur identischen Strategie greift, die auch Asam anwendet. In Kempowskis Erstling «Im Block» (1969) wird die autornahe Hauptfigur Walter eines Morgens aus dem Bett heraus verhaftet. Das Folgende wird nur schnappschussartig berichtet, das Geschehen präsentiert sich lediglich in Einzelbildern. Walter ist nicht in der Lage, das Erlebte einzuordnen, bis er sich mit ebenjener Not-Triangulierung behilft: «Ich war drei Schritt hinter mir. Große Entfernung trotz Naheinstellung. Zahlenziffern am Fadenkreuz. Kein Hätte-doch, kein Gedanke an Morgen, keinerlei Reim. | Reines Heute.»[4] In der Krisensituation imaginiert sich Walter in eine distanzierte Beobachtungsposition: Erlebendes (Naheinstellung) und wahrnehmendes Subjekt (große Entfernung) werden getrennt, damit beide Perspektiven für die Einordnung des Geschehens nutzbar gemacht werden können.

Mit Asam teilt Walter also die Krisenbewältigungsstrategie.

Und noch eine weitere Figur Kempowskis, der Schriftsteller Alexander Sowtschick, teilt sich mit Augustins Lehrer und Flammarions Wanderer in das Bedürfnis nach Erkenntnis und nach Horizonterweiterung – und er setzt dafür sogar optische Hilfsmittel ein. Anders als Asam und dem Wanderer jedoch dient ihm die Blickerweiterung dazu, dezidiert nach etwas Ausschau zu halten, das ihm einen Lustgewinn verspricht. Sowtschick ist Schriftsteller, der der Welt ein schönes Haus «abgetrotzt» hat – und der nun, als Geistesarbeiter auf den Kopfmenschen reduziert, durch Baudelaire-Lektüren zum Blick aus dem Fenster angeregt wird:

«Von jungen Mädchen war da die Rede, daß sie kleine Schlunzen seien. In ihnen liege die ganze Verworfenheit von Straßenjungen und Pennälern... Dies belebte ihn. Er erhob sich und stellte sich, die Hosen anziehend, ans Fenster. Die knospende Schönheit, die es nicht nötig hat, sich herauszuputzen, die sich rüde geben kann und unvermittelt: Das war es, was ihn an kleinen Mädchen so entzückte.

Einen weiten Blick hatte Sowtschick von seinem Fenster aus über einen Teil des Gartens hinweg, über Wiesen und Kornfelder bis hin zum Wald, dem sich ein Sandweg mit zögernden Rechts- und Linksschwüngen entgegenschlängelte.

Auf den Fensterbänken des Obergeschosses hatte Sowtschick verschiedene Ferngläser stehen. Mit dem im Schlafzimmer deponierten Hapag-Fernglas von 1923 suchte er den sichtbaren Rand der Landschaft ab. Vielleicht ließen sich ja die beiden Pferdemädchen sehen, die hin und wieder in weitem Bogen um sein Haus herumjagten: die eine blond, die andere krisselig-schwarz, entzückende Kinder, zwölf, dreizehn Jahre alt, Raubritter, wie er sie auch nannte, ganz im Sinne der Baudelaireschen Definition: Kleine freche Schlunzen, wild und erregend. Die beiden hatten übrigens nur ein Pferd zur Verfügung, ein Pony. Jeweils eines der Mädchen war gezwungen, auf dem Fahrrad hinterherzustrampeln.»[5]

Der Blick ins Weite führt hier nicht zu Transzendenz und gesteigerter Wahrnehmung, sondern zu Erregungszuständen: Zum einen kann Sowtschick trotz aller

Hilfsmittel nicht über den «sichtbaren Rand» der Welt hinausblicken, zum anderen ist es ihm um Wahrnehmungsintensität auch gar nicht zu tun – Himmelserscheinungen pp. scheinen ihn nicht sonderlich zu faszinieren. Dennoch führt er eine Gedankenrede, als ließe er sich emotional überwältigen: «Bevor er ins Bett ging, trat er noch einmal ans offene Fenster. [...] Es war fast Vollmond, am linken Rand des Trabanten waren deutlich Krater zu erkennen. Ungeheuerlich! dachte Sowtschick, ungeheuerlich..., obwohl er in Wahrheit nichts empfand. Er war es sich schuldig, meinte er, den gestirnten Himmel über sich ‹ungeheuerlich› zu finden.» (S. 48)

Sowtschick pendelt demnach nicht zwischen zwei Sphären, sondern ist und bleibt dem Irdischen verhaftet: Das Andere, so könnte man als Anspielung auf Kant dem Zitat entnehmen, ist ihm ohnehin unbegreiflich. Gleichwohl lässt er sich die Möglichkeit der Ekphrase nicht entgehen – und auch in seinem Haus kann man, ähnlich wie in Asams Schule oder auf Flammarions Holzstich, zu einem Aussichtspunkt, zu einer «Fluchtburg» (einer «Fensternische») teigen, um dort ein Himmelsschauspiel zu beobachten:

«Die Fluchtburg: An den nagelneuen Fenstergittern ließ sich rütteln, und der phantastische, brillantene Sternenhimmel war mal wieder ungeheuerlich. Wie Kamerad Lehmann in der russischen Gefangenschaft, erklärte Sowtschick dem Mädchen die Sterne [...]. Nach der Besichtigung des gestirnten Himmels zeigte Sowtschick seine Münzen.» (S. 302)

So kundig Sowtschick geläufige Sternbilder auch erklärt, sie tangieren ihn als Himmelserscheinungen nur
insofern, als er mit ihnen renommieren oder Geschichten improvisieren kann. Gegenüber den «Schlunzen»
freilich, die dann auch realiter in sein Leben treten, ist
er machtlos. Angesichts dieser Mädchen, die für das
Himmelsschauspiel nur das Wort «fetzig» parat haben,
mit dem sie auch alles andere attribuieren, taumeln er
und sein Autor gleichermaßen «zwischen großzügigs-
tem Laissez-faire und Kragenplatzerei hin und her».[6]
Zwar lässt sich am Firmament und dem, was hinter
ihm liegen mag, die Erkundung des Weltalls als Er-
kenntnistrieb des Menschen erproben – Gegenstand der
Kunst sind Sowtschick die Himmelserscheinungen
aber nicht, eben weil sie mit Sprache nicht fassbar sind:

> «Die Fernsehbilder von den Monden des Uranus, von
> den Ringen des Saturn, das waren Sensationen gewesen,
> und als Armstrong aus der Mondkapsel stieg: ‹Dies ist
> ein großer Schritt für die Menschheit…› Da hatte es in
> ihm heroisch aufgeruckt, aber über Sterne Gedichte zu
> schreiben, das konnte nur Schwachsinnigen einfallen,
> erdfarbene Ewigkeit, samendes All. Was da oben unter
> den blasierten Sternen geschah, konnte niemand ins
> Wort erlösen, das lachte stählern über Wie-Vergleiche.»[7]

Mit dieser diskreten Anspielung auf Gottfried Benns
Marburger Rede «Probleme der Lyrik» (1951) erweist
sich Kempowski als Poetologe von Format – ganz gemäß Benns Diktum: «Es gibt keine Leere und es gibt
keine Fülle, es gibt nur die Möglichkeit, die Leere zu

füllen hier, sofort, am Fenster mittels Lotung und Trans-
formation.»[8]

Fenster sind für Sowtschick demnach auch nicht
nur eine Möglichkeit, in die Welt hinauszusehen, sie
werden ihm gar zu einer Gefahr. Ein Mord im Nachbar-
dorf lässt ihn um die eigene Sicherheit fürchten. Man
erwägt, Gitter vor den Fenstern anzubringen, was zwar
Einbrüche verhindern mag, den Blick nach draußen
jedoch behindert. Wo es Augustins Charaktere in die
Außenwelt zieht, um die Innenwelt ihres Kopfes zu er-
kunden (und vice versa), verbleibt Sowtschick in seiner
häuslichen Welt, lässt nur das von außen herein, was
ihm frommen könnte. Absonderung aber rächt sich,
wie das Ende des Romans deutlich macht: Sowtschicks
Haus wird – trotz aller Befestigungsmaßnahmen – von
Vandalen verwüstet.

Was er jedoch gerne einlässt, sind junge Mädchen,
die ihm den Haushalt führen und Quelle körperlicher
sowie geistiger Exaltation sind. Es bleibt nicht nur bei
bedenklichen Erregungskurven (angesichts der zwölf-
bis dreizehnjährigen Pferdemädchen), sondern es kommt
zu riskanten Annäherungen. So wird es bspw. Usus,
dass Sowtschick den bei ihm wohnenden Mädchen das
Ohrläppchen reibt:

> «Es war kein richtiger Stuhl vorhanden, und wenn das
> so ist, dann setzt man sich eben aufs Bett. Ob er nicht
> hört, daß es donnert? wollte Adelheid wissen. Und Sow-
> tschick fragte, was denn ihr Ohrläppchen macht? Und
> dann war es soweit. Das Mädchen hatte gerade die rich-
> tige Größe für den Mann, sie lag neben ihm mit rasen-

dem Herzen, und er hielt sie fest. | ‹Daß du schon sechzig bist...›, sagte sie, und im Radio war ‹Schwund›, da piepten Morsezeichen über sie hinweg.»[9]

Was hier, kaum camoufliert, geschmacklich auf der Kippe steht, muss den heutigen Leser fast atemstockend brüskieren, denn der Kopfmensch Sowtschick denkt hier ganz und gar nicht mit seinem Kopf. Und dennoch wird es gewagt, billigend in Kauf genommen. Zunächst versucht Sowtschick, sich von dieser Gefahrensituation abzulenken, indem er appetenzweise gotische Kathedralen imaginiert; zugleich nutzt er jedoch die Anwesenheit der Mädchen zu schamloser Selbstdarstellung.

Die Frau konfrontiert den Mann mit seinem sexuellen Begehren. Auch im Hause Kempowski wird unter dem Eindruck des (unangemessen jungen) Weiblichen das Konzept von Männlichkeit prekär: «Der Maler ist da, seine beiden Lehrlinge weißen den Turm. Einer der beiden ist ein rothaariges Mädchen, mit unverwandtem Blick, eine ‹Eindringlingin› in männliche Domänen. Ich hätte ihr gern ein wenig zugeguckt, wie sie da auf die Leiter steigt und wieder runter. Statt dessen mußte ich gleichgültig tun. Es wurde mir mal wieder klar, daß ich, was Sexuelles anbetrifft, ein ‹kaputter Typ› bin.»[10] Als Grund für seine offenbar von ihm selbst als abweichend empfundene Sexualität, führt er in einem Eintrag vom 5. 2. 1983 das «erzwungene Zölibat» seiner Haftzeit an.

Das – pardon – Weibliche darf hier nicht zum Objekt des (alten weißen mitteleuropäischen) Mannes erklärt werden, und dennoch geschieht es: Wenn er schon so attribuiert wird, will er sich auch so verhalten.

Kopfmensch Asam praktiziert ebenfalls den unangemessenen Blick eines Mannes, der sich gemäß der Weise verhält, die ihm kraft der Zugehörigkeit zu seiner Klasse oder Ordnung unterstellt wird. Auch in seiner Welt sind «alte ausgezehrte Greise noch immer begehrlich hinter den Mädchen her».[11] Da bildet Asam keine Ausnahme, wenn ihm ein «unschuldiges Mädchen», wie Matthias Claudius es einst bedichtet hat, begegnet – mit küssenswertem Mund, und nicht auf den Mund gefallen: Dieser Mund «ist auch nicht sehr groß, dachte Asam. Groschengroß. Größer nicht.»[12] Und wenn sich dann das Mädchen später ebendieses Mundes bedient, bedarf es keiner weiteren Kommentierung mehr: «Es bedankt sich süß mit seinem Groschenmund. | O Süße, sagt Asam. | Süßigkeit. Im späten Licht des einfallenden Abends erstrahlte das Felsstück so gewaltig, daß Asam entzückt war. Wie denn! sagte er, warum sollte ich denn nicht, was sollte mich denn jetzt noch hindern? Sie muß mich nur mögen.» (S. 332)

Augenscheinlich lässt sich hier ein präfigurierter Modus der Weltwahrnehmung und Weltaneignung beobachten, der mit dem Terminus Horizonterweiterung resp. -durchbrechung umschrieben werden kann und der einem Normverstoß äquivalent ist. Bei beiden Autoren stoßen wir immer wieder auf Charaktere mit einer defizitären bis skandalösen Lebenspraxis und Lebenshaltung. So führt die Erfahrung, dass Körper und Geist voneinander getrennt sind, Asam zu der Erkennt-

nis, dass sein Dasein irgendwie vom Numinosen ab-
hängig sein müsse, er also dafür zu sorgen habe, dass er
von dieser jenseitigen Instanz auch weiterhin gedacht
werde, auf dass er in ihrem Kopf weiterleben könne.

Die jähe, dezisionistische Erkenntnis, die bei Asam
zur choc-haften Existenzangst führt, gereicht auch
Kempowskis Figuren zur atemberaubenden Selbst-
erkundung – einer seiner Protagonisten, der Journalist
Jonathan Fabrizius, erfährt dies als Nahtoderfahrung.
Dabei begleitet, wie schon bei Asam, gleißende Hellig-
keit die Erfahrung der Trennung von Körper und Geist:
«Wie ein Kugelblitz fuhr Helligkeit in sein Gehirn. […]
Dieser Keulenschlag hatte die Gedanken und Bildparti-
kel seines Gehirns für Sekunden zu Sternen und Klanglinien formiert, unentschlüsselbar und doch bedeut-
sam.»[13] Wie bei Flammarion verlässt Fabrizius für
Sekunden seine Wahrnehmungssphäre: Die Sterne und
Klanglinien, die er zu sehen meint, entsprechen dem
Anblick, der sich dem Weltenwanderer bietet. Jonathan
erfährt sich in der Folge als von seinem Körper getrennt,
aber nicht isoliert: «Er fühlte sich unbeteiligt und war
doch ganz bei der Sache, er war ‹außer› sich und doch
im Bilde.» (S. 202)

Alle hier bisher zur Sprache gekommenen Figuren
haben mit Flammarions Transzendentalfigur etwas gemein: Sie erleben eine Wahrnehmungsintensität durch
die Auflösung der Einheit von Geist und Körper. Sie
haben ihr aber auch etwas voraus, dergestalt, dass sie
nicht verloren sind, sondern im Augenblick ihrer Epi-
phanie wieder zu ihrem Körper und in ihre Sphäre

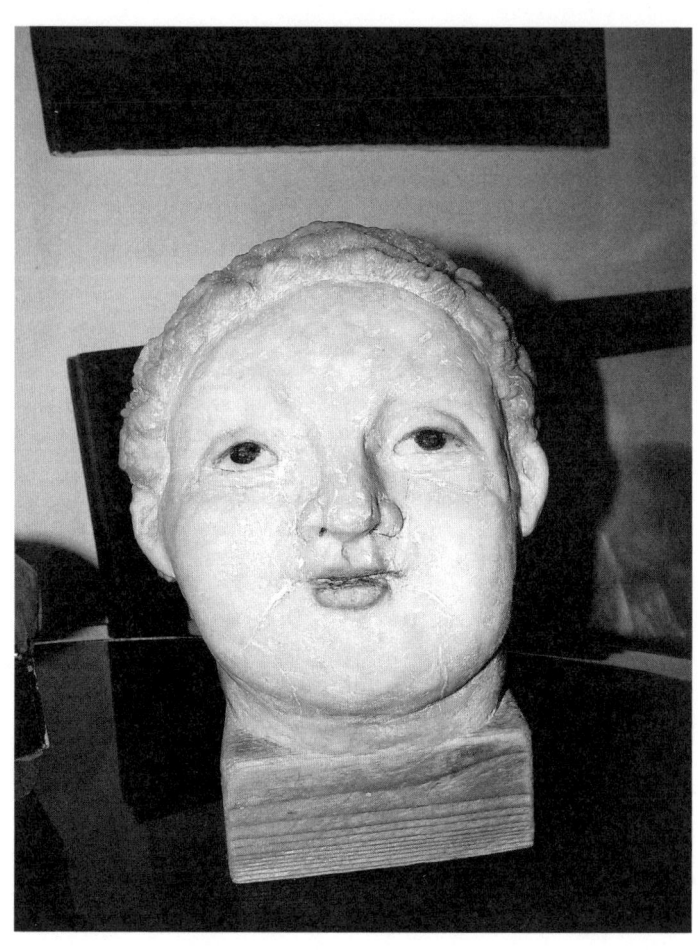

Abbildung 5: Der Kopf

zurückfinden, allerdings mit einer gesteigerten (wenn man so will: kopflastigeren) Wahrnehmung.

In den Werken Ernst Augustins und Walter Kempowskis treten uns verstärkt solche Kopfmenschen gegenüber, bei denen das Körperliche, ja das Sexuelle jedoch keinesfalls aus der Wahrnehmung verschwindet. Bei Alexander Sowtschick ist es vor allem der schlechthin verbotene Körper, der seine Begehrlichkeiten weckt: Die Pferdemädchen, die sein Haus umreiten und deren Erscheinen meist sehnsüchtig erwartet wird, sowie die beiden Studentinnen, die er in Abwesenheit seiner Frau bei sich einquartiert, stellen potenzielle bzw. potenzierte Normverstöße dar, denen er gedanklich die Zügel schießen lässt.

Bei Augustin begegnet uns diese sexualisierte Körperlichkeit ebenfalls: allerdings (zumeist) in Gestalt dominanter Frauenfiguren (wie in «Die Schule der Nackten»), exotischer Versuchungen (wie «Snakewoman» im «Amerikanischen Traum») oder auch als wissenschaftlich camoufliertes Objekt voyeuristischer Schaulust in Gestalt eines Hermaphroditen (in «Mamma» bzw. «Schönes Abendland»). Das Begehren, man könnte auch sagen: der objektivierende männliche Blick der Figuren auf das Weibliche, markiert in Augustins Werk eine andere Position als bei Kempowski und richtet sich auch nicht bevorzugt auf das Anstößige. Ihm geht es um die logische Konsequenz seiner Handlungsoptionen, wie sich etwa am Beispiel des «Löwenmädchens» aus «Raumlicht» demonstrieren lässt. Als er der «kleinen Evelyne» (sie ist zu diesem Zeitpunkt 15 oder

16 Jahre alt) begegnet, gerät der Erzähler in Verzückung: «Sie hatte den niedlichen Körper mit den Brüstchen und Hüften und dem niedlichen Popo». Sogleich verbietet er sich als Arzt aber jegliches Engagement, weil er weiß – und befolgt –, was der berufliche Verhaltenskodex von ihm erwartet: «[I]ch darf das gar nicht erwähnen, denn als Arzt nimmt man solche Dinge überhaupt nicht wahr, und ich habe mich auch gleich geschämt, als ich das Bad betrat.»[14]

Und gerade weil sein Begehren nicht nur die Patientin einschließt, die es zu heilen gilt, sondern auch die Frau, die er heiraten wird, ist seine Gedankenrede unbedenklich. Augustins Erzählanlass zielt, im Gegensatz zu Nabokovs «Lolita» und Arno Schmidts «Seelandschaft mit Pocahontas» oder «Abend mit Goldrand», nicht auf eine Sexualisierung der Person, sondern auf ihre seelische Gesundung, die den ganzen Einsatz des Mannes erfordert, indem er das Arzt-Patientin-Verhältnis transzendiert.[15] Zwar erliegt der Erzähler in Gedanken kurz der kindfraulichen Schönheit, seine Faszination verdankt sich aber einem authentischen (nicht nur medizinischen) Interesse an einer gemeinsamen Lebensperspektive. Augustin ist daher bemüht, dem männlichen weißen Blick als Paradigma der Weltwahrnehmung ein Korrektiv entgegenzusetzen, wenn er ihn schon nicht – wie es Klaus Theweleit später fordern sollte – gänzlich ablegen kann.

Bei Alexander Sowtschick hingegen führt der zunächst gedankliche Normverstoß zu einer ganz realen Überschreitung des gesellschaftlich Akzeptablen (im literarischen Raum). Er unternimmt dabei gar nicht erst den Versuch, seinen anzüglichen Gedanken zu kanalisieren, wie es der Protagonist aus «Raumlicht» tut. Obwohl – oder gerade weil – er Kopfmensch ist, versagt sich Sowtschick die konservative Affektkontrolle, denn «alle Lust will Ewigkeit» (Nietzsche). Er schreibt sich ein in ein Paradigma von Schriftsteller-Amouren, das von jeher schon gelebte Realität war, bevor wir erst noch Anstoß nehmen konnten. Man denke an E. T. A. Hoffmann und seine Schülerin Julia Mark, oder an Sophie von Kühn, die sich im Alter von zwölf Jahren mit Novalis (damals 23) verlobte. Gegenüber Ulrike von Levetzow (1804 geboren) verspürte der greise Goethe 1821 «eine große Leidenschaft»; ähnlich gravierend war die Altersmesalliance, die Gert Hofmann in seinem (authentisch grundierten) Lichtenberg-Roman «Die kleine Stechardin» (1994) beschrieb (Lichtenberg war Ende dreißig, Maria Dorothea Stechard 13 Jahre alt). Bei Edgar Allan Poe stellte sich der Lolita-Effekt einer «American Beauty» (Regie Sam Mendes) ein, als er seine Virginia heiratete (er war 27, sie 13), und der Poe-Übersetzer und -Biograph Arno Schmidt führte eine solche, durch den Lolita-Effekt induzierte Art des Sehens in seinem «Pocahontas»-Roman am Beispiel des Landvermessers (!) Joachim vor, der, als er einer jungen weiblichen Schönheit ansichtig ward, zunächst einmal feststellte: «Busen zumindest zur Zeit nicht feststellbar.»[16]

Ein Kopf ist bei Augustin wie Kempowski als eine Art Fluchtpunkt verstehbar, der das Körperliche reguliert, indem er den Intellekt weit über die Grenzen des

Normverstoßes treibt. Daher wird genau in diesem Imaginationsraum (und bisweilen nicht nur dort) das Körperlich-Sexuelle bedenklich über Bande gespielt. Man könnte meinen, hier würden sich zwei Autoren bewusst um ihre Reputation schreiben – besonders Kempowski geht, in Überzeugungsnähe mit seinen Protagonisten, gezielt gegen die verhasste Political correctness an: «Wenn erst mal die richtigen kommen, geht's mir an den Kragen.»[17] Und tatsächlich fragt man sich, ob diese Zumutungen, würden sie heute erscheinen, nicht für Debatten sorgen würden, wie sie bspw. Michel Houellebecqs Bücher regelmäßig provozieren. Letztendlich bleiben Kempowskis Sowtschick-Romane (bei aller mutmaßlichen Autornähe) Rollenprosa, geschrieben unter anderem, um es denen zu zeigen, «die in ihm nur den bürgerlichen Chronisten einer vergangenen Zeit sehen.» – wie es Edo Reents auf den Punkt brachte.[18] Die Normverstöße Sowtschicks stellen Provokationen dar, die bewusst die Grenzen des Denk- und Sagbaren auszuloten und zu überschreiten suchen.

Weder übergriffig noch boshaft, gleichwohl anstößig, aber darum nicht weniger legitim, betreiben hier zwei Routiniers die Erweiterung des semantischen Raumes durch Normverstoß. Sie tun das aber so überzeugend, dass man sie dafür einfach respektieren muss, denn davon lebt große Literatur.

Anmerkungen

1 Ernst Augustin: Der Kopf. Roman. München: Piper 1962, S. 17.

2 Vgl. Günther H. Seidler: Der Blick des Anderen. Eine Analyse der Scham. Mit einem Geleitwort von Léon Wurmser. Stuttgart: Verlag Internationale Psychoanalyse 1995, S. 327.

3 Heiner Hastedt: Das Leib-Seele-Problem. Zwischen Naturwissenschaft des Geistes und kultureller Eindimensionalität. Frankfurt/M.: Suhrkamp ^{2}1989, S. 9.

4 Walter Kempowski: Im Block. Ein Haftbericht. Reinbek b. Hamburg: Rowohlt 1969, S. 8.

5 Walter Kempowski: Hundstage. Roman. München/Hamburg: Knaus 1988, S. 18.

6 Walter Kempowski: Sirius. Eine Art Tagebuch. Mit 245 Abbildungen. München: Knaus 1990, S. 305 (4. 7. 1983).

7 Hundstage, S. 276.

8 So Benn bereits 1949 in «Der Radardenker». Vgl. dazu Lutz Hagestedt: Langmut. Die lakonischen Gedichte Walter Kempowskis und die Lyriktheorie Gottfried Benns. In ders. (Hg.): Walter Kempowski. Bürgerliche Repräsentanz – Erinnerungskultur – Gegenwartsbewältigung. Berlin, New York: de Gruyter 2010. S. 165–187.

9 Hundstage, S. 304.

10 Sirius, S. 214 (25. 5. 1983).

11 Der Kopf, S. 46.

12 Der Kopf, S. 312. – Zu Matthias Claudius vgl. Lutz Hagestedt: Das unschuldige Mädchen – so unschuldig nicht. In: Reinhard Görisch (Hg.): Helle, reine Kieselsteine. Gedichte und Prosa von Matthias Claudius mit Interpretationen. Husum: Husum Verlagsgesellschaft 2015, S. 12–24.

13 Walter Kempowski: Mark und Bein. Eine Episode. München: Knaus 1992, S. 200.

14 Ernst Augustin: Raumlicht. Der Fall Evelyne B. Frankfurt/M.: Suhrkamp 1981 (st 660), S. 52.

15 So bereits Jutta Osinski: Über Vernunft und Wahnsinn. Studien zur literarischen Aufklärung in der Gegenwart und im

18. Jahrhundert. Bonn: Bouvier 1983 (Bonner Arbeiten zur deutschen Literatur, 41), S. 24.

16 Arno Schmidt: Seelandschaft mit Pocahontas. In ders.: Bargfelder Ausgabe. Werkgruppe I, Bd. 1. Zürich: Haffmans 1987, S. 399.

17 Sirius, S. 604 (13. 12. 1983).

18 Edo Reents: Mein Lieblingsbuch: «Hundstage». https://www.faz.net/aktuell/feuilleton/buecher/edo-reents-mein-lieblingsbuch- hundstage-1177064.html.

Cornelia Zetzsche

Das Sein ist das eigentliche Geheimnis

Gespräch mit Ernst Augustin in der Orffstraße

Cornelia Zetzsche: *Ein Mann ist auf der Flucht zwischen Grevesmühlen und London, Chatroom und Südsee; mit einem Packen Geld in der Tasche und einem schwierigen Erbe, so viel ist schon mal vorauszuschicken. Die Augen: blau; der Typ: klassisch, phantasievoll; seine Lieblingsbeschäftigung: Salsa tanzen. Er hat also einiges gemeinsam mit seinem Schöpfer, dem Schriftsteller Ernst Augustin, dem Magier aus dem Riesengebirge, der in Schwerin aufwuchs, als Arzt in der Charité begann, in aller Welt lebte, aber seit Jahrzehnten in München ankert und sich im Dach ein Tropenparadies, im Keller eine Disco eingerichtet hat. «Robinsons blaues Haus» ist ein wunderbares Lebensbuch, und dessen Erfinder ist Ernst Augustin, der selbst ein bemerkenswertes Haus besitzt, bearbeitet und bewohnt. Danke, dass wir zu Gast sein dürfen, schön haben Sie's hier.*

Augustin: Ja! (Lacht)

Zetzsche: *Wir treffen uns, wie es sich für Leser gehört, in der Bibliothek, aber das ist keine gewöhnliche Bibliothek?!*

Augustin: Na ja, das ist so eine Art kleine Besenkammer, aber getäfelt, nicht (lacht)! Ich hab' sie mir selber gebaut, ich wollte sie so haben, damit ich lese.

Zetzsche: *Woraus haben Sie das gebaut? Ich sehe hier dunkles Holz.*

Augustin: Das sind an sich nichts weiter als Sperrholzplatten, aber ich hab' sie mit einem Bootslack lackiert, den ich aus England habe, den gibt's hier nicht, das ist ein transparentes Mahagoni, deshalb sieht es so üppig aus, ist es aber gar nicht.

Zetzsche: *Wenn Sie sagen würden, das ist Mahagoni, würde ich es glatt glauben, bei diesen gedrechselten Säulchen.*

Augustin: Ja, die hab' ich aus alten Betten gesägt, oben die Kopfstöcke.

Zetzsche: *Und die Bibliothek ist nur ein Raum in Ihrem klassizistischen Münchner Haus, das über die Jahre zur Wunderkammer geworden ist, mit toskanischer Landschaft, mit einer Hongkong-Bar, einem Tropen-Paradies unter dem Glasdach, und alles haben Sie selbst gebaut und ausgedacht?!*

Augustin: Ja, im Laufe von 40 Jahren, meine Frau und ich haben uns da angesteckt. Wir hatten plötzlich die Idee, wir möchten das haben, und dann haben wir angefangen, so ist es ganz langsam gewachsen. Es hat eigentlich mit dem Treppenhaus angefangen. Wenn ich da raufsteige, immerhin drei Stockwerke, dann brauche ich Abwechslung, ich muß etwas sehen, das ist so eine Landschaftsbesteigung.

Zetzsche: *Sie müssen etwas sehen und sich, habe ich den Eindruck, auch handwerklich betätigen.*

Augustin: Ja, ich bin tatsächlich handwerklich gut. Ich hab' sogar mal Maurer gelernt, Sie werden lachen, das

Abbildung 6: Treppenhaus

war kurz nach dem Krieg, da mussten wir irgendetwas tun, und da habe ich Steine getragen und dann gemauert.

Zetzsche: *Eigentlich sind Sie Psychiater. Sie haben als Arzt in Afghanistan gearbeitet, in Berlin an der Charité, in München als Gutachter auch von Kriminellen. Aber Sie haben auch Häuser erworben und umgebaut, von Costa Rica bis London.*

Augustin: Ja nun, ich habe immer Spaß daran gehabt, Zweit- und Drittleben zu führen. Und wenn ich in ein Land komme, dann nicht als Tourist, sondern als Einwanderer. Ich wandere auch wieder aus, aber ich muss eine dichte Beziehung haben. Und das Beste, was man machen kann, ist – neben Heiraten –, ein Haus zu kaufen. Das waren richtige Bruchbuden und darin habe ich ein bisschen herumgetastet. Inzwischen habe ich alles wieder verkauft. Ich habe nur noch hier mein Domizil.

Zetzsche: *Was reizt Sie am Bauen? Ist das eine Parallele zum Schriftsteller, der auch Räume erfindet, Phantasie-Räume, die er selbst bewohnen kann?*

Augustin: Das stimmt. Ich wäre am liebsten Architekt geworden, aber kaum jemand hätte etwas von mir bauen lassen. Ich hatte immer das Gefühl, man braucht einen eigenen, gestalteten Lebensraum um sich herum, dann ist man zu Hause. Und das habe ich dann auch getan.

Zetzsche: *Und zwar architektonische wie literarische Räume?!*

Augustin: Ja, die gehen ineinander über. Diese Dinger hab' ich dann immer verwendet. Zum Beispiel in London, in einer wirklich finsteren Gegend habe ich mir mal ein Haus gekauft, ich fand's furchtbar dekorativ. Die Gegend war so miserabel, daß der Taxifahrer sich weigerte, hinzufahren. Aber das habe ich dann gemacht, auch wie so ein Auswandererschicksal. Dann hab' ich alles saubergemacht und geputzt, und dieses Leben hat sich niedergeschlagen im Roman «Eastend».

Zetzsche: *Wie sieht denn ein ideales Haus für Sie aus?*

Augustin: Das gibt's gar nicht, das ideale Haus ist sehr schwer. Aber ich beschreib's im «Robinson»: Man geht vorne rein in Grevesmühlen und guckt hinten auf die Südsee. Man braucht einen Zeitsprung dazu. Ich nenne diesen Roman, abgesehen davon, daß es eine Lebensgeschichte ist, ein Handbuch des Wohnens. Wohnen ist für mich synonym mit Leben, man macht sich praktisch wohnlich, das ist ja der Sinn des Lebens. Man kommt in diese teilweise nur kurze Zeit und richtet sich so gut es geht ein, das ist Leben. Und diese Wohnungen, die ich da beschreibe, variieren, vom äußersten Notbehelf bis zum Luxus, also der Mann wohnt praktisch in seinem Mantel, einem steifen verdreckten Mantel, bis hinauf zum gläsernen Himmelshaus, oben auf dem Wolkenkratzer. Und die ganze Spielbreite geht als Nebenhandlung durch das Buch.

Zetzsche: *«Robinsons blaues Haus» ist eine Robinsonade, was ist damit gemeint?*

Augustin: Der Roman beschreibt ja einen Menschen, der sich auf der Flucht befindet und der sich dann eben unauffällig einrichtet, im Zwischenraum. Der Zwischenraum ist ein sonst von uns nicht bewohnter Raum. Und das «blaue Haus» ist die Südsee, sie ist ein einziges großes blaues Haus. Ganz egal wo, das Klima ist immer gut, keine Schlangen, gar nichts, man kann überall wohnen. Deswegen ist die Südsee für mich immer ein großes blaues Haus gewesen.

Zetzsche: *Dieser Roman ist zum Teil im Du geschrieben. Ein Erzähler wendet sich immer wieder an einen Freund namens Freitag, ein unsichtbares Gegenüber.*

Augustin: Freitag ist sozusagen die Gegenperson. Ursprünglich ist es eine Chat-Bekanntschaft, die furchtbar albern anfängt, sich aber verdichtet. Die beiden kommen sich näher, werden so eine Art Freunde, es gibt weitere Verwandlungen, bis schließlich der sogenannte Chat-Mensch etwas ganz Wichtiges wird, ich will nicht sagen was, aber eigentlich die wichtigste Person überhaupt, das ist der Schluss des Buches …

Zetzsche: *… den verraten wir jetzt nicht, aber wir können ein paar Verwandlungen von Freitag nennen: Er beginnt als Person im Chat, dann wird er vom Erzähler als Freund angeredet …*

Augustin: … sagt aber nicht, wer und wo er ist, und das Wo, das versucht der Erzähler herauszufinden. Freitag selbst sagt, er wohnt auf den Fidschiinseln, er ist Freitag, der Erzähler nennt sich im Chatroom Robinson – «Robinsonsuchtfreitag».

Zetzsche: *Der sogenannte Robinson ist also auf der Flucht. Er schafft sich, gleich zu Beginn, in einer Bahnhofsmeisterei eine Zuflucht und Bleibe auf engstem Raum, nach einer Kindheit in Mecklenburg; einer schwierigen Kindheit mit einem ominösen Vater, und es geht um nichts weniger als Geld und Gefahr.*

Augustin: Ja, eine ziemliche Gefahr, würde ich sagen, denn woher stammt das Geld? Er hat's geerbt von seinem Vater. Sein Vater war, in einer sehr naiven Art, kriminell. Und der Sohn, der jetzt das Erbe antritt, hat eine Verpflichtung, dieses Geld zu behalten. Und wie er damit durchkommt, das geht eben nur auf dem Fluchtweg, im Zwischenraum.

Zetzsche: *Sie verwenden in Ihren Romanen immer wieder Biographisches als (Bau-)Material. In Schwerin, in Mecklenburg, sind Sie aufgewachsen?*

Augustin: Ja, ich habe meine Kindheit dort verbracht, ursprünglich stamme ich aus Schlesien ...

Zetzsche: *... aus dem Riesengebirge ...*

Augustin: ... dem Riesengebirge, wo die ganzen Spinner, die Erzähler und Rübezahle herkommen.

Zetzsche: *Und das war für Sie prägend und bestimmend?*

Augustin: Na ja, nicht bestimmend, aber es ist eine Tatsache, es ist im Blut wahrscheinlich.

Zetzsche: *Haben Sie in Mecklenburg auch solche schulischen Erlebnisse von kindlicher Verachtung und Quälerei wie Ihr Held, Ihr Erzähler?*

Augustin: Ein klein wenig, ja, nicht sehr. Er wird ja doch in einem Kapitel richtiggehend gemobbt.

Zetzsche: *Was haben Sie denn für Erinnerungen an Mecklenburg?*

Augustin: Eigentlich sehr schöne Erinnerungen, landschaftlich. Man lebt dort sehr schön an Seen und Wäldern. In Schwerin, der Stadt der Seen und Wälder, sind wir gesegelt und haben alles Mögliche gemacht. Das war eine gute Kindheit, wenn auch zur Nazi-Zeit. Aber wir haben uns dort unsere eigene Welt geschaffen. Wir haben unsere Detektiv-Welt gehabt und sonst was. Ich bin nie was geworden bei den Hitlern, ich bin Pimpf gewesen. Meine Freunde wurden alle was. Mein allerbester Freund wurde sogar Stammführer, man stelle sich das vor, das war mein Freund! Und ich war Pimpf! Ich staune heut noch, wie das funktioniert hat, komischerweise kam nie die Sprache drauf, wir waren ja phantasievoll.

Zetzsche: *Was zum Beispiel haben Sie sich ausgedacht?*

Augustin: Wir hatten richtige Perioden, mal war's Wild West, mal war's Zukunft, da wurde Gold gemacht. Eigentlich haben wir Film gespielt. Wir haben Filme gesehen mit Hans Albers und dann wurde entsprechend über lange Zeit gespielt.

Zetzsche: *Es gibt schon einen Roman von Ihnen, der heißt «Gutes Geld», und in «Robinsons blauem Haus» spielt auch das Geld eine zentrale Rolle. Was bedeutet Ihnen Geld?*

Augustin: (Lacht) Geld ist ein Instrument! Mit dem muß man was anfangen können. Ich staune immer, wie wenig diese wirklich reichen Leute damit anfangen. Die kaufen sich lauter Unsinn, eigentlich nur Status, sonst nix. Ich würde anfangen zu bauen. Ich würde sonstwas machen. Geld ist ein gutes Material.

Zetzsche: *Es gibt auch eine hinreißende Banken-Szene in «Robinsons blaues Haus». Inwiefern interessiert Sie das Thema literarisch? Warum haben Sie Geld wieder zum Thema gemacht, wie schon in «Gutes Geld»? Hat das auch gesellschaftskritische, politische Gründe?*

Augustin: Nein, in diesem Robinson-Roman wollte ich einen Menschen mit unbegrenzten Möglichkeiten. Und diese Möglichkeiten werden ja heutzutage nur mit Geld gemacht. Mich hat das Geld als solches nicht interessiert, nur die Möglichkeiten, was man damit machen kann.

Zetzsche: *Ein Vielschreiber sind Sie nicht?*

Augustin: Nein, das bin ich nicht. Ich hab' ja auch noch einen Beruf gehabt. Und ich habe alle Bücher mindestens zwei-, dreimal geschrieben. Also das erste Mal war es immer nur ein Wirrwarr, das zweite Mal dachte ich, das wär' gut, dann war's aber ganz schlecht, und dann kam das dritte Mal, das dauert eben 'ne Weile. Außerdem, ich schreibe langsam. Und ich bin auch nicht zwanghaft. Wenn ich keine Lust hab', dann schreib ich eben nicht. Also ja, zwei, drei Jahre dauert's schon, bis ein Buch fertig ist. Es wächst einfach. Und es ist merkwürdig, ich hab' immer wieder die Erfahrung gemacht, dass sich Bücher selbständig machen, dass sie sogar die Handlung verändern. So ein Buch ist ein richtiges Geschöpf, das hat Leben. Das fordert einen auch. Es hat wirklich Spaß gemacht, aber wenn's fertig ist, ist's fertig. Da muss ich ein neues schreiben.

Zetzsche: *Hatte «Robinsons blaues Haus» auch so ein Eigenleben?*

Augustin: Ja sehr. Ich hatte es fix und fertig, ich schreibe mit Bleistift und Radiergummi, das ist meine Art zu schreiben. Ich brauche das geschriebene Wort, das blüht, das gibt mir mehr. Die ganze Laptoperei ist mir zu kalt, offen gestanden. Der Roman war also fertig, als diese furchtbare Sache geschah, als ich einen Hirntumor bekam, mit der Operation blind wurde und es nicht mehr lesen konnte, es war viel zu klein. Dann wurde es fotokopiert, und ich mußte das ganze Buch nochmal schreiben. Mit einem dicken Filzschreiber hab' ich in riesigen Buchstaben, die drei Zentimeter lang sind, auf einem ganz großen Format, das Ganze nochmal geschrieben. Es ist dadurch, glaub ich, kürzer geworden, aber nicht schlechter, konzentrierter, möglicherweise. Die erste Fassung hatte viel mehr Erklärungen. Es sind ja eigentlich drei Ebenen in diesem Buch, ein Lebenslauf fängt an in der Kindheit und endet mit dem Tod. Aber gleichzeitig wird dieser Lebenslauf dieser Chat-Person, diesem Freitag, erzählt, sodass jedes Kapitel anfängt mit: «Lieber Freitag, heute bin ich so …» Es beginnt immer mit einer halben Seite in der Jetztzeit, in der sich der Erzähler gerade befindet, in der er bedroht wird durch zwei Leute, die ihm immer folgen. Sein Vater war Geldwäscher, ums genau zu sagen, so ein richtiger Bankbeamter, der entgleist ist, durch Zufall.

Zetzsche: *Und das sind keine harmlosen Typen, die ihn da verfolgen, die schlagen ja auch zu …*

Augustin: … die machen die Fingerfolter. Aber heutzutage existiert Geld ja gar nicht mehr, Geld ist nur eine Zahl und ist irgendwo in diesem Riesennetz, in diesem Bankengeflecht versteckt.

Zetzsche: *Das Geld ist gar nicht das zentrale Thema, sagten Sie vorhin. Was gab denn den Impuls zu «Robinsons blaues Haus»?*

Augustin: Eigentlich ist es ein Loblied auf die Einzelperson, also ganz im Gegensatz zu dem, was heute gefordert wird. Man ist ja als Gesellschaftsmensch gefordert. Und ich wollte wirklich einen Einzelmenschen, der eingebunden ist in diese besetzte Landschaft. Er sucht sich seinen Raum, wo er noch existieren kann. Das Ganze geht zurück auf eine Begegnung, die ich jeden Morgen hatte, als ich in Rostock studierte. Da musste ich immer an einem Häuserspalt vorbei. Da waren zwei Mietshäuser, die hatten einen kleinen Spalt zwischen ihren Brandmauern, und ich hab' mir jeden Morgen vorgestellt, wenn ich in diesem Spalt leben müßte, gezwungenermaßen, wie richte ich mich da ein, mit allem Luxus, in einem Spalt, der nicht breiter ist als 1,5 Meter, aber durch die ganze Tiefe geht und Höhe geht, wie lebt man da trotzdem gut. Für mich hat das auch sehr viel mit Phantasie zu tun, etwas Schöpfen. Schon als Kind fühlte ich, ich muß mir eine Welt bauen, und das ist dann auch geschehen. In der realen Welt kann man es nur ein bißchen machen, aber als Schriftsteller hat man ja Fähigkeiten, Möglichkeiten. Wobei das eben mehr als nur Wohnen ist, das ist Leben. Sicheinrichten ist die Form, die man sich gibt, und ich brauche Üppigkeit, um mich wohl zu fühlen. Und heute ist ja alles so zugebaut. Ich habe teilweise mein Leben in sehr interessanten Gegenden zugebracht, zum Beispiel in Afghanistan, auch in Mittelamerika, so richtig in den Tieftropen, und ich hab' versucht, das in diesem Haus ein bißchen nachzuvollziehen.

Zetzsche: *Das Dach ist eine Art Karibik, eine Etage New York, fehlt eigentlich nur die Südsee.*

Augustin: Ja, die Südsee ist schon was Tolles. Was ich unter Südsee verstehe, sind eigentlich Koralleninseln. Aber es gibt unglaubliche Gegenden. Ich war beruflich, war in Tuwalu, einem kleinen Staat zwischen den Fidschi- und den Marshall-Inseln, eine solche ungeheuerliche Schönheit, sowas hab' ich noch nie in einem Reiseprospekt gesehen. Wir sind da über 150 Inseln geflogen, kleine Inseln, von denen jede einzelne ein absoluter Totaltraum war, mit einem dichten Palmenpuschel in der Mitte und schneeweißen Sandstränden drumrum und kein Mensch weit und breit. Da wohnt niemand. Eine hab' ich mir ausgesucht, das ist meine. Ich hab' gefragt, kann man sowas kaufen? Da hat man, das ist ein kleiner Staat mit nur 8000 Einwohnern, aber mit einem richtigen Staatsoberhaupt, da hat man mir erklärt auf dem Ministerium, das kann ich kaufen, wenn ich den Besitzer finde. So sieht's aus. Meine Frau sagt, wir ziehen da nicht hin, wie ist das, wenn wir Zahnschmerzen kriegen?

Zetzsche: *Wie leben Sie jetzt, weitgehend erblindet, als ein Mensch, der von Bildern lebt?*

Augustin: Sehr schwer. Aber ich habe festgestellt, es ist ein neues Leben. Im ersten Jahr hat sich mein Hirn selbständig gemacht, ich hatte scharfe, gestochene Bilder, die wiederholten sich. Das kommt häufig vor. Bei Menschen, die spät erblinden, gibt es dieses Selbständigmachen des Sehzentrums, das kriegt keine Nahrung mehr und sagt, was ist denn los, und dann arbeitet es und bringt Erinnerungsbilder und Muster, das sind Erinnerungsversatzstücke, die das Gehirn produziert. –

Das frühere Leben, daran erinnere ich mich, das war sehr schön, aber heute ist es eine Dunkelwelt, die ich anfülle mit Phantasie.

Meine besondere Vorliebe sind Labyrinthe, ich liebe Gänge, die nirgendwohin führen. Hab' ich im Haus übrigens auch. Ich hab' eine Treppe, die führt nirgendwohin, und die ist fabelhaft.

Zetzsche: *Und wie fügen sich Haus und Roman, Bauen und Schreiben?*

Augustin: Das ist eine sehr komplexe Frage. Es gehört schon zusammen. Beides ist ein Raum, in dem man lebt. Ein Roman ist ja auch eine Art Raum, in der es lebende Personen gibt, die auch wieder geformt werden vom Raum und die den Raum formen, sich also ihr Haus bauen, wie sie es haben möchten. Aber auch umgekehrt, ein Haus kann einen Menschen verändern. Das sehen teilweise unsere heutigen, modernen Formen, die wir haben, die kreieren depressive Leute, die werden depressiv und merken es gar nicht, weil sie das für selbstverständlich halten. Unsere heutigen Formen sind fast ein bisschen gefährlich, würde ich sagen, besonders die Städte, die wir jetzt bauen.

Zetzsche: *Schon Ihr erster Roman, «Der Kopf», war eines dieser literarischen Labyrinthe und eine literarische Seelenlandschaft, mit Irrgängen und dunklen Kammern. Eine Bühne, gebaut mit der Phantasie als Werkzeug.*

Augustin: Für mich sind Häuser so wie das Innere eines Gehirns. Man kann in Räumen herumwandern, und man entdeckt Dinge. Es gibt verschlossene Türen, es gibt auch Souterrains und Keller, wo das Unterbewusste sich plötzlich breitmacht und so, meine ganzen Bücher sind eigentlich immer räumlich angelegt. – Es sind Erlebnisräume, die einen Menschen verändern können und umgekehrt. – Wenn Sie etwas um sich herum bauen, dann machen Sie eine Schale. Das ist das, was wir ein Leben lang machen. Wir bauen um unser Ich, um unser Bewusstsein, zunächst mal unsere Persönlichkeit. Das ist unsere Aufgabe. – Ich liebe es einfach, mir meine eigenen Welten zu schaffen, das ist meine eigentliche Aufgabe, die ich in einer spielerischen Form bewältige. Und jedes Buch, das ich geschrieben habe, ist eine andere Welt. Und «Robinsons blaues Haus» ist eigentlich wie eine Art Dach über das Gesamtgebäude.

Zetzsche: *Mit dem Tod als Mitspieler, als Romanfigur. Wie ist das im wirklichen Leben? Wie erscheint Ihnen der Tod?*

Augustin: Der ganz persönliche, private Tod, den jeder hat, das ist ein Freund. Der auch gar nicht unfreundlich ist, der ist sehr umgänglich und eigentlich auch sehr zuvorkommend im Roman, bis zum Schluß. Ich hab' Angst vielleicht vorm Sterben, der Schmerz ist der Feind. Aber ich hab keine Angst vorm Tod. Es gibt gar keinen Tod, das ist ja Unsinn. Es gibt bloß eine ununterbrochene Gegenwart, die wird es immer geben, das ist das Sein. Das Sein ist das eigentliche Geheimnis. Das ist das ganze Geheimnis, daß man da ist.

Das ist doch ungeheuerlich.

Katrin Hillgruber

Das Hirn liegt da und friert

Ernst Augustins «Das Monster von Neuhausen»

Ein stattlicher Herr im langen Mantel, der mit wehenden weißen Haaren durch sein Viertel eilt: So kennt man den 87-jährigen Schriftsteller Ernst Augustin, der sich selbst scherzhaft «das Monster von Neuhausen» nennt. 1961 war Augustin aus Afghanistan, wo er nach seiner «Republikflucht» als Arzt und Psychiater ein US-Militärkrankenhaus geleitet hatte, nach München gekommen. Bezaubert vom beinahe «indischen» Leuchten der Stadt, diesem «Freigelände im Föhneinfluß», wie es im Roman «Die Schule der Nackten» heißt, ließ sich der gebürtige Schlesier in einem efeuumrankten Backstein-Altbau nieder.

Nicht nur künstlerisch, sondern auch handwerklich hochbegabt, verwandelte Ernst Augustin das Domizil selbst in einen lebenden, atmenden Roman. Dazu trugen wesentlich die Malereien im Trompe-l'œil-Stil seiner Frau Inge bei. Einmal führte der Hausherr die Besucherin schnellen Schrittes durch ein dreidimensionales Stillleben aus hüfthohen chinesischen Vasen, täuschend echten gemalten florentinischen Säulen, goldgelockten Löwen und schließlich durch einen Palmenhain, der sich als Treppenhaus tarnt: hinauf aufs Dach, in die Morgensonne Neuhausens.

«Meine Frau und ich verwirklichen uns sehr gerne

räumlich», sagte er damals. Nicht von ungefähr trägt das bislang erfolgreichste Buch des selbsterklärten Außenseiters des Literaturbetriebs den Titel «Robinsons blaues Haus» (2012). Inge Augustin gestaltet auch die Buchumschläge von Ernst Augustins Werken bei Beck; auf dem aktuellen sieht man einen stiernackigen Kahlkopf von hinten: den Schreibwarenhändler Tobias Knopp.

Himmelschreiendes Unrecht

Diesem Tobias Knopp ist ein himmelschreiendes Unrecht geschehen: Bei der Entfernung eines gutartigen Gehirntumors, eines Meningeoms, hat ihm der Chirurg versehentlich den Sehnerv durchschnitten. Knopp ist dadurch «hirnblind», sein Gesichtsfeld auf die Größe eines Fünfmarkstücks verengt. Doch der Operateur Prof. Dr. Dr. Simmering, «in allen Fachblättern und Fachorganen, in der Fachliteratur generell für seine hochpräzise Diagnostik gerühmt», leugnet hartnäckig, einen Fehler begangen zu haben.

Um den Patienten als Lügner zu entlarven, um ihn zu demütigen und mundtot zu machen, verlegt Simmering die Morgenvisite in den vollbesetzten großen Hörsaal des Klinikums: «‹Wir haben hier einen Stockblinden›, begann er behutsam, ‹einen, der das Pferd nicht vor dem Wagen sieht und der seine eigene Mutter nicht von einem Radieschen unterscheiden kann.›» Der weißbekittelte Sadist hält ihm eine lebendige Schlange vor die Nase, woraufhin Knopp erschrickt. Damit ist für den Operateur der Beweis erbracht, dass er simuliert.

Zum Monster wird nun der geschädigte Tobias

Knopp, indem er Rache nimmt. Die halbherzige Ent-
schuldigung des Professors in einem Neuhauser An-
zeigenblättchen genügt ihm nicht. Knopps Verteidiger
im anschließenden Prozess sieht ihn als «Verbrecher
aus verlorener Ehre» im Schiller'schen Sinne oder als
Michael Kohlhaas unserer Tage: «Die Ehre, meine
Damen und Herren, ist ein Relikt aus einer Zeit, da der
Mensch sich noch besinnen konnte. Wie soll er denn
heute, vollgeschüttet, vollgedröhnt, ersäuft und ersoffen
in einer Flut von immerwährenden Medien, wie soll er
sich da besinnen?»

Ernst Augustin evoziert die literarischen Vorbilder
ausdrücklich in seinem «Protokoll» betitelten Büch-
lein. Er blickt auf eine langjährige Erfahrung als psychiatrischer Gerichtsgutachter zurück. Seine Beobachtung
eines Geldfälscherprozesses schlug sich unter anderem
in dem amüsanten Brevier «Gutes Geld» nieder. Mit
«Der Kopf» hatte Ernst Augustin 1962 debütiert, einem
abenteuerlichen Roman über die Vertauschung von
Innen- und Außenwelt.

Über den gepeinigten Schädel des Schreibwaren-
händlers Knopp heißt es jetzt: «Da wird über der Stirn
ein Portal geöffnet, eine Knochenplatte wird gesägt, ein
breites Knochentor geöffnet, eine feine weiße Hirnhaut,
ein hochverletzliches, bläulichzartes Hirn erblickt das
Licht des Tages, blank und bloß, steht plötzlich frierend
im Freien.»

Das aber ist das Problem dieses «Protokolls»: Es geht
buchstäblich um des Kopfspezialisten Ernst Augustins
eigenen Kopf. Das entzieht «Das Monster von Neu-

hausen» jeglicher Kritik. Der Autor hat die geschilderte Operation vor ein paar Jahren selbst durchgemacht und dabei sein Augenlicht fast völlig eingebüßt. Üblicherweise frönen Augustins Romanfiguren jener «positiven Unvernunft», die Immanuel Kant in seiner Schrift «Von den Schwächen und Krankheiten der Seele in Anschauung ihres Erkenntnisvermögens» propagierte. Jede von ihnen geht in ihrem eigenen «Strom von Wirklichkeit» spazieren.

Doch die traumhafte Ambivalenz und herrlich plastische Sprache, die Frappanz erfundener Lebensläufe, die Augustins Werk sonst überreich auszeichnen, all diese literarischen Qualitäten können sich angesichts der bedrückenden Realität kaum entfalten. Stattdessen leidet man still mit dem Monster.

Ernst Augustin

Ein zärtlicher Erfinder

Sein Vater, der alte Knopp, hatte ihm nicht viel auf den Weg mitgeben können, wenigstens nicht im materiellen Sinn. Er hatte einen winzigen Laden für Schreibbedarf, einen jener, wie sie sich Schulen gegenüber befanden, wo die Kinder ihre Tafelschwämme und Malstifte kauften und die Füllfedertinte «Pelikan». Tobias Knopp erbte den Laden, an sich sah er hübsch aus mit seinem dunkelgrünen Glasschild: Schreibwaren.

Aber die Kinder schreiben ja nicht mehr, sie haben iPads und iPods und große Leuchtbrillen vor der Nase, und lesen können sie auch nicht mehr. Was tun? Tobias Knopp konnte sich ja nicht gut ein «Portal» ins Fenster stellen. Dort stand ein einziger Kaktustopf mit kleinen roten Auslegern.

Feeß-Books! Mein Gott!

Nun ist unser Tobias nicht allein, überall vor den Schulen, seien es Gesamtschulen oder nicht, existieren noch solche Kleinstläden. Oft sind es nur schmale Durchtritte zum Haus, wo in Glaskästen noch immer Buntpapier, Radiergummi, Bleistifte ausliegen. Ihre (kleinen) Inhaber sind eine schweigende Minderheit, die nicht die geringste Beachtung erfährt – oder haben Sie schon einmal einen solchen Inhaber wahrgenommen? Es ist nicht zu verwundern, meine Damen und Herren, dass sich eine solch geschädigte Gruppe zusammenschließt, dass sie Jahresversammlungen abhält oder zumindest abends an Stammtischen vom Leder zieht.

Hier nun sehen wir ihn, inmitten seiner Freunde und Kollegen, unseren Mandanten Tobias Knopp, hochgeachtet und zutiefst wertgeschätzt, von jedermann geliebt und geehrt. Hat der doch ein Wunder vollbracht!

Ich nenne das nur als Beispiel.

Er erfindet den Schulladen.

Sagte ich zärtlich? Ja, es ist eine zärtliche Erfindung, wie sollte sie anders sein, Erfindung von Kindern, die sich noch entschuldigen, wenn sie zu spät zur Schule kommen, von sonnenwarmen großen Pausen um zehn, von Lakritze, von rosa und grünen Gummipuppen, die sich in langer Reihe an der Hand halten und nach Hosentasche schmecken. Zum Pausenbrot ein Fläschchen Kakao mit Strohhalm, das man auch im Laden gegenüber kaufen kann. Und Federwische und lackierte Griffelkästen, die noch klebrig sind, oh, ihr todernsten Kinder, die ihr mit großem Ernst einen Sommerbaum kauftet. Man bedenke, einen Sommerbaum! Oder gar das wunderbare Seidenpapier dazu, um selber einen zu machen.

– – –

Was Wunder, wenn sich die Schulläden heute als großer Renner erweisen. Eine Marktlücke. Nostalgie kann man an jeder Straßenecke kaufen. Körner in jeder Form, Hagebuttensaft, Ginsterbeerensirup, Sauerampfertee. Aber Schulhefte mit den dreilinigen Zeilen für Sütterlinschrift?

Tobias Knopp, feinsinniger Urheber, gab sogar die

Anweisung, besonders gefragte Artikel eigens herzustellen. So etwa gibt es plötzlich wieder diese dreieckigen Tüten mit Brausepulver, das man nicht etwa ins Wasser schüttet, sondern trocken mit der Zunge aufleckt. Und die Tom-Shark-Hefte, zum Lesen unter dem Schultisch, die werden auch wieder gedruckt.

Eine ganze Industrie.

Adolf Muschg

Spielwitz
Rede auf Ernst Augustin

Der Kleist-Preis ist als Risiko-Unternehmen gedacht. Hier soll nicht die eine Hand die andere waschen, gefragt sind vielmehr Stirn und Nase: Die Stirn, am Bewährten vorbeizusehen und die Nase in den Wind zu halten, der zwar weht, wie er will, den dieser Preis ja aber auch machen will. Und der da, zu Recht, von Literaturpolitik redet, muss dazusetzen, dass sie bei diesem Preis weniger als üblich mit Patenschaft und mehr als üblich mit – Nietzsche zu zitieren – «Fernstenliebe» zu tun haben soll. Wer hätte zum Beispiel 1921 hinter einem Preisverleiher Oskar Loerke einen Preisträger Hans Henny Jahnn gesucht? Die «Vergaberegeln» für diesen Preis verpflichten den sogenannten Vertrauensmann denn auch nicht zu einer Laudatio, sondern zu einer «kritischen Würdigung», die Preisvergabe, heißt es, sei «gegebenenfalls zu verteidigen». Gegen wen?

Gegen eine überraschte Öffentlichkeit ja wohl nicht, die gilt es eher zu schaffen. Die Verteidigung, die sich hier hören lassen darf, muss gegen die eigene Unsicherheit geführt werden, vielleicht sogar gegen den eigenen Strich. Sie muss es, vermessen gesprochen, besser machen als es Goethe mit Kleist gemacht hat, als er den Dichter der «Penthesilea» sein allerhöchstes Unbehagen fühlen ließ. Ohne das prophetische Genie an die mäßigende Kraft des Möglichen zu verweisen – hic Rhodus, hic salta! – kehrt dieser Preis die Beweislast um. Der Verleiher muss zeigen können, dass *er* gesprungen ist, und zwar über den eigenen Schatten.

Um diesen Beweis der Selbstüberwindung zu führen, werde ich privater reden müssen, als sich mit der verlangten «kritischen Würdigung» verträgt. Ich werde die Tatsache *nicht* verteidigen, dass hier ein Autor den Kleist-Preis erhält, der seit einem Vierteljahrhundert mit einer ganzen Reihe von Büchern auf dem Markt ist und damit den Eindruck erweckt – wenn auch nicht bei allen Kritikern –, es gebe ihn wirklich. An diesem Wirklichkeitsverhältnis, dies vorweg, werde ich einiges aussetzen. Für mich ist dieser Autor allerdings – wie es der Kleist-Preis verlangt – eine Hoffnung geblieben – oder durch sein fortgesetztes Werk erst eine geworden. Und im gleichen Maß hat er aufgehört, ein sicherer Wert zu sein. Ich finde nichts Bewährtes mehr an ihm, um so mehr habe ich Gründe zur Bewährung an ihm gefunden, ich denke: Nicht nur für mich allein. Ich habe an Augustin etwas entdeckt. Davon möchte ich reden, auf die Gefahr hin, daß mir dazu am Ende doch nichts Besseres einfällt, als ihn zu rühmen.

Es gibt eine (Vor-)Jury zum Kleist-Preis. Sie soll der Vertrauensperson, die den Preis dann verleihen darf, die Arbeit erleichtern, ohne ihr die Hände zu binden. Aber da diese Vorschläge ja auch schon erarbeitet sind, haben sie natürlich doch etwas Verbindliches. Das reizt, ebenso natürlich, zum Widerstand. Der kommt einem dann wieder subaltern vor. Trotz ist ja keine ehrliche Alternative zur Faulheit –

Ganz faul war ich nicht. Ich habe die Autoren, welche eine hochkarätige Jury vorgeschlagen hat, gelesen und wiedergelesen. Es war keiner/keine dabei, den/die ich nicht hätte vertreten können. Aber etwas in mir sagte: Die Literatur, der du den Kleist-Preis gibst, darfst du nicht bloß vertreten. Kleist ist auch kein vertretbarer Schriftsteller. Er ist ein Vulkan mitten im arktischen Eis. Den gibt es nicht. Und im Namen Kleists darf man nur eine Literatur prämieren, die es eigentlich nicht gibt. Und doch muss die Welt ohne sie anders aussehen, «als ob einem die Augenlider weggeschnitten wären»; nur so kann man ihn sehen, den Riß in der Welt.

Da schickte mir Augustins Verlag (der mir bekannt war, im Gegensatz zu Augustin persönlich) unter anderem ein Leseexemplar von «Der amerikanische Traum». Er handelt vom Traum eines Lebens, das es nicht geben durfte. Im vorletzten Kriegsjahr wird in der Gegend von Schwerin ein jugendlicher Radfahrer von einer Lancaster-Besatzung zu Tode gejagt. Nun akzeptiert die Fabel dieses Ende nicht und kehrt die Jagd um. Der Junge, als ganzer Mann, zahlt es den Verfolgern heim, nach allen Regeln der Abenteuergeschichten, die er bisher nur gelesen hat. Das alles in der *real time*, während das Rad, von dem er 1944 geschossen wird, aussurrt. Aber was heißt *real time*? Die Fabel läßt ihn durch einen Zeitspalt in einen andern Raum entschlüpfen, in die Neue Welt. Da zieht er sich auch ein grandioses neues Leben

Abbildung 7: Der Kopf 2

an. Und die Feinde bekommen es zu spüren, dass sie ihm sein einziges genommen haben.

Wir müssen ihn nicht barmherzig nennen, diesen Schadenersatz der Fabel. Erstens würde sich ihr Held für das Wort bedanken. Zweitens wird ihm auch nichts erspart. Drittens, und vor allem, ist von «Ersatz» keine Rede. Die Fabel verweigert dem sogenannten Eigentlichen den Realitätsrespekt. Sie hätte gar keinen Sinn, wenn der Tod des Jungen den Vorrang behielte über sein phantastisches Leben. Ihrem fließenden Verfahren kommen die Einsichten der neueren Physik ebenso beiläufig zustatten wie diejenigen des alten Buddhismus. Das Rad kommt zum Stillstand. Das Rad dreht sich weiter.

Natürlich ist der Tod *auch* endgültig. Die Wellen sind auch Korpuskel. Was es nicht geben darf, reizt die Erfindung zum Beweis des Gegenteils. Wunscherfüllungsträume sind verkehrte Angstträume, oder war das grade anders herum? Die Wahrheit eines Satzes erkennt man daran, dass er umgekehrt genau so wahr ist. Heiter ist das Leben, ernst ist die Kunst.

Ich las «Der amerikanische Traum» mit roten Ohren, wie ihn der Junge gelesen hätte, wenn er ihn nicht hätte leben dürfen. Oder wenn es die Geschichte eines ganz andern gewesen wäre. Dabei machte es in meinem Kopf keineswegs Klick (wie Kleist). Ich las nur zu meinem Vergnügen. Und erinnerte mich plötzlich an einen Kopf, der, weit entfernt, vor einem Vierteljahrhundert in meinem Kopf gewesen war.

Ich meine das Buch «Der Kopf», 1962, das erste von Ernst Augustin. Selbst hatte ich damals noch keins veröffentlicht, träumte nur hartnäckig davon. Nachdem ich in Augustins «Kopf» eingestiegen war, berichtete ich am Radio in hohen Tönen von dieser gegenseitigen Kletterpartie. Nur den wahrsten Satz hielt ich gerade noch zurück: So möchtest du selbst schreiben können. Natürlich meinte ich mich. Aber noch war ich unschuldig genug, dass es für mich (nach Schiller) gegenüber dem Vortrefflichen keine Freiheit zu geben brauchte als die Liebe.

1989 war die Erinnerung an «Der Kopf» vage geworden, wie seine Topographie: Wüstenhafte Landstriche, labyrinthische Unterwelten, punktiert von immer wiederkehrenden Figuren, die einander flohen, verfolgten, plünderten, quälten ... wie viel mochte mein eigener Kopf in 25 Jahren daran weitergedichtet haben? Ich konnte es ja nachprüfen –

Augustins Bücher standen ziemlich komplett – zwischen Arnfried Astel und Isaak Babel – im Untergeschoss des Hauses, das ich inzwischen nicht mehr bewohne. Nur eines fehlte: «Der Kopf».

Das war nicht möglich!

Aber vielleicht war es ein Glück.

Denn als ich es mir später vom Autor selbst ausbat, warf es mich nicht mehr um. Ich stellte fest: Für einen Erstling schon sehr ausgepicht. Ich fand die Sprachlosigkeit darin nicht wieder, die ich so stark in Erinnerung hatte. War es also nur meine eigene gewesen? Oder eine optische Täuschung? Nein: Augustin selbst hatte meine Optik verändert. Denn inzwischen hatte ich, in Ermangelung von «Der Kopf», «Raumlicht» wiedergelesen, und dann «Eastend». Danach hatte sich, beiläufig, die Frage nach dem Kleist-Preisträger beantwortet. Es war eine Selbstverständlichkeit, was ich dem Präsidenten der Kleist-Gesellschaft melden konnte. Und als ich jetzt «Der Kopf» wiederlas, war ich gegen Enttäuschung gefeit. Natürlich stand das Buch viel näher als vermutet beim «Amerikanischen Traum». Es waren das erste und das vorläufig letzte Kapitel des Einen Buches, an dem jeder Schriftsteller lebenslänglich schreibt. Die geschlossene Tür, hinter der das Unvorstellbare lauert; die Hände, die aus der Erde wachsen; die kopfüber hängende Figur; die Dreizahl der Verfolger; die mit einer Schmutzschicht verkleidete Frau ... die gleichen Motive kehren immer wieder. Die selben bleiben sie nie.

Hier ist ein Geständnis fällig. Wiedergelesen habe ich nur «Der Kopf». «Raumlicht» und «Eastend» las ich zum ersten Mal. Denn als diese Bücher erschienen, habe ich sie nur angelesen und schnell ins Regal gestellt.

Aus nacktem Selbstschutz.

Denn inzwischen hatte ich selbst veröffentlicht und weiß noch, mit welcher Empfindlichkeit ich «Eastend» beiseitegelegt habe. Kein Wort weiter! Das sollte doch mein Buch werden! Was fiel dem Augustin ein, es mir zuvorzuschreiben?

Da blieb dem Vortrefflichen gegenüber nur eine Freiheit übrig: Verschwinden lassen.

Ich habe hier kein Versäumnis der Literaturkritik einzuklagen oder gar gutzumachen. Das wäre pathetisch, auch im englischen Sinn des Wortes. Ich gebe nur meine wiedergewonnene Freiheit zu Protokoll: Augustin heute öffentlich so gut finden zu dürfen, wie ich ihn heimlich immer gefunden habe. Dass ich ihm dafür den Kleist-Preis überreichen darf, verdanke ich der Kleist-Gesellschaft und ihrem Präsidenten. Aber noch mehr verdanke ich es Ernst Augustin. Und ein Stück weit auch mir selbst. Denn ich bin über meinen Schatten gesprungen, und das Beste daran: Ich habe es nicht einmal bemerkt, als wäre jetzt nichts mehr dabei.

Ja, sehr gute Bücher dürfen so flüssig geschrieben sein wie die Augustins, und so unterhaltsam. Sie dürfen, wenn sie können.

Sie sind so flüssig geschrieben, weil sie ihrem Gegenstand adäquat sind – der nie recht «Gegenstand» werden will –: dem Fluß aller Dinge, in den wir nie zweimal am selben Ort steigen, oder nicht als dieselbe Person.

Augustins Bücher sind so unterhaltsam, weil Angst, Passion und Enttäuschung, weil Geschlechtsverkehr, Schlachthäuser, Antiquitätenläden, Kugelwechsel und Urwaldexpeditionen, weil Leben und Sterben so verflucht unterhaltsam sind. Aber darauf muß man kommen. Es ist ein langer Weg. Und mit Versuchungen gepflastert, die fast so schlimm sind wie gute Vorsätze, und für das Schreiben noch tödlicher als für das Leben. Als da sind: Pathos, Tiefsinn, tragischer und komischer Ernst, «Stilwille», Gefühle (statt Erfahrungen), Erfahrungen (statt Details), Zwänge zum stärkeren Wort, zur wahreren Empfindung – und Angst, Angst in jeglicher Form, besonders derjenigen des Ehrgeizes – «schreibt man denn, wenn andere schreiben?» Die Liste der

Motive, die einen Menschen zur Literatur treiben, ist lang – und jedes allein ist stark genug, ihn für die Literatur zu verderben, und die Literatur für ihn.

Daß jene hervorragenden Qualifikationen alle in einer einzigen fast restlos aufgehen müssen – weil sie nur in ihr recht aufgehoben sind, nämlich SPIELWITZ – das klingt frivol, besonders auf Deutsch. Augustin kann auch nichts dafür, dass es trotzdem stimmt. Trotzdem kennen sie keine Vergebung dafür, die «ehrlichen Hühnerhunde» in Kleists Fabel, die, «in der Schule des Hungers zu Schlauköpfen gemacht, alles griffen, was sich auf der Erde blicken ließ». Doch der Vogel, den sie fast gegriffen hätten, besinnt sich im letzten Augenblick auf seine Flügel: «Da standen sie, wie Austern, die Helden der Triften, und klemmten den Schwanz ein, und gafften ihm nach. – Witz, wenn du dich in die Luft erhebst: Wie stehen die Weisen und blicken dir nach!» – Augustins Bücher schwitzen nicht, wenn sie über ihren Schatten springen – im letzten Moment –; seine Kritiker aber fragen: Wo bleibt der Schatten? Das ist ungefähr, als würde ein Mann, den man trockenen Fußes über das Wasser gehen sieht, gefragt: Kannst du nicht einmal schwimmen?

Spielwitz – da ist die Angst, im Schreiben noch mehr als im Leben, der größte Spielverderber. Muss sie sein? Machen Sie die Probe mit Augustins «Raumlicht». Sein Fall ist nicht nur derjenige der Evelyne B. Als Leser wirken Sie darin mit; und Sie werden mitgewirkt. Sie erleben, in der Optik einer sogenannten Schizophrenen, die fortgesetzte und potentiell endlose Übersetzung

Ihres Wirklichkeitsbegriffs ins Mögliche. Schließlich überzeugen Sie sich davon, dass er da am richtigen Platz ist. Denn das sogenannte Wirkliche entpuppt sich als Fabel unseres Ordnungswahns. Um welche Sorte Vorstellung es sich handelt, bemerken Sie am Zwang, den sie sich antut und auf andere ausübt. Dass wir bestimmte Menschen in Irrenhäuser sperren, nur weil ihr Wahrnehmungsvermögen das unsere überschreitet, also bedroht, ist ein Wahnsinn, der durch seine Normalität nicht akzeptabler wird. Das Irrenhaus ist der Ort, wo die Unterscheidung von Drinnen und Draußen zur reinen Gewalt wird – eine Konstruktion, mit deren Abbau Augustin schon in «Der Kopf» beschäftigt war.

«Raumlicht» ist die Geschichte einer Heilung von der Zwangsfabel der Wirklichkeit, die ihre Figuren ebenso brutalisiert wie trivialisiert. Ein Arzt, der seine Patientin liebt, erfindet eine bessere Geschichte für sie. Das heißt, er vertraut sich ihrer Geschichte an. Er befestigt sie, indem er schwimmen lernt. Er liquidiert seine psychiatrische Orientierung, sie wird fließend, und damit endlich realitätsgerecht. Denn nun stimmt sie zur phantastischen Verfassung der Welt und zum Traumcharakter ihrer Figuren – «we're but such stuff as dreams are made on.»

In dieser offenbleibenden Welt darf die Folie à deux zur exemplarischen Liebesgeschichte werden. Sie ist ein Gemeinschaftswerk subjektiven Mutes und objektiver Ironie – wobei die subtilste Ironie darin besteht, dass eine solche Geschichte nicht wahrer sein kann als in der Möglichkeitsform. Schizophrenie, sagt der Roman, sei «die Angst zu existieren». Um sie grundlos zu machen, müssen wir die Entdeckung wagen, dass unsere Existenz keinen Grund braucht. Sie muss nicht sein. Erst wenn wir nicht sein müssen, entfällt auch die Voraussetzung für unsere Angst. Dann aber können wir sein – das erlaubt die Möglichkeitsform. Auch der Glücksfall ist möglich. Dass es Mein und Dein gibt, Draußen und Drinnen, Vorher und Danach, Mann und Frau – ist nur die zwingende Art, uns in Raum und Zeit zu orientieren. Die glückliche Art ist es nicht. Natürlich ist immer auch das Schlimmste möglich. Aber wie wird es zum Schlimmsten? Indem du dich davor verschließt, bis zur Verzweiflung. Die Tür, hinter der du immer das Unbekannte gefürchtet hast, gibt es nicht mehr, sobald du hindurchgehst. Was soll denn dahinter sein? Du bist es doch selbst, das Unbekannte – und warum soll es davon genug geben? Was hindert dich also, dich anzunehmen, als Abenteuer, und fortzusetzen?

Diese Tür ist ein Leitmotiv für Augustins Spielwitz. Der Held, in dessen Kopf «Der Kopf» spielt, heißt nach ihr: Türmann. (Den hatte ich glatt vergessen in den Jahren, als ich «Den Kopf» zu meinem eigenen Buch machte.) Türmanns Tür führt in apokalyptische Räume – der Leser, der sie betritt, verliert das Gefühl für ihren Realitätsgrad nicht weniger als die Romanfiguren. Er wird eine von ihnen. Das macht: Diese Geschichten haben kein Jenseits; keine steht da als Hintergrund oder Allegorie für eine andere. Eine geht vielmehr aus der nächsten hervor und bleibt durchsichtig auf alle – und zugleich ist man mit jeder ausschließlich beschäftigt. In dieser Optik hat die geheimnisvolle Tür ihr Recht verloren. Auch dem Leser wird die Angst – der Kurzschluss – abgewöhnt, er müsse dort an seine Grenze stoßen, wo er sie am meisten fürchtet. Der Spielwitz sagt: Genau dort muss es weitergehen. Da liegt die Chance deiner Fortsetzung.

Natürlich fiele es nicht allzu schwer, diesen Schritt durch die verschlossene Tür therapeutisch zu interpretieren, psychoanalytisch, philosophisch, religiös, mystisch. Alle diese Schlüssel liegen in Augustins Biographie bereit, alle passen – zum Verschließen der Tür. Nur wer sie als Spielzeug braucht, versteht ihren Zweck, keinen zu haben. Alle stehen zur Disposition der Fabel und ihrer Freiheit, aufzubrechen, wohin sie will. An jedem Punkt, in jedem Satz ist sie gleich unmittelbar zu jenem «beweglichen Geist», der im «Amerikanischen Traum» den Tod eines Kindes umschreibt zum Abenteuer.

«Türmann lebte wirklich» – schon der erste Satz von «Der Kopf» ist der am wenigsten realistische. Eben darum ist er allerdings wieder so wahr wie möglich. Für den Spielwitz kommt es nun darauf an, das Mögliche ästhetisch zu beglaubigen, es auszustatten mit der größten möglichen Wirklichkeits-Suggestion. Ich kenne keinen Autor, bei dem die Vorspiegelung von Realien weiter getrieben und exakter gearbeitet wäre; keinen, bei dem sie so hageldicht stehen. Augustins erzählte Welt ist ein Exzess von Trödlerläden und Slumlandschaften, von erlesenen Interieurs und verhexten, von endlosen

Baustellen und wüsten Hafengegenden – dazu geschaffen, daß sich Figuren darin jagen, verirren, verstecken können. Zugleich ist die Tiefe, die Perspektivität dieser Spiel-Welt ein einziges Trompe-l'œil. An jedem Punkt ihrer Jagd kann eine Figur – und der Leser mit ihr – von einer Welt in die andere fallen, durch jene imaginäre Tür, die Draußen und Drinnen nicht trennt, ebensowenig wie Leben und Tod. Mit kalkulierten Knall-Effekten – auch lautlosen – löst sich die gespannte Erwartung auf – in nichts? Nur dann, wenn man dieses Nichts groß schriebe, wie die östliche Weisheit – was diese aber mit Bedacht unterläßt. Denn niemals darf das Missverständnis aufkommen, dieses Nichts wäre das Gegenteil von Etwas. Es ist ja gerade die Bedingung der Möglichkeit, den Schein des Gegenständlichen von den Dingen abzustreifen und eben so ihren Eigensinn leuchten zu lassen – bis zur Erleuchtung des Betrachters, dass er hier etwas sieht, was ganz anders ist – genau wie er selbst. Augustins Spielwitz arbeitet therapeutisch mit seinen Motiven, wie ein großer Clown mit seinen Objekten. Indem er über sie stolpert, fordert er ihre Tücke heraus, um sie mit der gleichen Bewegung zu entwaffnen. Sein gespieltes Ungeschick und ihr überflüssiger Widerstand fallen sich gewissermaßen lachend in die Arme. Den mitlachenden (oder mitweinenden) Zuschauern aber stößt in dieser Nummer etwas zu wie ein Gefühl der Verwandtschaft mit ihnen selbst. Auf einmal können sie sich so frisch denken, wie sie sich der unbekannte Träumer gedacht haben könnte, der sie gedacht hat, wenn es ihn gibt.

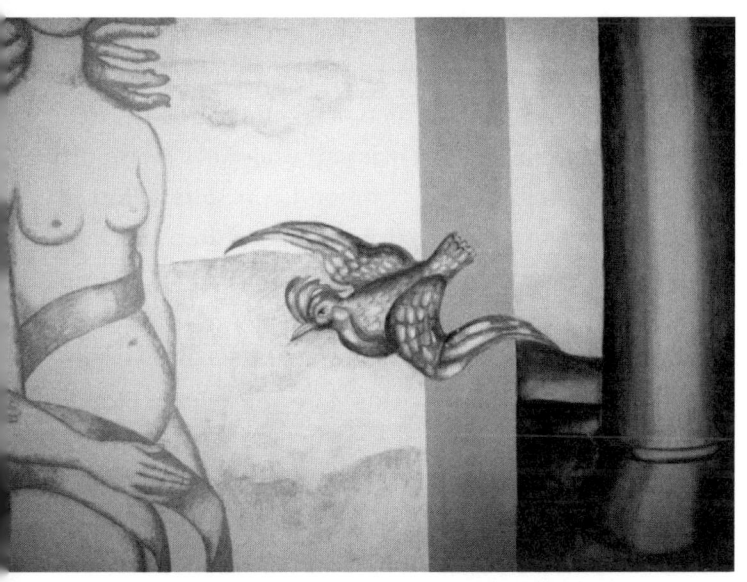

Abbildung 8: Trompe l'œil 1

Warum nicht? Da könnte ja wirklich Einer sein, der uns gedacht hat, wie Augustin seine Figuren, um von uns wiedergedacht zu werden. Er konnte uns denken (musste nicht, so viel wir wissen) und fährt, ohne für uns erkennbaren Grund, immer noch damit fort – offenbar zu seiner Unterhaltung. Menschlich betrachtet, ist sie ein starkes Stück. Aber für Mitspieler könnte die Frage ja lauten: Ist es stark genug? Also strengen wir unsern Spielwitz an, «auf daß» – mit Meister Eckart zu reden – «der Mensch mitwirken lerne an seinem Gott.»

Vielleicht trifft, im Fall der Kunst, aber auch Lichtenbergs Lesart die Sache genauer: «Die Fliege, die nicht geklappt werden will, setzt sich auf die Fliegenklappe.»

Ich habe keinen Augenblick an den Kleist-Preis gedacht, als ich «Raumlicht» las oder «Eastend».

«Es gab niemanden, der Asam hieß», heißt es in «Der Kopf», der von Asam handelt. Also gibt es auch keine Bücher mit dem Titel «Raumlicht» oder «Eastend». Dabei könnte ich schwören, ich hätte sie gelesen.

Ich bin so frei, Ernst Augustin dafür den Kleist-Preis zuzusprechen, da «es dem Vortrefflichen gegenüber keine Freiheit gibt als die Liebe.»

Übrigens hat Goethe in seinem Kopf diesen Satz Schillers verändert, als er ihn in den Kopf Ottiliens, («Die Wahlverwandtschaften») setzte und diese ihn in ihr Tagebuch:

«Gegen große Vorzüge eines andern gibt es kein Rettungsmittel als die Liebe.»

Aber da jetzt nicht mehr von Liebe die Rede sein soll, sondern von einem Preis: Hier noch ein Zitat T. S. Eliots, der «Waste Land», Dante zitierend, Ezra Pound gewidmet hat, mit drei Worten: «Il miglior fabbro».

Und fast gar kein Zitat von Kleist?

Ich erinnere mich an «Das Erdbeben in Chili». Da blühte, so lange die Katastrophe frisch war, der Wahnsinn, und alles schien möglich, sogar die Liebe. Dann aber kehrte Normalität ein, das heißt, die gelockerten Verhältnisse knüpften sich wieder fest, auch die Schlinge um den Hals der Liebenden.

Das ist «Raumlicht», aber «Raumlicht» ist humaner.

Wie wäre die Gebrechlichkeit der Welt so einzurichten, dass nicht alle Dinge nur darum nicht einstürzen, weil sie es alle gleichzeitig tun wollen, wie Kleists Tor von Würzburg? Wie verändert man die Gravitationsverhältnisse dergestalt, dass sie nicht nur einer Schwerkraft gehorchen, der des Untergangs, und doch ihr spezifisches Gesicht behalten? Dass Tod und Leben gleich viel werden – nicht gleichgültig, aber gleich schwer, oder gleich leicht? Wie wird aus dem Grund, den es für uns nicht gibt, der Fliegende Teppich der stärkeren Fabel?

Natürlich hat Augustin auch seinen eigenen Kleist auf Lager. Der steht auf Seite 191 von «Raumlicht», war Nervenarzt an der Berliner Charité und muss eine wichtige Figur gewesen sein, «da ich ja», sagt die Ich-Figur zu ihrem kontrollierenden Oberarzt, «sozusagen fast selbst aus der Kleistischen Schule stamme, von dem die Anekdote geht, daß er die Schizophrenie durch das Heben der Hand diagnostizierte. Der Kleist? fragte Oberarzt Foige interessiert, nein, der Leonhardt, entgegnete ich [...]. Da

hat er also, fragte er leicht mißtrauisch, hat der Leonhardt zur Diagnose die Hand gehoben? Nein, der Patient,
entgegnete ich.»

Da sehen Sie selbst, wie schnell sich bei Augustin
auch ein Kleist unter der Hand in alles Mögliche verwandelt, und ich habe mich gehütet nachzuprüfen, ob
es einen Nervenarzt Kleist wirklich gegeben hat.

Möglich.

Aber Kleistpreis bleibt Kleistpreis, will ich hoffen.

Hanns-Josef Ortheil

München ist eine exotische Stadt
Laudatio auf Ernst Augustin

Lieber Ernst Augustin, sehr geehrter Herr Bürgermeister Geyer, meine Damen und Herren,

stellen wir uns einen Moment einmal vor, Romane seien nicht nur Geschichten und Erzählungen von Figuren, die in einem bestimmten Zeitraum dieses oder jenes erleben, sondern auch Landkarten. Dann käme es einem Romanautor darauf an, Landschaften, Gegenden und Terrains zu kartographieren, Parzellen abzustecken, Horizonte anzudeuten, Zentren zu bilden, Reiserouten zu planen, Flugbahnen zu entwerfen, Spazierwege zu zeichnen, Fluchtwege zu suchen. Der Roman wäre ein weites Gelände mit sehr unterschiedlichen Zonen, es gäbe Wärmezonen, in denen sich die Romanfiguren gerne und immer wieder treffen, es gäbe eiskalte Terrains der Bedrohung, die man in höchster Eile durchläuft, oder es gäbe Zonen undeutlicher Herkunft und Eigenart, in denen man sich aufhält, weil man sich von ihnen etwas Unbestimmtes erwartet: Eine Verwandlung, eine Offenbarung, eine Entdeckung.

Als Leser könnte man die Karten, die ein Romanautor beim Schreiben von Romanen entwirft, nachzeichnen, mit dem Stift, auf einem großen Blatt Papier. Man würde so tun, als schaute man von oben auf die Romanlandschaften, und dann würde man den Stift ansetzen und diese Landschaften parallel zur Lektüre langsam entstehen lassen: Ein Zimmer, ein Haus, eine Straße, ein Dorf, die große Stadt, die Gärten, die Wälder ... – der Leser wäre ein Landvermesser, der mit dem Stift immer wieder an bestimmte Orte und Umgebungen zurückkehrt, Orte, von denen die Figuren nicht loskommen, oder Orte, an die sie dauernd und laufend denken, Orte in einem fernen Jenseits.

Würde man als Leser viele solcher Karten besitzen, so erhielte man eine neue Form von Literaturgeschichte: Die Literatur wäre nicht nach literarischen Epochen, sondern nach Raumentwürfen geordnet. Erkennbar wäre, dass ein bestimmter Romanautor Karten entwirft, die sich aufeinander beziehen, und erkennbar wäre auch, wodurch und wie sich die Karten verschiedener Romanautoren voneinander unterscheiden. Vielleicht würde man am Ende sogar herausbekommen, ob es in bestimmten historischen Zeiträumen ähnliche Kartenentwürfe und vielleicht sogar so etwas wie einen besonders typischen Kartenentwurf gibt.

Gingen wir als Leser so vor, kämen wir jenen Potenzialen näher, über die gerade Romanautoren in einem besonders hohen Maße verfügen: Den Potenzialen der Phantasie. Wir könnten untersuchen, wie und in welchen Maßstäben die Phantasie vorgeht und in Bewegung gerät, wo sie sich niederlässt, wo sie zur Skizze wird und wo zu einem abstrakten Bild. Wie Spurenleser wären wir unterwegs, würden Verstecke und Höhlen entdecken, Abkürzungen kennzeichnen, Umwege ausmalen, Orte der Konfrontation oder der dramatischen Augenblicke mit grellen Farben markieren.

Folgen wir dieser verlockenden Idee noch ein wenig und werfen wir aus gegebenem Anlass einen kurzen Blick auf Eduard Mörikes Roman «Maler Nolten». Der Roman «Maler Nolten» beginnt in einer süddeutschen Residenzstadt, in ihren gut geordneten Stuben und Kammern. In ihnen treffen sich die Figuren, betrachten Bilder, pflegen Konversation, schreiben und empfangen Briefe und versuchen so, ihrem Alltag einen gewissen Glanz und eine Kontur zu geben.

Außerhalb dieser wohlgeordneten Stuben jedoch sieht es ganz anders aus. Schon in einer kleinen Kammer unter dem Dach eines Hauses können Gegenstände und Bilder herumliegen, die eine gefährliche Wirkung ausüben. Noch gefährlicher aber kann es zugehen, wenn sich eine der Figuren in den nahe gelegenen Wäldern herumtreibt. Während eines harmlosen Spaziergangs kann man auf fremde Gestalten treffen, die einen bis ins Mark ängstigen oder einen zauberischen Bann ausüben, so dass man sie nie mehr vergisst und fürs ganze weitere Leben auf undurchsichtige und lähmende Art an sie gefesselt bleibt.

Auf den ersten Blick leben Mörikes Figuren anscheinend in geordneten Verhältnissen und haben es nicht gerade mit unlösbaren Lebensproblemen zu tun, auf den zweiten aber sind ihre Existenzen geradezu katastrophal bedroht. Diese Bedrohung kommt nicht von außen, sondern von innen, sie besteht darin, dass diese Figuren laufend um etwas Dunkles, Magisches, Gefährliches kreisen, das sie nicht zu erkennen oder gar zu erfassen verstehen. Wie ein böses, immer schlimmer werdendes Gift sitzt ihnen dieses Bedrohliche im Kopf, es lässt sie nicht los, versetzt sie in höchste Unruhe und treibt sie schließlich aus dem kleinen Residenzstädtchen hinaus, durch halb Deutschland.

Eduard Mörike hat diese sprengsatzhafte Unruhe in einer weiblichen Gestalt seines Romans fixiert, die in den gefährlichen Wäldern, auf Neben- und Seitenwegen, aus Verstecken und Höhlen immer wieder erscheint und in die nur scheinbar geordneten Kreise der Städter und Hausbewohner hineinfährt, es ist die schöne Elisabeth, eine, wie es heißt, «Zigeunerin» mit braunem, dunklem Teint und als solche die Personifikation des Fremden, Heimatlosen und Ungezähmten schlechthin. Ungezähmt und ungeordnet ist das Verhältnis der Figuren zu dieser Person, alte, nicht durchschaute Geschichten verbinden sie mit ihr, doch diese Verbindungen werden nur erahnt und beinahe schmerzhaft empfunden, ohne dass die Figuren – und hier vor allem die zentrale, der junge Maler Nolten – die Kraft oder gar die Fähigkeit hätten, diesen Empfindungen nachzugehen und sie zu klären.

Von heute aus kann man Mörikes Roman als einen hochmodernen Bewusstseinsroman lesen, der viele Jahrzehnte vor Freud bereits die großen Themen der Psychoanalyse wittert, die Bedrohung durch gefährlich wuchernde und nicht gebändigte Vorgeschichten und Innenwelten, durch nicht durchschaute und panisch erlebte Ängste, durch Räume, die nur scheinbar stabil sind und mit jeder Bewegung der Figuren immer poröser werden und sich schließlich ganz auflösen.

In dieser Hinsicht ist Eduard Mörikes wahrhaftig noch in Goethes Todesjahr (1832) erschienener Roman einer der avanciertesten Roman-Versuche des neunzehnten Jahrhunderts und in seiner Sezierhaltung ein Vorläufer der Romane des Schriftstellers Ernst Augustin, der heute den Mörike-Preis der Stadt Fellbach erhält.

Schon beim Blick auf Augustins ersten, 1962 erschienenen Roman «Der Kopf», ist die Nähe unverkennbar. «Der Kopf» – das ist in diesem Roman nämlich der Kopf einer Türmann genannten Gestalt, die zu Beginn des Romans auf ihrem anscheinend harmlosen Haus-Balkon steht und von ihren gespenstischen Innenbildern verfolgt und geplagt wird. Diese Innenbilder bestehen aus dunklen, labyrinthischen Räumen, aber auch aus Figuren, die plötzlich zu leben beginnen, in den Labyrinthen herumirren und sich in peinigende Auseinandersetzungen verlieren, deren Hinter- und Untergründe sie nicht durchschauen.

Am Anfang von Ernst Augustins gewaltigem Romanwerk steht eine jähe, alles bestimmende und schmerzliche Angst, eine Bedrohung durch Innenbilder und grausame Szenarien, ein Verlust der Fähigkeit, den blinden Zonen im Innern zu begegnen. Von dieser Nachkriegsdiagnose aus machen sich seine weiteren Romane dann auf den Weg, verlassen Deutschland, besiedeln die fernsten Ländereien und Kontinente wie etwa England, Amerika, Indien, Pakistan oder Afghanistan, so dass man dieses über mehr als vier Jahrzehnte gewachsene Romanwerk heute als einen der am weitesten ausholenden Raumentwürfe der deutschen Nachkriegsliteratur lesen kann.

Wirft man einen kurzen Blick auf Ernst Augustins Biographie, so begegnet einem im Realismus der bloßen Fakten eine ganz ähnliche Raumbewegung. Sie führt den 1927 in Hirschberg im Riesengebirge Geborenen über Schwerin und Rostock schließlich nach Ost-Berlin, wo er in den fünfziger Jahren Medizin studiert, promoviert und als Assistenzarzt an der Nervenklinik der Charité tätig ist. Nach seiner Übersiedlung in den Westen arbeitet er drei Jahre an einem Krankenhaus in Afghanistan, bereist Indien und lässt sich schließlich in den frühen sechziger Jahren in München nieder, wo er zunächst noch Stationsarzt in der Uni-Nervenklinik Nussbaumstraße ist, bis sich der Arzt und Psychiater Augustin schließlich in einen Romancier verwandelt, der zwar noch lange Zeit psychiatrische Gutachten schreibt, solche Gutachten aber längst auf literarischer Ebene verhandelt, als Untersuchungen über die Gewalt der Phantasien und des Phantastischen.

München ist denn auch in seinen Romanen, Aufsätzen und Essays so etwas wie das geheime Operations-, Ausgangs- und Heimkehr-Zentrum der großen Raumbewegungen, so etwa in dem 1976 erschienenen Roman «Raumlicht: Der Fall Evelyne B.», der in einem, wie es heißt, nett angemalten, weißen und dunkelroten, schmalen Haus in einem bürgerlichen Stadtteil nahe dem Nymphenburger Kanal beginnt. Hier sitzt der Erzähler hinter einem Fenster und wartet auf eine Frau, die sich für eine bestimmte Stunde angesagt hat. Als sie sich dem Haus nähert, fixiert er sie genau, die Phantasien entstehen, die Überlegungen, mit wem man es zu tun haben wird. Wissen Sie denn, was Sie erwartet? – mit dieser Frage begrüßt er sie, da weiß der Leser durch einige knappe Andeutungen längst, dass es sich um eine Sprechstunde handelt und der Erzähler ein Arzt ist, der Bücher schreibt, die eigentlich immer denselben Titel haben sollen: «die Entdeckung der Schizophrenie».

Die schizophrene Patientin findet sich aber nicht in einer typischen Sprechstunde wieder, vielmehr wird die Sprechstunde zu einer Reise durch das nur auf den ersten Blick «nett angemalt» erscheinende, schmale Haus. Während der Reise verwandeln sich dessen Räumlichkeiten nämlich in Gebilde der Einbildungskraft und des Phantastischen, die der Erzähler anfänglich noch betont ruhig und gelassen präsentiert:

> «Ich sage: Lassen Sie sich nicht verwirren, stellen Sie sich fest auf Ihre Füße, es sind noch immer Ihre Füße, auf denen Sie stehen, die Dinge sind in diesem Haus nur etwas umgedreht, ängstigen Sie sich nicht. Das ist leicht gesagt. Die Dame blickt um sich und gewahrt Treppenaufgänge zur ersten, zur zweiten und zur dritten Etage, ganz oben befindet sich ein Glasdach. Es sind aber die Treppen zur dritten Etage nur auf die Wand gemalt, und es dauert meist eine Weile, bis die Patienten das erkennen, dann erschrecken sie noch einmal … Das Phänomen hat viele Namen, der ‹plötzliche Schwindel› etwa

oder das ‹Nebensichstehen›: Mir ist plötzlich schwindlig geworden, oder es war mir so, als ob ich plötzlich neben mir stünde …»

Diese Szene ist eine der Ur-Szenen in Ernst Augustins Werk, denn natürlich haben wir es in ihr nicht nur mit einem Gespräch zwischen einem Psychiater und seiner schizophrenen Patientin zu tun, sondern mehr noch mit einem Gespräch zwischen Erzähler und Leser. Trügerisch, täuschend realistisch sind die Raumfassaden des bürgerlichen Münchener Stadtteils, in die dieser Leser stufenweise, Schritt für Schritt, gelockt wird, bis ihn nach einer kurzen Initiation in die Regeln des phantastischen Erzählens der plötzliche Schwindel und das Nebensichstehen überfallen: Die scheinbar so geordneten kleinen Welten mit ihren Gardinen und kleinen Emaille-Schildern werden porös und lösen sich auf, allmählich verwandeln sich die Dinge in Bilder von Bewusstseinszuständen, während diese Zustände laufend weiter vertieft und erforscht werden, bis hin zu Vor- und Früh-Geschichten, die bis nach Berlin oder noch weiter, bis nach Indien und Afghanistan, führen.

Anders aber als im Falle Mörikes, der sich gegenüber seinen herumirrenden, panisch gejagten und schließlich ums Leben kommenden Figuren als hilflos darstellt und als Erzähler das manische Reisen durch die Welten der Spiegelkabinette mitmacht und dadurch sogar noch forciert, werden die Reisenden durch die Ländereien des gespaltenen Bewusstseins im Falle Ernst Augustins geführt und geleitet. Eine ruhige, menschenfreundliche, sich den kleinsten Dingen zuwendende Erzähler-Stimme begleitet den Leser, gibt sich nicht selten sogar amüsiert oder ironisch und hält durch ihre Ruhe und Gelassenheit jede Übertreibung und alles Überreizte fern.

Die Schizophrenie ist nämlich in Augustins Büchern kein Skandal, sondern eine Erzählung mit vielen Umwegen, Sackgassen und sich gefährlich leicht anbietenden Fluchtwegen, gegen deren Verlockungen der Erzähler mit allen Mitteln von Recherche, betonter Wachheit und höchster Aufmerksamkeit ankämpft. Beinahe möchte man seinen Umgang mit dem Leser «therapeutisch» nennen, wäre dieses Wort nicht allzu belastet. Bezogen auf Ernst Augustins Exempel aber ist es in einem alten Sinn zu verstehen, denn es handelt sich nicht um eine bevormundende Milde oder um nervende Dauerzuwendung, sondern um eine wohltuende Führung, die dem Patienten zunächst gar nicht bewusst ist, obwohl er ihre heilende Wirkung bis in jede Nervenzelle spürt. Wie angenehm, wie hilfreich ist die Empfindung, irgendwo in der Ferne, am Horizont, etwas Rettendes, Starkes zu ahnen, ein ruhiges Ufer!

Zu diesem Ufer führen – und das ist eine der Grundvoraussetzungen dieses Erzählens – genau zu erkundende Pfade und Wege, in deren Verlauf sich immer neue Konstellationen des Bewusstseins auftun. Ernst Augustin erfasst diese Konstellationen zum einen dadurch, dass er seinen Figuren mehrfache Identitäten verleiht. So verwandelt sich in dem 1963 erschienenen Roman «Das Badehaus» der Bankangestellte Eddy in den Holländer David Haferkorn, der sich auf den Weg zu seinem Vater macht, um sich in der Rolle des verlorenen Sohnes zu bewähren. Und so erträumt sich in dem 1989 erschienenen Roman «Der amerikanische Traum» ein im Sommer 1944 durch die Schüsse von Tieffliegern tödlich getroffener Junge in den letzten Sekunden seines Lebens die Geschichte des Privatdetektivs Hawk Steen, der sich auf die Jagd nach den Mördern des sterbenden Kindes begibt.

Die zweite Methode der Bewusstseinserkundung besteht in einem Vervielfachen der Figuren und damit der Geschichten. In dem Roman «Mamma» aus dem Jahre 1970 machen sich die Drillinge Kulle, Stani und Beffchen auf ihre Lebenswege und erzählen, indem jeder von ihnen sein eigenes Leben erzählt, zugleich auch das Leben der beiden anderen Brüder. Und in dem Roman «Mahmud der Schlächter» aus dem Jahr 1992 erläutert und erzählt der Ich-Erzähler einem Freund eine Geschichte aus den Jahren um das Jahr Tausend nach Christus, die sowohl historisch wie fiktiv ist, gefunden wie erfunden, der fernen Vergangenheit wie der modernen Gegenwart des Erzählens zugehörig.

Die dritte Methode der Wegerkundung besteht schließlich in dem Versuch, Figuren-Gruppen zu bilden, ihre merkwürdigen Rituale zu beobachten und sich als Erzähler und damit als einzelne Gestalt immer neu auf die verschiedensten Gruppen-Atmosphären einzulassen. Genau das versucht der Erzähler in Augustins 1982 erschienenem Roman «Eastend» und – in einer noch ironischeren und bissigeren Variante – in

dem 2003 erschienenen Roman «Die Schule der Nackten», in dem ein FKK-Freibad in München zur Szenerie
eines groß angelegten Gruppenexperiments der Beobachtung und des Menschenstudiums wird.

Überblickt man all diese Wege und Wegverästelun-
gen von heute aus, erstaunt man als Leser darüber, wie
treu sich der Romancier Ernst Augustin seit seinem
«Kopf»-Debüt in den frühen sechziger Jahren geblieben
ist. Im Grunde hat er einen Kopf-, Abenteuer-, Mär-
chen- und Bewusstseinsroman nach dem andern geschrieben und auf diesem Weg ein ungeheuer weites
und in jedem Moment fremd funkelndes Erzählpano-
rama entworfen, das mit den Erzählpanoramen der
deutschen Nachkriegsliteratur allerdings kaum etwas
gemein hat. Genau das aber erklärt Ernst Augustins
besondere Stellung: Er ist ein Schriftsteller der Spiegelkabinette, der Zaubereien und Magien, einer, der die
verstörten und gebrochenen Bewusstseinsromane des
neunzehnten Jahrhunderts (wie etwa Mörikes «Maler
Nolten») in erzählte Bewusstseinslandschaften verwandelt hat, in denen die Leser im Blick auf Figuren, die
ununterbrochen ihre Gestalt und ihre Identität wechseln, Porträtzeichnungen ihres Selbst, Bilder von Wider-
gängern und Überläufern, erkennen.

Bildliches und räumliches, kaum aber zeitliches
oder Zeiten ordnendes Denken und Phantasieren liegen
diesem Erzählen zugrunde, das letztlich von einem
starken Vertrauen in die Fähigkeiten des Menschen, der
Phantasie mehr Raum zu geben als der Wirklichkeit,
beseelt ist. Deshalb ist es gut und richtig, dass ein sol-

cher Erzähler etwas außerhalb von allen Betrieben und Geschäften steht. Er hat seinen eigenen Ort, und dieser Ort verändert sich sofort, wenn man ihn einzukreisen und mit allzu starken Begriffen zu fixieren versucht. Es ist der Ort eines äußerst vitalen Erlebens, einer Lust auf das Leben selbst, einer heftigen Freude an ihm, wie sie etwa in einer unvergleichlich schönen Stelle in dem Roman «Die Schule der Nackten» völlig unerwartet als ein Hymnus auf München, das Ernst Augustin zur Heimat geworden ist, erscheint.

Plötzlich nämlich, zu Beginn des zweiten Kapitels, heißt es da, als habe der Erzähler seine Geschichte vergessen und als ließe er alles links liegen, um nur einmal ruhig auszuatmen und sich nicht mehr in Geschichten, sondern nur noch in Atmosphären zu bewegen:

«München ist eine exotische Stadt. Dem Reisenden, der, aus dem Zug steigend, den ersten Atemzug tut, wird es wie Seefahrern früherer Zeit ergehen, die den fremden Kontinent noch nicht sehen, aber bereits riechen konnten. Es ist das unvergleichliche Gemisch von gekochtem Kraut, Wurstwasser, Rettich und feuchtem Loden. Und von Bier natürlich, das unterirdisch in riesigen Fässern gelagert wird. Gelegentlich in großen Mengen fließt. Es sind aber noch weitaus subtilere Beimengungen enthalten, die fleißigen Gerüche, die aus dem Untergrund heraufstreichen. Die Back- und Selchgerüche, die Leder-, Schneider-, Friseurgerüche, Theatergerüche. Es riecht stark nach den Gemüsekellern, wo die Knollen, Wurzeln und Rüben verkauft werden zusammen mit den – das ist auch eine Eigenheit – einhundert Käsesorten aus dem benachbarten Allgäu (große Wagenräder).

München hat sein eigenes Klima, warm, etwas scharf und sehr mittelalterlich, welches daher rührt, daß die gesamte Stadt durchgehend auf Gewölben aufgebaut ist, auf einer unterirdischen Ebene von Hohlräumen. Klafterdick gemauerte Pfeiler tragen Kirchen, Torbögen, Frauentürme, Rathäuser, auch die Bierhäuser, die bezeichnenderweise Bierkeller heißen, obwohl sie sich oben befinden. Die Pfeiler selbst sind so breit und stehen so dicht, daß bisweilen nur einzelne Personen zwischen ihnen hindurchgehen können, weshalb das ganze Viertel der ‹Oanser› heißt, besetzt mit engen Zeitungsständen und Tabakläden, während sich andernorts auch wieder ganze Hallen mit hohen Decken auftun, ganze Märkte, ganze Eßstraßen, Feststädte.

Im Winter ist es warm hier unten, herunten, so daß die Leute mit aufgeknöpftem Hemd herumlaufen, im Sommer aber luftig kühl, und das rührt vom rechten Isararm her, der noch eine Etage tiefer unter der Innenstadt vom Isartor bis zum Donisl fließt, hier für doppelte Kühle sorgend. Angenehm für jemanden, der einen Sonnenbrand mit sich herumträgt. So wie ich an diesem Morgen.»

Lassen Sie mich mit einer persönlichen Bemerkung und Geschichte schließen. Mein inzwischen vierzehnjähriger Sohn hat noch immer die schöne Angewohnheit, mich in regelmäßigen Abständen nach neuen Lektüren zu fragen. Seit er lesen kann, ist er ein durchaus eifriger, ja sogar maßloser Leser, der sich durch unzählige Kinder- und Jugendbücher gelesen hat. Ein Leser wie er hat also mit vierzehn Jahren eine aufregende, farbige, bilderreiche und auch spannende Literatur im

Kopf, die zum Maßstab für all die Literatur geworden ist, die er zum Teil jetzt in der Schule lesen muss. Die dort gelesenen Bücher fallen leider oft weit hinter die Ansprüche der guten Kinder- und Jugendbücher zurück, deshalb nennt man ihre Lektüren auch nicht einfach Lektüren, sondern «Schul-Lektüren».

Ich vermute, dass es vielen Lehrern schwer fällt, Schul-Lektüren zu finden, die vierzehnjährige Jugendliche begeistern und nicht nur dazu da sind, als Vorlagen für Interpretationen oder Besinnungsaufsätze zu dienen. Einerseits wünschen sich viele Jugendliche in diesem Alter durchaus etwas anderes und mehr als die ihnen ja nun längst vertraute Jugendbuch-Lektüre, andererseits möchten sie aber auch noch nicht von Büchern gequält werden, die vor allem geschrieben worden sind, um besprochen und interpretiert, nicht aber, um gelesen zu werden.

So stand ich denn mit meinem Sohn vor langen Regalen mit deutscher Literatur nach 1945, und wir gingen die Reihen durch: Peter Handke? Christa Wolf? Martin Walser? Ingeborg Bachmann? Sind die Romane all dieser hoch gerühmten Autorinnen und Autoren etwas für Jugendliche, die gerade den Jugendbuch-Lektüren entwachsen sind? Nein, das sind sie nicht. Welche Bücher sind es aber dann? Mein Sohn und ich – wir suchten und suchten und erlebten immer wieder dasselbe Paradox: Viele Bücher, viel zum Interpretieren, aber eigentlich nichts zum Lesen! Und, einmal ehrlich gefragt: Ging es nur meinem Sohn so, oder musste nicht auch ich zugeben, dass auch ich selbst in kaum einem

Fall große und hemmungslose Lust hatte, nach einem bestimmten Buch zu greifen und sofort, auf der Stelle, mit der Lektüre zu beginnen?

Als wir die Reihen durch hatten, fingen wir noch einmal bei «A» an: «A» wie «Augustin», das ist es, sagte ich ohne jedes Nachdenken zu meinem Sohn, als ich die Bücher von Ernst Augustin endlich entdeckt hatte, keine typischen Jugendbücher, aber auch keine typischen Erwachsenen-Lektüren, sondern einfach ganz wunderbare Lektüren. Schau mal her, hier habe ich «Die sieben Sachen des Sikh», ein Augustin-Lesebuch mit lauter kleinen Geschichten aus seinen Romanen, fuhr ich fort, und hier, hier steht die achtbändige Werkausgabe des C.H.Beck-Verlages in München, die den C.H.Beck-Verlag in München als einen Verlag ausweist, der nicht nur einen sehr guten Lektor, sondern auch einen großherzigen, weitsichtigen und aufs Ganze gehenden Verleger hat.

Und womit soll ich anfangen? fragte mein Sohn. Mit den Geschichten von den «Sieben Schönheiten des Weibes», antwortete ich. Hör mal her, so beginnt die erste:

> «Aber eines Tages werde ich selber reich sein, ich werde ein großes Haus besitzen und einen Garten und einen Bootssteg am See, ich werde den ganzen See besitzen, und den Wald, der den See umgibt, und dann werde ich ein großes, schönes, reiches Mädchen heiraten ...»

Okay, unterbrach mich mein Sohn, gib mal her, weiterlesen kann ich ja schließlich selbst ...

Lieber Ernst Augustin, ich gratuliere Ihnen herzlich zum Mörike-Preis der Stadt Fellbach, und ich freue mich sehr, dass ich ein wenig dazu beitragen konnte, dass Sie diesen ehrenvollen, schönen Preis erhalten.

Cornelia Zetzsche

«Donnerwetter»
Laudatio auf Ernst Augustin
zum Ernst Hoferichter-Preis

Verehrter Preisträger, Oberbürgermeister, sehr geehrte
Damen und Herren, liebe Freunde, Fans und Festgäste:
Eigentlich ist es ein glattes Wunder, dass er nicht
längst schon im Namen von Ernst Hoferichter geehrt
wurde. Ein «Münchner Wahrzeichen» – wie Ernst Hoferichter – ist er nicht; ein «dritter Frauenturm» wie dieser schon gar nicht, aber doch turmhoch – *das nicht zu
leugnen* – und mit drei Münchner Literaturpreisen zumindest ein literarisch Eingemeindeter, der mit seiner
«Schule der Nackten» längst einen komödiantisch-
kapitalen München-Roman für die Landeskapitale vor-
legte – *dafür hatte der Kulturreferent sogar mal eine
Straße versprochen.* Und manches hat Ernst Augustin
tatsächlich gemein mit Ernst Hoferichter, der im Zirkus
den Dummen August mimte.
Beide sind Meister mit ganz eigener Handschrift
und dem Hang zum Grotesken – *das unbedingt.* Zwei
Experten für «Charakterbegutachtung» mit krimina-
listischem Gespür – *sogar vor Gericht –,* Wortkünstler
mit der Tendenz zum Understatement – *das sowieso –,*
Multitalente mit vielen Berufen, Sammler balinesischer
Götter, Vasen, Elefanten – *das auf alle Fälle –,* Weltrei-
sende – *gewiss* – zwischen den Kontinenten – *Donner-*

wetter, würde Ernst Augustin jetzt sagen, im «Amerikanischen Traum» kommt sein *Donnerwetter* gleich dutzendfach.

Donnerwetter: Dieser Autor ist eine Ausnahmeerscheinung im deutschen Literaturbetrieb. Kein andrer hat einen so weiten Blick wie er – *das vor allem*.

Denn Ernst Augustin ist nicht nur Erzähler, Arzt und Baumeister, er ist vor allem: ein großer Reisender. Dass er gerade erst am Mekong war, sei nur am Rande erwähnt. Auch seine Figuren sind immer unterwegs, uns Leser im Schlepptau, in ferne Länder und innere Welten, ins Ungewisse des Denkens und Erzählens, in Bewusstseinslandschaften, bis in die Kindheit und zurück. Ich sehe, ich muss da etwas Klarheit schaffen:

Also, lassen Sie uns eine Reise unternehmen: in eine Stadt in Mecklenburg vielleicht; keine gewöhnliche Reise, versteht sich, das ist mit diesem Autor nicht zu machen. Seine Romane führen, wie «Der amerikanische Traum», von Mecklenburgs seidenblauem Himmel, direkt in Chicagos Straßenschluchten, durch schmatzende Sümpfe Floridas, ins salsatrunkene Costa Rica. Oder übers afghanische Schokoladengebirge von «Mahmud dem Bastard» bis ins südindische Madurai, eine Station des Therapeuten von «Evelyne B.». Über Traumpfade, durch Labyrinthe, Illusionslandschaften, immer an der Bewusstseinsgrenze entlang in die vierte Dimension, die des Unterbewussten.

Der Mann ist immerhin Psychiater.

Zu mysteriös, meinen Sie? Zu kühn? Zu abenteuerlich?

Nun gut, dann bleiben wir bei «Raumlicht: Der Fall Evelyne B.», dieser verstiegenen Geschichte eines Arztes und seiner einzigen Patientin, einer Schizophrenen. Bleiben wir also vor Ort und gehen einfach durch die Schrankwand in der Orffstraße – *ja, ja, auch das kann er, durch Wände gehen* – einfach so. Wir folgen Wasserwegen und Geheimgängen, passieren Tricktüren und Spiegelkabinette, durchschwimmen – *nackt, versteht sich* – Schlamm- und Wellenbäder, Kanäle wie Geburtskanäle einer Art Wiedergeburt.

Und wenn Sie nun glauben, dies sei lediglich der literarische Therapieweg eines Arztes, der seine Patientin wie Orpheus aus den Tiefen des Bewusstseins lotst, dann irren Sie.

Dieses Haus in der Orffstraße gibt es wirklich!

Nicht ganz so vielleicht.

Zugegeben, ich trage etwas dick auf, aber: Eine Weltreise ist der Hausbesuch bei Ernst Augustin allemal – *so viel können Sie mir schon glauben.* Ein Haus voller Wunderkammern, mit gemalten Palladiohügeln und Säulenlandschaften, am mannshohen Gipsmodell der Pariser Oper vorbei in die Hongkong Bar, hinauf ins Tropenparadies oder hinunter in die Florida-Disco, flamingoorange, eispalasttürkis, mit Silberkugeln, die sich so in scharfen Spotlights, Farbfiltern und Spiegeln drehen, daß die Reflexionen, seifenblasengleich, den Tänzern das Gefühl eines Aquariums vermitteln. Alles Eigenarbeit – *Donnerwetter!* – alles nach dem Motto des Hausherrn: «Ich gehe gerne aus, aber nicht unbedingt gern aus dem Haus.»

Ich schlage also vor, wir nehmen – *Cheers, lieber Augustin* – einen Whisky in der Bibliothek, die einer Schiffskajüte gleicht; mahagonifarben, der Whisky, meine ich, wie das Holzfurnier. Oder wir besuchen das Labor des Meisters: Ein kleiner heller Schreibtisch nur, mit Blick ins Grüne, gerade groß genug für Blatt und Bleistift, Werkzeuge seiner Skizzen und filigranen Hirngespinste, Architekturen der Phantasie, Erlebnisräume, Phantasieorte, Lichtwelten.

Wie er das macht, ist sein Geheimnis, ich meine: es ist wirklich sein Geheimnis.

Was uns das angeht? Sehr viel!

Denn uns staunende Leser nimmt Ernst Augustin, wie seine Patienten, an die Hand, führt uns durch phantastische Bildwelten, durch Irrgärten der Erfahrung, durch Schwitz-, Schwimm- und Schlammbäder einer «Evelyne B.», durch Wellenberge, Körperseen, Wasserwüsten, grüne Höllen, falsche Wände, Sinnestäuschungen und was dieses Wahrnehmungstraining noch so alles zu bieten hat – bis uns die Sinne schwinden für oben und unten, innen und außen, wirklich und unwirklich, bis die Frage: Wo bin ich? zum Wer bin ich? wird.

Denn darum geht es bei Ernst Augustin – *sofern ich das richtig verstanden habe* – um diese hauchdünne Eierschale zwischen Außen und Innen, diesen Seiltanz zwischen Realität und Wahn – *auch tanzen kann er übrigens und wie!*

Es geht um das wahre Leben im Wirklichen, um Literatur als Fülle von Alternativen, als nicht gewagtes

Abbildung 9: Kindheit

Leben. Jeder Augustin-Roman, darauf müssen Anfänger gefasst sein, ist ein Angriff auf das Faktische, eine Rebellion gegen das Wirkliche, ein Spiel mit Wirklichkeiten um der Wahrhaftigkeit willen.

Wir dürfen uns also nicht wundern, wenn für Ernst Augustin, den «geistigen Mediziner», Schizophrene nicht ins Abseits von Anstalten gehören.

«Beneidenswert, wie Sie sich in Ihre Welt einpassen, Ihre indische Welt, meine ich, die extra für Sie (für Ihre Krankheit) gemacht zu sein scheint», sagt der Arzt und Ich-Erzähler zu einem indischen Mitreisenden in «Der Fall Evelyne B.» und ersinnt am Bahnhof von Madurai seine Definition von Schizophrenie – *in Indien lassen Züge lange auf sich warten und reichlich Zeit für wissenschaftliche Überlegungen.* Dieser Arzt jedenfalls sieht Schizophrenie «als die Angst zu existieren. Oder möglicherweise die Angst nicht zu existieren, oder die Angst vor der Unmöglichkeit, also der totalen Vernichtung, und zwar an Leib und Seele. Und zwar jetzt.» («Raumlicht» S. 263)

Zehn Romane hat Ernst Augustin bislang vorgelegt, jeder ist anders, aber alle sind bevölkert von seltsamem Personal: von Schizophrenen, Hochstaplern, Falschmünzern, Doppelgängern; von Gaunern wie Eddy alias David Haferkorn im «Badehaus»; dem falschen Sohn, der sich beim Vater als der verlorene Sohn ausgibt, nicht ahnend: dass auch der Vater ein Fälscher, ein Betrüger ist in «Gutes Geld». Augustin-Romane haben immer doppelten Boden. «Das Badehaus» wird gleich dreimal erzählt, kunstvoll wie eine Fuge und mit solcher Beobachtungspräzision, dass man aus dem Lachen kaum herauskommt. Denn das ist der Witz, dieses bildgenaue, filmreife Hinschauen und Beschreiben, diese slapstickartige, bis ins Groteske weitergedachte Wirklichkeit.

Zehn Romane in sechsundvierzig Jahren. Das ist nicht viel, aber vielschichtig und gewichtig.

«Der Kopf» hieß das Debüt 1962, die Geschichte eines Mannes, den es nicht gibt.

«Raumlicht: Der Fall Evelyne B.» – *das wissen wir schon* –, die Geschichte eines Arztes und seiner einzigen Patientin, ist der Roman einer Heilung. Betörend, wie er die «liebe gnädige Frau» mit der Perlenkette durch wunderliche Wasserwelten lockt, in «fließendem Bewußtsein» sozusagen, bis sich die fremde Patientin am Ende als die eigene Frau entpuppt; längst hat er sie geheiratet, «das ist der Mindesteinsatz» als Psychiater. («Raumlicht» S. 349)

Ernst Augustin zeigt mit «Raumlicht: Der Fall Evelyne B.» aufs Vergnüglichste die hochkomplexe Realität einer Schizophrenen, eine Schattenwelt. Ich-Verlust und Sich-Wiederfinden sind Lebensthemen für den Autor des Unbewussten und Unterbewussten und der Träume.

«Der amerikanische Traum» erzählt von einem Elfjährigen im Schweriner Kriegssommer 1944: ein blaugelbes Pünktchen, unter Beschuss amerikanischer Flieger. In seinen Sterbesekunden erfindet sich der Junge ein neues Leben als Detektiv Hawk Steen, der im fernen Chicago und in Costa Rica Rache übt an seinen Todesschützen, der durch den Urwald jagt, zurück in die Detektivgeschichten seiner Kindheit; kurzum: Er erträumt sich ein erlesenes, ungelebtes Leben.

«Mahmud der Bastard» hingegen ist die historische Figur des Mahmud von Ghazni, eines illegitimen afghanischen Dorffürstensohnes vor tausend Jahren, der als Eroberer seine Blutspur durch Indien zieht, sich unglücklich in eine Tote verliebt und in allem Unglück die einst verstoßene Mutter wiederfindet. Eine historische Figur – *neu erfunden!* Ein Abenteuerroman mit Augustins Lieblingshelden, der gegen seinen Schöpfer aufbegehrt – *wo gibt's denn so was?!* – weil er nicht der Böse sein will – *Donnerwetter!*

Aber was rede ich mich hier um Kopf und Kragen. Meine Empfehlung ist: Sie nehmen erst mal Urlaub und lesen sich durch die Werkausgabe, denn die hier genannten sind nur eine Handvoll Beispiele – zugegeben, meine Lieblingsbeispiele – aus dem unerschöpflichen Reservoir von Ernst Augustin, dem meisterhaften Fabulierer, Stilisten und Erfinder phantastischer Räume mit forschendem Blick und Lust an der Parodie, von modernen Selbsterfahrungsgruppen zum Beispiel wie in «Eastend». Und mit kindlicher Freude.

Er sei kindlich, gesteht er freimütig und hat, mit 80, keine Lust auf Erwachsenwerden? Dafür sei es jetzt zu spät!

Typisch Ernst Augustin. Der Name ist Programm für sein Vergnügen an Eigensinn, Unsinn, Hintersinn, Tiefsinn und Irrsinn – *das sowieso.*

Seine Romane sind nicht autobiographisch, aber sie folgen biographischen Stationen:

Dem Mecklenburger Jungen, der aus Schlesien stammte und im Krieg um sein Leben lief. Dem siebzehnjährigen Soldaten 1945, der in seine Phantasie flüchtete. Dem Arzt in der Berliner Charité, der später aus der DDR floh, Camp-Doctor in Afghanistan wurde, Indien bereiste und in Costa Rica lebte. Dem Nervenarzt in München zu einer Zeit, als man die systematische Zerstörung psychisch Kranker mit Elektroschocks noch als «Heilung» bezeichnete. Der als Gerichtsgutachter sein Modell für August Fajngold fand, den Falschmünzer im Roman «Gutes Geld», der sich seine Blütenträume nicht aus Geldgier, sondern aus der Liebe zur Kunst des Fälschens erfüllte und seinen Neffen gehörig in die Irre führt. Dem Reisenden und Baumeister zwischen Costa Rica, Londons Eastend und München-Neuhausen, der sich zu Hause die Welt baute, in der er leben möchte, die ganze Welt in den eigenen vier Wänden – *ungelogen!* Der sein Haus zur Trutzburg gemacht hat, zur steinernen Haut gegen die feindliche Außenwelt und zugleich zum Schauplatz seiner Romane und zur Bühne für andere Leben; dem Schriftsteller, der Gebäude wie Menschen sieht und Menschen wie Gebäude:

Frauen vor allem, diese Urmütter und Muttertiere, Fleischberge mit Säulenbeinen, Körperlandschaften, monumentalen Hintern und Hüftgebirgen.

Das Beispiel der schokoladenbraunen Snakewoman aus «Der amerikanische Traum» darf ich Ihnen keineswegs vorenthalten. Das bin ich den männlichen Zuhörern schuldig, und auch Frauen haben ihren Spaß an diesem Weib mit einem Po wie ein Sitzpolster, immer zwischen nicht restaurablem Zustand und exotischer Schönheit, den feuerwehrroten Lippenstift nicht zu vergessen:

> «... eine schwarzschillernde Python, bis zu den Hüften geschlitzt, die mächtig schwellenden Beine in Flimmerstrümpfen, an den Füßen winzige Eidechsenschuhe in allen Regenbogenfarben, dazu Ringe an den Fingern, an jedem Finger einen, und eine Boa um den Hals, ebenfalls in allen Regenbogenfarben, aber es waren auch noch Sonnenuntergang und Sonnenaufgang dabei. Mir blieb buchstäblich die Luft weg vor so viel Sex Appeal.»[1]

Donnerwetter!

Als detektivischer Held Hawk Steen – *Augustin, die englische Variante klingt ganz ähnlich, merken Sie was? Der Autor steckt in allen seinen Büchern!*

Hawk Steen also liebt Frauen wie Snakewoman und jagt die Todesschützen des Mecklenburger Jungen, der er einmal war. Als Erzähler mischt er sich unter Mahmuds Fußvolk und lässt uns Geräusche, Speisen, den ganzen Tumult sehen, hören, riechen. Als Arzt heilt er Evelyne B. mit seinen indischen Erfahrungen und Heilmethoden.

Meist ist Ernst Augustin Akteur und Erzähler zugleich. Er gebietet Einhalt, wo er kann, er hebt die Hand: So nicht, so darf der Junge nicht sterben!

Er läuft auf verschiedenen Zeitspuren, heute wie vor tausend Jahren, löst Raum-Grenzen auf, erklärt, was eine Geschichte braucht – Zeitmaß, Wirklichkeit und die Welt als Gleichnis nämlich. Er macht seinen Erzähler transparent und bleibt doch ganz und gar rätselhaft, der Magier aus dem Riesengebirge, der selten linear erzählt, eher im Kreis – *asiatisch also* – diverse Ab-, Um- und Irrwege inklusive – *das versteht sich von selbst.*

Mahmuds Geschichte beginnt und endet mit seiner Geburt; Evelyne B. kommt am Ende durch die gleiche Tür wie zu Beginn; Hawk Steen wird wieder zum träumenden Jungen; so schließt sich der Kreis.

Viel wäre noch zu sagen, aber – *ich muss abkürzen, sonst sitzen Sie hier bis in die tiefe Nacht* – nur so viel:

Wenn Ernst Augustin bislang nicht so gefeiert wurde wie die Herren Grass und Walser, dann ist das schlicht einer Panne des Literaturbetriebs und seiner Neigung zum Verborgenen zuzuschreiben. «Ich bin ein beweglicher Geist, ich bewege mich schnell, fast schwerelos und bin kaum zu treffen», schreibt er in «Der amerikanische Traum» – fast ein Selbstporträt. Die Werkausgabe bei Beck verschafft – *ich sagte es schon* – auch späten Entdeckern Lesefreude mit einem Autor, dem ich heute von ganzem Herzen zum Ernst Hoferichter-Preis gratuliere und im Oktober den Büchner-Preis wünsche.

Denn keiner schreibt so sinnlich, so elegant, so spielerisch und heiter über ernste Themen wie Ernst Augustin, der Geschichtenerzähler, Rollenspieler, Illusionist, Salsatänzer, Baumeister, Traum- und Seelenforscher, der sich und andere immer neu erfindet, der amüsiert, berührt, verzaubert und uns zu glücklichen Leser*innen macht.

Ein Reisender in aller Herren Länder, in Köpfe und Seelenlandschaften.

Danke, dass wir Sie lesend begleiten dürfen.

Anmerkung

1 Der amerikanische Traum, S. 92.

Ernst Augustin

Das blutige Herz Afghanistans
Eine Trauerrede

Ach, Afghanistan, in meinen Träumen liegt es immer im Regen, die spitzen schwarzen Berge und die ausgesägten Grate der kakaofarbenen Wüste. In meinen Träumen heißt der Regen: Tränen. Obwohl es in den drei Jahren meiner dortigen ärztlichen Tätigkeit nie geregnet hatte, höchstens im Winter einmal. Dann ist es unheimlich still im Land, beides, still und unheimlich. Wenn man einen Schritt geht, hört man seine eigene Schuhsohle laut im Sand, man steht und hört – gar nichts. Das Heben des Brustkorbs oder ein fernes Rieseln.

Während die Zeit geht und nichts kommt. Nur fünfmal am Tag der Tee, der Tschai, der von Sher Mamat gebracht wird. Sher Mamat heißt: der liebe Mohamed, der die Regeln befolgt, er fastet einen Monat lang, mittags wäscht er sich mit Sand. Aus Unverstand? Ich weiß es nicht, vielleicht tun sie das eine und meinen etwas anderes. Sie sagen: Papier dient heiligen Zwecken, also werfen sie kleine Steine in den Abort.

Ich habe gesehen, wie ein Heiliger sich mitten auf der Straße nach Kandahar niederließ, um dort sein Leben lang zu bleiben, und warum, weil er erkannte, daß diese Stelle, genau diese Stelle, die einzig mögliche war. Und das verstehen sie, also bauen sie die Straße im Bogen um ihn herum, denn ein Heiliger, der Stimmen hört und mit Steinen wirft, wird geachtet, und man weiß dort, was das ist, ein Heiliger.

Kandahar. Man stelle sich einen ganz und gar aus Lehm gebauten Ort vor. Gelbe, in der Sonne gebackene Lehmquadern bilden Mauern, Tore, Hauswände, die Dächer sind halbkugelig, damit sie nicht einfallen. Lehm hängt in den Bärten der Männer, die sich über den Schädel fahren und eine gelbe Hand haben, Lehm ist im Brot, Lehm in der Fleischsuppe, und wer sich hinsetzt, hat eine gelbe Hose. So stellt man sich Afghanistan vor, und genauso ist es: Geröll, Sand und Staub bis zum Horizont. Was, um Gotteswillen, will man denn dort mit Bomben eindecken, da ist doch nichts, das sich eindecken ließe. Ein einziger Dauerregen würde mehr Schaden anrichten. Aber es regnet ja nicht.

Mein sogenanntes Hospital hatte dreißig Betten, und wenn ich morgens vors Portal trat, um zu sehen, was sich da über Nacht an Patienten angesammelt hatte, da saßen sie alle. Voller Vertrauen. Ich sage dann: Ihr erwartet zuviel von mir, ich kann hier nicht mal einen Blinddarm anständig operieren. Da freut sich die ganze Bande und denkt, ich habe eine Ansprache gehalten, einer hebt den Arm, und ich sehe schon von weitem, daß er eine riesige Aleppobeule hat oder Kandaharbeule, wie man hier sagt. Lauter dreckige Tücher, rufe ich aus, lauter dreckige Tücher.

Chobasti, ruft er, das heißt: Geht es dir gut? Mir schon, nur ist mir nicht klar, wie ein Mann mit einer solchen Beule bis hierher überleben konnte.

Oder der Säugling, den sie in ein halbwegs sauberes

Tuch gewickelt hatten, das ich genau kannte: Es war immer dasselbe Tuch, und es wurde im Ort nur benutzt, um die Säuglinge zu mir zu bringen; ich glaube, sie hielten mich immer für absonderlich. Den Männern fehlte meistens nichts, sie wollten nur stark werden, palavan, wünschten sich dann gegenseitig ein Madanabashi (mögest du nicht müde werden) und aßen diese kleinen weißen Brombeeren, die nach rohen Eiern riechen und angeblich die Potenz steigern.

Oder der Mann mit dem Blasenstein von gut Apfelgröße. Eine Abnormität ersten Ranges, wenn in München aufgetreten, schneeweiß und fein geädert, in dreißig Jahren zu vollendeter Kugelform angewachsen. Ja, das war hier anscheinend keine Besonderheit. Dreißig Jahre lang hatte der Mann seine Schmerzen ertragen, in München hätte er es keine vier Wochen ausgehalten.

Frauen bekam ich nie zu sehen, nur diese Gespenster in der Shatri, das sind die gefältelten Überwürfe mit dem Gitterschlitz für die Augen. Einmal hatte ein Ehemann mit der Nagelschere ein kleines rundes Loch in Nabelhöhe für mich herausgeschnitten, damit ich die Bauchschmerzen untersuchte. So streng. Zu sehen bekam ich die Dame nicht.

Oder der Mann mit dem halb abgeschnittenen Genital – eine Eifersuchtstat. Oder die Frau, die drei Wochen nach Einsetzen der Wehen noch immer nicht entbunden hatte. Oder das Zahnziehen mit einem Satz von Zangen, die ich nicht so genau auseinanderhalten konnte, für jeden der zweiunddreißig Zähne eine. Sie sind so unglaublich tapfer, die afghanischen Patienten, und ich glaube nicht, daß sie viel mehr gelitten hatten als ich selber. Inmitten eines Meeres von Blut und Schmerz, abgemagert vor Angst, dünn vor Verantwortung, fühlte ich mich trotzdem und auf seltsam ferne Art unter ihnen brauchbar.

*

Ich kenne ihre Stärke, ihren Stolz und, ja, ich muß es leider auch sagen, ihre unnachgiebige Strenge. Es war im zweiten Jahr meiner selig unseligen Tätigkeit – damals gab es noch den König –, als ein Dekret erlassen wurde, alle Frauen hätten sich einem modernen Zeitbild entsprechend zu entschleiern: Verbot der Shatri sozusagen, lt. Königserlaß. Also gab es eine Revolution.

Ich erinnere mich, alle Tore wurden geschlossen, es wurde geflüstert, kein Mensch ging auf die Straße. Weil – man höre – man in Kandahar einer Lehrerin die Nase abgeschnitten hatte! Diese mutige, selbständige Frau (denn die gibt es dort auch) hatte es gewagt, öffentlich sich des Gespenstergewands zu entledigen, blank und bloß am Morgen bei schönem blauen Wetter in die Schule zu gehen. Ich war nicht dabei, aber ich weiß, wie der Mob aussieht, wie die Gesichter aussehen und wie sie riechen – die fürchterlich gebogenen Messer, die sie bei sich tragen, sind noch nicht einmal richtig scharf.

Von jeher gab es eine Übereinstimmung aller Reisenden, die sich den Grenzen Afghanistans näherten. Wo immer sie herkamen, von Norden, Westen oder

Süden. Sie alle hatten die gleiche Vision, nämlich die eines Raubtiergebisses, und zwar eines, dessen Zähne nach innen gerichtet sind: Hinein geht es leicht – – –

*

Wenn er, der Reisende, der kurz vor der Grenze in Quetta die letzte Nacht im Bett verbracht hat – und ein Hund heulte die ganze Nacht –, wenn er am Morgen hinaustritt, wo der Autobus wartet, dann kommt da plötzlich von jenseits der zackigen Berge, die vor einem gelben Morgenhimmel stehen, der ganz leise Geruch. Und wenn er nach zwei Stunden Anfahrt auf dem berühmten, wenn auch gar nicht so hohen Paß die Stelle erreicht, wo sich hinter einer Biegung unversehens das ganze weite Land ausbreitet, dann riecht er sie noch deutlicher: die Holzkohlenfeuer Afghanistans, die überall im Land brennen. Das ist die Stelle, wo er innehalten sollte, wo er sie zum ersten Mal sieht, die Sandstrecken und Schluchten (die Räuber und Tiger in den Schluchten, die da alle versammelt sind). Und Angst? Angst sollte er unbedingt haben, aber eine noch viel größere, ob er nämlich jemals wieder herauskommen würde …

Aus diesem ganzen weiten Afghanistan mit seinen grausamen Todesstrafen, mit seinen an Stricken hängenden Räubern, den abgeschnittenen Genitalien und gehäuteten Ehebrechern.

Dazu hält der Bus dort oben noch ein bißchen länger, damit sich die Fahrgäste alle noch mal besinnen können. Aber es besinnt sich anscheinend keiner. Deshalb geht es hinab in die immer dichtere Hitze, die gelb und weiß und schwarz ist, und ein besonderer Eindruck: Die Kurven sind in diesem Land nach außen geneigt.

Eine Merkwürdigkeit muß ich noch berichten: Es gibt dort eine Brücke zwischen Kandahar und Farah, die Brücke von Shindan. Sie wurde damals von der Firma, bei der ich angestellt war, erbaut, eine schöne, weiße Betonbrücke inmitten der graubraunen, braungrauen Öde. Den zugehörigen Fluß gibt es allerdings nur im Winter, aber die zugehörige Straße gibt es überhaupt nicht! Weil nämlich diese Straße viel später von den Sowjets gebaut wurde, und diese wollten ihre eigene (sehr viel schäbigere) Brücke haben, fünf Kilometer weiter nördlich – genutzt hat es ihnen, wie man weiß, auch nicht.

So aber diese Merkwürdigkeit, auf die man wahrscheinlich demnächst stoßen wird. Schneeweiß, allein und einsam in der Wüste und völlig zweckfrei, ein Monument, ein monumentales Kunstobjekt, von dem kein Mensch weiß, wie es dorthin gelangt sein mag.

Wir wissen es: mit amerikanischen Entwicklungsgeldern.

Uwe Wittstock im Gespräch mit Ernst Augustin

«Schwarze Romantik liegt mir am meisten»
Über die Lust am Fabulieren und die Gruppe 47

Der Schriftsteller Ernst Augustin fällt aus der Reihe. Schon sein Haus im Münchner Stadtteil Neuhausen sticht heraus: Zwischen gleichförmigen Fassaden wirkt es von den Bäumen des eigenen Gartens wie umhüllt und verborgen. Sein Treppenhaus ist bis in den dritten Stock hoch ausgemalt von Augustins Ehefrau, der Malerin Inge Augustin. Der Hausherr, für den Architektur nicht nur in seinen Romanen eine große Rolle spielt, hat es mit Dachterrasse und Keller-Disko, mit Kajützimmer und privater Nachtbar, mit verschwiegenen Gängen und geheimen Türen zu einem sehr persönlichen Wunderhaus umgestaltet. Mit Ernst Augustin sprach Uwe Wittstock.

Wittstock: *In diesem Herbst ist Ihr Roman «Schönes Abendland» erschienen, eine Neufassung Ihres Romans «Mamma» von 1970. Was für Erfahrungen haben Sie bei der Arbeit an diesem fast vier Jahrzehnte alten Buch gemacht?*
Augustin: Ich habe das Buch immer geliebt, aber es wurde nicht geliebt. Dann habe ich es noch einmal durchgelesen, und ich muss sagen, es war misslungen. Ich erzählte nacheinander die sehr unterschiedlichen Lebensgeschichten von Drillingen. Aber die Reihen-

folge war falsch. Ich habe die jetzt umgestellt, vieles neu geschrieben und verändert. Einer der drei Helden wird General, dessen Lebensgeschichte stand früher zu Anfang. Reich-Ranicki hat das Buch damals schroff abgelehnt, er fand es militaristisch. Offenbar hatte er nur den Anfang gelesen und die Ironie nicht verstanden. Heute würde er, mit dem Kaufmann beginnend, vielleicht mehr Stimmigkeit entdecken.

Wittstock: *«Schönes Abendland» ist ein großer, anspruchsvoller Titel. Fast, als enthielte der Roman eine Art Weltformel, eine Erklärungsformel fürs gesamte Abendland.*

Augustin: Es ist ein abendländisches Gleichnis. Es beginnt in der Renaissance-Zeit, in der drei Männer, der Kaufmann, der General und der Arzt, für allzu großes Gewaltstreben hingerichtet werden. Sie werden auf der Stelle wiedergeboren – dieses Mal in unserer Zeit – und wieder streben sie mit allen Mitteln, die ihre Gesamtexistenz in sich trägt, nach Reichtum, Macht, Wissen. Im Übermaß. Ich habe diese drei Lebensläufe als eine Art absurde Kultur- und Sittengeschichte geschrieben: Absurdität des Habenwollens, der maßlosen Aufstiegs- (und Abstiegs-)Möglichkeiten, und der daraus resultierenden ziemlich tödlichen Ergebnisse. So erscheinen sie mir doch sehr abendländisch.

Wittstock: *Aus heutiger Sicht hat man nicht den Eindruck, dass ein so ironisch flirrendes, phantastisches, schrilles Buch gut in die Hochzeit der Studentenbewegung passte.*

Augustin: Ich habe auch Zustimmung bekommen,

größtenteils aber Ablehnung geerntet. Der Werbemann meines damaligen Verlages, Suhrkamp, hatte den Slogan geprägt: Man erzählt wieder. Das klang wie: Man trägt wieder Hut und kam gar nicht gut an. Der Roman passte wohl tatsächlich nicht in diese Zeit eines teilweise politischen, teilweise literarisch formalistischen Avantgardismus. Ich wollte erzählen, ich bin ein Erzähler. Vielleicht trifft das Buch heute auf offenere Ohren.

Wittstock: *Sie haben aus diesem Roman auch 1966 in Princeton bei der Gruppe 47 gelesen?*

Augustin: Da fing das Unglück an. Ich las dort einen Ausschnitt aus dem Romanteil über den Arzt unter meinen drei Helden. Eine in sich geschlossene, runde Geschichte über seine kindlichen Doktorspiele. Die Geschichte kam prächtig an, wurde hoch gelobt. Damals glaubte man ja noch, dass jeder, der von der Gruppe 47 gefeiert wird, sofort der nächste Literaturstar wird. Ein Journalist der Münchner Abendzeitung telegrafierte sofort in seine Redaktion: «Ich war dabei!» Man hat mich richtiggehend hofiert. Aber nur bis 12 Uhr mittags. Am Nachmittag kam Peter Handkes großer Auftritt, seine Kritikerbeschimpfung, seine wütende Rede gegen die Gruppe 47. Damit war ich völlig abgemeldet. Ich existierte nicht mehr. Handke war nun der große Mann.

Wittstock: *Man merkt das Ihren Büchern an: Sie haben sich nicht den damals in Deutschland verbreiteten Literaturtrends angeschlossen. Welche Vorbilder hatten Sie stattdessen?*

Augustin: Ich hatte wenige Vorbilder. Ich kam ja aus der DDR. Die ganze Moderne gab es da gar nicht. Es gab keinen James Joyce, es gab noch nicht einmal Kafka. Was ich dort gelesen habe, waren die großen russischen Autoren, ich habe Gogol gelesen und sehr geliebt. Dann natürlich Thomas Mann. Und Hans Fallada, ein ausgesprochener Erzähler, den ich sehr mochte. Ansonsten aber habe ich mich vor allem mit den Romantikern beschäftigt. Mit E. T. A. Hoffmann, Jean Paul, Edgar Allan Poe, Melville. Die Romantiker sind für mich bis heute der wichtigste literarische Bezugspunkt.

Wittstock: *Haben Sie damals überhaupt in Deutschland gelebt?*

Augustin: Ja und nein. Ich habe ja immer einen Fuß draußen gehabt. Ich kam 1958 aus der DDR in den Westen und bin dann direkt nach Afghanistan gegangen, habe dort bis 1961 als Arzt gearbeitet für eine amerikanische Firma, die unter anderem einen Staudamm baute, Brücken und ein Bewässerungssystem. Entwicklungshilfe eben. Dort habe ich dann angefangen zu schreiben. Meinen ersten Roman «Der Kopf». Das war geboren aus der Situation. Ich saß allein mitten in der Wüste und schrieb vor mich hin. Und habe mir so durch meine Figuren etwas Gesellschaft verschafft. Nach 1961 kam ich dann zurück nach Deutschland, bevor ich in Mittelamerika, in Costa Rica gearbeitet habe. Das Aufnahmeverfahren als DDR-Flüchtling in der Bundesrepublik habe ich erst nach meiner Rückkehr aus Afghanistan gemacht. Genau genommen war ich dort – den DDR-Pass hatte ich nicht mehr, den neuen Pass noch nicht – drei Jahre lang staatenlos.

Wittstock: *Das ist vielleicht eine bezeichnende Episode* *für Ihr Schicksal: Sie sind ein Sonderfall. Ihr üppiges, schwelgerisches, ebenso phantastisches wie realistisches Fabulieren passt hierzulande nicht in die üblichen Kategorien.*

Augustin: Eigentlich bin ich selbst Romantiker. Es ist ja eine sehr deutsche, eine urdeutsche literarische Veranlagung. Schwarze Romantik liegt mir am meisten. Es muss im Hintergrund immer ein schweres Gewitter aufziehen, immer schwarz bei aller Lieblichkeit im Vordergrund, bei aller Ironie und leichter Hand, die ich rüberzubringen versuche. Es ist mein Los und meine Freude.

Johannes Willms

im Gespräch mit Ernst Augustin über ‹Raum›

Eine stille Straße im Westen Münchens. Hier lebt Schrift-
steller Ernst Augustin. Von seinem Haus hörte man wun-
dersame Dinge. Wände und Decken seien mit Fresken in
Trompe-l'œil-Manier geschmückt, die palastartige Räum-
lichkeiten vorspiegelten. Die Eingangstüre geht auf, es
erscheint ein hünenhafter Mann: «Ich bin», spricht der,
«das Ungeheuer von Neuhausen. Treten Sie ein …»

SZ: *Herr Augustin, herzlichen Glückwunsch: Mit Ihrem*
Roman «Robinsons blaues Haus» stehen Sie auf der
Shortlist zum deutschen Buchpreis 2012!
Augustin: Zu meiner großen Überraschung, ja. Damit
hab' ich nun wirklich nicht gerechnet.
SZ: *Sie hatten bis zu diesem Punkt ein bewegtes Leben.*
Bevor Sie sich dem Schreiben surrealistischer Romane
widmeten, flohen Sie 1958 aus der DDR, um dann auf
der ganzen Welt als Arzt zu arbeiten.
Augustin: Ja, aber im Schreiben und in München habe
ich meine Heimat gefunden.
SZ: *Vor drei Jahren, im hohen Alter, sind Sie weit-*
gehend erblindet. Was sehen Sie?
Augustin: Effektiv nur noch Schemen, Schatten. Davon
abgesehen ist alles stockdunkel, herrscht Nacht. Ich
kann mich in der Richtung orientieren. Und ich kann
auch gehen, denn ich sehe komischerweise im unteren

Gesichtswinkel etwas besser. Ich bin ja nicht augenblind, ich bin gehirnblind.

SZ: *Wie wurden Sie das?*

Augustin: Durch eine Hirnoperation, die mehr oder weniger schiefgegangen ist. Da war ein Tumor, der entfernt werden musste.

SZ: *Es hat etwas besonders Groteskes, dass Sie, der Sie selber Arzt sind, Opfer eines solchen Kunstfehlers wurden ...*

Augustin: Tragisch daran ist vor allem, dass ich, weil ich selber Arzt bin, diesen Tumor diagnostiziert habe. Wenn ich ihn nicht bemerkt hätte, wären die Leute vielleicht gar nicht darauf gekommen, dass ich einen Tumor habe, und hätten mich folglich auch gar nicht operiert. Ich weiß es nicht.

SZ: *War er gut- oder bösartig?*

Augustin: Ein gutartiger, aber was besagt das schon? Jeder Hirntumor ist bösartig, einfach deshalb, weil er Raum nimmt und im Hirn Druck erzeugt, der sich tödlich auswirken kann. Entscheidend ist, wie lange das dauert. So ein Tumor kann gut und gerne zehn Jahre wachsen, ehe sich seine Bösartigkeit auswirkt. Ich werde Ende Oktober 85 Jahre alt. Und vielleicht wäre es ja noch eine Weile gut gegangen, aber dann ...

SZ: *Wie bewältigen Sie heute den Alltag?*

Augustin: Naja, es ist nicht leicht, sich zurechtzufinden, aber auch das geht, denn darin habe ich gewissermaßen eine lebenslange Übung. Sehen Sie, ich bin im Dritten Reich aufgewachsen. Schon damals musste ich mir eine eigene Welt bauen.

SZ: *Wie ging das?*

Augustin: Ich war damals ja ein Kind und dann ein Halbwüchsiger, und diese Zeit hatte ihre Schrecken, weil ich meine Zukunft vor mir sah, wenn ich zur Wehrmacht eingezogen und zum Soldaten gemacht werden würde. Das war das eine. Das andere war die unendliche Langeweile, der Stumpfsinn, der meine Jugend beherrschte.

SZ: *Inwiefern Langeweile?*

Augustin: Das ewige Marschieren, das Absingen von Liedern ... Also, mich hat diese Art von Dienst in der Hitlerjugend, dem man sich ja nicht entziehen konnte, weil man dazu von der Schule abkommandiert wurde, so gelangweilt, ich kann es Ihnen gar nicht sagen. Wir mussten in Schwerin zu großen Aufmärschen antreten, immer sonntags, auf dem Alten Garten vor dem Schloss. An sich ein schöner Platz. Da war ich dann auch dabei, und von dort sind wir losmarschiert. Aber nach 200 Metern bin ich austreten gegangen, für den Rest des Tages.

SZ: *Und das ging dann auch so einfach?*

Augustin: Ja, ich bin da in der «Schlosshalle» verschwunden. Das war eine Gastwirtschaft, in der bekam man Fleischbrühe und die Illustrierten, die es damals gab. Da habe ich dann gesessen, während dieser große Haufen von Pimpfen, wie damals die Mitglieder der Hitlerjugend hießen, durch die Stadt marschierte. Von fern, von ganz fern hörte ich sie brüllen.

SZ: *Was brüllten die denn?*

Augustin: Lieder, am Ostorfer See oder am Pfaffenteich,

und als sie damit fertig waren und wieder zurück-
kamen, da habe ich mich einfach wieder eingereiht. So
war das. Ich habe mich schon damals in einem Eigenleben eingerichtet.

SZ: *Und das haben Sie dann konsequent weiter so gehalten?*

Augustin: Naja, ich habe mich jedenfalls schon immer
sehr wohl gefühlt in meinen Phantasien. Und jetzt, da
ich so gehandicapt bin durch meine Blindheit, jetzt
kommt mir das sehr zugute.

SZ: *Weil Sie nunmehr ganz in Ihrer Phantasie leben?*

Augustin: Ja, ich lebe jetzt gänzlich in meiner Vorstel-
lungswelt, die aber sehr üppig und sehr weit gefasst ist.

SZ: *Es macht Sie also gar nicht so unglücklich, wie
man meinen könnte?*

Augustin: Ich finde mich mit meinen Erinnerungs-
bildern zurecht, die überraschend schön sind und die
mir die visuellen Eindrücke, die für mich im Dunkel
verschwinden, gewissermaßen ersetzen. Ich kann nicht
sagen, dass ich unglücklich bin, denn ich fühle mich in
meiner Dunkelwelt ganz wohl. Oder sagen wir, relativ
wohl.

SZ: *Farben nicht mehr wahrnehmen zu können, ist das
für Sie nicht ein besonders schmerzhafter Verlust? In
Ihren Büchern schwelgen Sie bisweilen geradezu in der
genauen Schilderung von Farben und deren Nuancen …*

Augustin: Die Farben nicht mehr sehen zu können, dieser Erkenntnismoment – das war in der Tat ein schlim-
mes Erlebnis. Ja, ich muss sagen, es war sogar sehr
schlimm, denn ich bin ausgesprochen optisch orientiert.

Aber in meinen Träumen werden die vom Gedächtnis gespeicherten Farberlebnisse abgerufen. Und ich habe von der Optik her ungeheuerlich schöne Träume. Und da ich nie weiß, dass ich träume, wenn ich träume, kommt es manchmal geradezu wie eine Offenbarung über mich: Ich sehe wieder Farben! Aber es stimmt ja leider nicht, wie ich dann feststellen muss, wenn ich wieder aufwache. Dann ist alles dunkel.

SZ: *Bitter.*

Augustin: Nein, das kann ich nicht sagen, denn ich fühle mich wie gesagt in meiner Dunkelwelt nicht wirklich unglücklich, denn im Gegensatz zu unserer verkleisterten Außenwelt bietet sie sich mir viel klarer und puristischer dar. Diese Dunkelwelt, und das wollte ich damit sagen, ist eigentlich kein schlechter Ersatz.

SZ: *Der Sinn des Lebens, haben Sie einmal geschrieben, besteht darin, sich wohnlich einzurichten.*

Augustin: Ja, das ist des Lebens ganzer Sinn. Es geht nicht darüberhinaus. Da strebt man immer danach, sich zu verwirklichen – aber es lohnt ja kaum, auf die kurze Zeit. Es lohnt sich ja nicht mal, sich hinzusetzen. Aber wir machen es trotzdem. Darin liegt ja die ganze Absurdität.

SZ: *Das Haus, in dem Sie in München leben, mutet wie ein Sinnbild an für das, was Sie gesagt haben.*

Augustin: Ja? Wenn Sie meinen. Mir hat es immer Spaß gemacht, Form zu geben. Das ist eine meiner tatsächlichen Tätigkeiten, eine Form zu entwickeln. Und dieses Haus steht dafür. Ich hatte ja früher auch andere Häuser, aber von denen habe ich mich getrennt. Dieses

Haus ist für mich jetzt natürlich, da ich mich draußen kaum noch orientieren kann, von großem Wert.

SZ: *Ihr Haus ersetzt Ihnen die Welt?*

Augustin: Für mich ist es jedenfalls ein ganzer Kontinent.

SZ: *Wären Sie eigentlich zusätzlich gerne noch Architekt geworden?*

Augustin: Ja, sehr gerne sogar, auch wenn ich fürchte, dass ich keine Aufträge bekommen hätte. Trotzdem wäre ich ein guter Architekt geworden und hätte auch wunderbare Häuser gebaut. Ich hätte nicht von außen gebaut, sondern von innen. Sie müssen sehen: Wer wohnt da drin? Und dieser Person entsprechend müssen die Räume angelegt werden.

SZ: *Haben Sie jemals ein Haus für sich gebaut?*

Augustin: Ja und nein. Also, ich habe immer wieder im Laufe meines Lebens ungeheure Bruchbuden gekauft und ausgebaut. Mich hat dabei immer der ruinöse Zustand gereizt. Zum Beispiel dieses Haus hier, als ich das kaufte, da hat meine Frau gesagt, das haut mich rückwärts raus.

SZ: *Das hat Sie jedoch nicht vom Kauf abgehalten.*

Augustin: Nein, und es kam deshalb auch prompt zu einer Ehekrise. Aber die haben wir dann auch überwunden. Ja, wir haben dann das ganze Haus mit Scheinarchitektur ausgemalt. Es ist schmal und hat drei Etagen, also viele Treppen, die ich aber nur benutzen mag, wenn mir das Auf- und Absteigen ein immer anderes Landschaftserlebnis verschafft. Sonst würde es mich langweilen, mich darin umherzubewegen.

SZ: *Haben Sie «Robinsons blaues Haus» eigentlich vor oder nach Ihrer Erblindung geschrieben?*

Augustin: Sowohl als auch …

SZ: *Wie meinen Sie das?*

Augustin: Nun, ich hatte es schon vorher geschrieben, aber nach meiner Erblindung konnte ich das Manuskript nicht mehr lesen.

SZ: *Aber wäre das nicht zu dem Zeitpunkt auch die Aufgabe des Lektors gewesen?*

Augustin: Kein Lektor hätte das gekonnt, denn ich schreibe mit der Hand, mit Bleistift und Radiergummi, und das kann niemand außer mir entziffern. Die Folge war, dass ich das Buch, um es zu veröffentlichen, ganz neu schreiben musste. Dadurch ist es in der neuen Version knapper, schlanker geworden. Vielleicht war die erste Fassung umfangreicher, weil ich mehr erklärt habe. Interessanterweise ist der Roman, so wie er jetzt vorliegt, viel farbiger, wegen meiner Erblindung stand mir paradoxerweise mehr visuelles Material zur Verfügung.

SZ: *Hatte Ihr Schicksal noch in anderer Hinsicht Einfluss auf die jetzige Fassung?*

Augustin: Ja, es hat sich sicherlich vor allem auf das letzte Kapitel ausgewirkt. Das handelt von dem letzten Haus, das ich baue. Der Bau findet nur noch in meinem Inneren statt, es wird also gleichsam mein inneres Haus. Das hätte ich wahrscheinlich vorher anders geschrieben, vermutlich vordergründiger. Im Buch sage ich im Gespräch mit meinem an sich sehr freundlichen und sehr persönlichen Tod, dass ich nichts mitnehmen kann, nur die Liebe. Dann aber kann ich eben auch mein erdachtes Haus mitnehmen. Das ist fast eine Art von Erfüllung.

SZ: *Ist Robinson eine Abspaltung des träumenden Ich des Ernst Augustin?*

Augustin: Da geraten wir in ein weites Feld … Das ist die Beschaffenheit meiner Lebensauffassung. Ich empfinde mich in einer großen Traumblase. Diese Vorstellung hatte ich schon immer, aber sie wird mir jetzt in meinem Zustand immer deutlicher. Die Japaner haben dafür einen schönen Ausdruck. Die nennen das Leben den «Traum im Traum». Das finde ich sehr zutreffend.

SZ: *Handelt «Robinsons blaues Haus» von dieser Vorstellung?*

Augustin: Der Roman ist Robinsons Lebensgeschichte, die in jedem Kapitel weiter erzählt wird, indem er sie Freitag, seinem Alter Ego, mitteilt. Dieser Freitag wandelt sich ständig, macht Metamorphosen durch. Zwischenzeitlich wird er sogar zu einer Frau. Mal meint Robinson auch, Freitag säße in einem Gefängnis, bis er endlich erkennt, wer er wirklich ist: sein bester Freund.

SZ: *Sind diese Metamorphosen Projektionen einer Ich-Störung? Immerhin ist die Schizophrenie Ihr Spezialgebiet, als Arzt und auch als Schriftsteller.*

Augustin: Nein, mein Buch ist einfach ein phantastischer Roman. Meine Technik ist das ganz vordergründige Erzählen, das zugleich aber mit, wie soll ich sagen – mit tiefem Ernst erfüllt ist. Das bin ich ja schon meinem Vornamen schuldig. Also, ich schreibe von tiefem Ernst erfüllte Scharlatanerien, um nicht zu sagen, Firlefanzereien.

SZ: *Wie ist das jetzt wieder zu verstehen?*

Augustin: Der Mann Robinson, der Protagonist des Romans, führt ja eine Art von Sonderleben. Er erbt von seinem Vater dieses ungeheuerliche Vermögen, dessen Nutzung ihm aber verboten ist, weil es mittels Geldwäsche aufgehäuft wurde. Deshalb ist der Mann Robinson ständig auf der Flucht. Seine ganze Existenz ist eine einzige Flucht, die er damit meistert, dass er in unbewohnten Zwischenräumen lebt. In dieser Welt, in der jeder Quadratmeter deklariert ist, jedem ein Besitztitel anhaftet, gelingt es Robinson auf jeweils absurde Art, diese Zwischenräume ausfindig zu machen, die er sich dann wohnlich einrichtet, die ihm als Gehäuse, als Haus dienen. Für mich ist das Haus die Metapher für das Leben. Man lebt in einem Haus, man lebt in seinem Körper, in seinem wirklichen Haus, und man lebt in der Welt. Aber, wer lebt da? Da wohnt das Ich, und das ist nicht von dieser Welt.

SZ: *Von welcher Welt dann?*

Augustin: Das ist das Dasein als solches. Das Geheimnis des Daseins. To be or not to be. Darum dreht sich doch alles.

Thomas von Steinaecker

Der Mann der vielen heimlichen Leidenschaften
«Hier entlang bitte!» – Ein Besuch im Haus des
Schriftstellers Ernst Augustin

Abbildung 10: Augustins Klingelschild

«Jetzt geht's tiefer ins Verderben», *kündigt Ernst Augus-*
tin an, bevor er den Besuch in jenen Teil seines Hauses
führt, wo er seine Disco eingerichtet hat. In der Spie-
gelwand dreht sich das bunte Licht der Discokugeln
und die transparenten Säulen mit Lampen in ihrem
Inneren blinken.

> «Der Wahnsinn muss das sein! Das Haus von dem! Von
> oben bis unten ausgemalt von seiner Frau. Und angeb-
> lich hat der sich im Dachgeschoss einen Tropenwald an-
> gelegt. Und im Keller eine Disco gebaut. Eigenhändig!»

Vor vier Jahren schwärmt mir mein Autorenkollege
Daniel Grohn zum ersten Mal von seinem literarischen
Vorbild, einem gewissen Ernst Augustin, und dessen
Haus vor. Damit ich mir selber ein Bild machen kann,
drückt er mir zu einigen Stichworten zu dessen Büchern – Krimiversatzstücke, historische Stoffe, Fallge-
schichten aus der Psychiatrie, Todesvisionen! – Augustins autobiographisch gefärbten Roman «Raumlicht:
Der Fall Evelyne B.» von 1976 in die Hand. Bald lerne
ich, dass der Schriftsteller Augustin mit fast 80 immer
noch als Geheimtipp gilt und als inzwischen pensio-
nierter Arzt und Psychiater viele Jahre in Entwick-
lungsländern tätig war, unter anderem in Afghanistan.
In «Raumlicht», bei seinem Erscheinen als Meisterwerk gefeiert, heute ein Klassiker der Schizo-Literatur,
findet sich dann tatsächlich die sehr exakte Beschreibung eines, nun, etwas seltsamen Hauses im Münchner
Stadtteil Neuhausen, das unter anderem ein Spiegel-

kabinett, einen Dunkelraum sowie ein Labyrinth aus Korridoren und Türen enthält. Mittels Hausführungen der etwas anderen Art versucht darin ein Psychiater, eine Schizophrene zu therapieren. Der Wahnsinn – im wahrsten Sinne des Wortes.

Ein strahlender Föhntag, der die Altbauvillen in der Nähe des Nymphenburger Schlosses mit ihren kleinen wuchernden Vorgärten in ein unwirkliches Licht taucht. Daniel Grohn und ich treffen uns vor dem schmalen dreistöckigen Haus in der Orffstraße, das also ist es, treten durch das efeubewachsene schmiedeeiserne Tor, das nur angelehnt ist, klingeln. Die rote Haustür öffnet sich von selbst, wir stehen etwas unschlüssig in einer Säulenhalle, nein, einem Treppenhaus; die Säulen, die den Blick auf eine Wüstenlandschaft freigeben, vereinzelt kleine Figuren, Löwen darin, sind nur gemalt.

«Hier entlang bitte», Ernst Augustin kommt die knarzende Holztreppe herunter, spitzbübisch lächelnd. Mit einer für sein Alter erstaunlichen Eleganz der Bewegungen, dem langen weißen Haar, seinen grau-blauen Augen, ein Hüne, ist er das, was man eine Erscheinung nennt. Halb Zauberer, halb Schlossbesitzer, weist er uns mit einer scherzhaft angedeuteten Verbeugung den Weg: durch das offene Treppenhaus nach oben, in den Palmengarten.

Vor 30 Jahren, als Ernst Augustin durch Zufall auf das damals heruntergekommene Haus stieß, lebten darin noch drei Parteien, die aber, freiwillig, wie er mit einem zweideutigen Grinsen betont, im Lauf der Zeit auszogen. Früher, ja früher habe er noch einen richtigen Tropenwald besessen, fährt er fort, während wir vorbei an einer gemalten Scheinlandschaft aus Säulen und Wolken nach oben steigen. Einige drei Meter hohe Palmen habe er sich über OBI aus einem französischen Heizkraftwerk kommen lassen; wenn er dann dazwischen herumlief, nackt wohlgemerkt, sei das wie im Paradies gewesen. Durch einen Verhau von Töpfen mit Tropengewächsen bahnen wir uns den Weg durch den Wintergarten auf die ebenfalls völlig zugewachsene Dachterrasse. «Voilà, mein persönliches Dante-Bad.» Augustins größter Publikumserfolg von 2003 trägt denn auch den bezeichnenden Titel «Die Schule der Nackten» und hat die Münchner FKK-Szene zum Inhalt, Horte der Stille wie auch der Anarchie, die sich hinter unscheinbaren Zäunen und Mauern, mitten in der Hektik der bayerischen Metropole mit ihren schick gekleideten Bewohnern befinden.

Ja, mit dem Erfolg im Literaturbetrieb, das sei so eine Sache. Wir haben Station auf einem Leopardenfell – «Aus Afghanistan, haben mir Bauern dort geschenkt» – in seinem Wohnzimmer gemacht, das wohl eher als privater Ausstellungsraum dient: An den Wänden hängen neben Bücherregalen die in Pastellfarben gehaltenen Gemälde seiner Frau Inge, zumeist überproportionierte, an Fernando Botero erinnernde Frauengestalten in buchstäblich traumhaften Waldlandschaften, dazwischen immer wieder Masken, chinesische Vasen, knallig rot, blau, grün: Legowolkenkratzer – eine der vielen heimlichen Leidenschaften Ernst Augustins. Damals, am

Anfang seines Schriftstellerlebens, sei er mit seinem ersten Buch, «Der Kopf», noch beim Piper Verlag gewesen. Ingeborg Bachmann habe den Roman gut gefunden und Augustin 1966 mit nach Princeton, zum Treffen der Gruppe 47, genommen. «Meine Lesung aus ‹Mamma›» – der Roman, der dieses Jahr in einer Neubearbeitung bei C.H.Beck erscheint – «hat dann aber gehöriges Aufsehen erregt. Eine Journalistin telegrafierte noch am selben Vormittag nach Deutschland: ‹Ich war dabei!›»

Aber dann. Dann, am Nachmittag, las Peter Handke. Dessen Verbalattacken gegen seine älteren Kollegen wurden legendär, Augustin blieb die breite Anerkennung versagt. Seitdem hat er sich weitgehend aus dem oft von Seilschaften und Nicklichkeiten bestimmten Betrieb zurückgezogen. Tatsächlich kann man sich den stets gelassenen Augustin mit seinen von feiner Ironie durchwirkten Texten kaum zusammen auf einer Bühne mit dem Jungen Wilden Peter Handke vorstellen, der ebenso geschickt wie krachig seine Karriere mit einem Skandal begann.

«Mein Ruhm währte drei Stunden.» Es kommt zu einem jener unvergleichlichen Augustin-Lacher: Die Stimme kippt in ein Juchzen, das in ein lausbubenhaftes Gekicher mündet. Dann wieder er … «Der Zynismus des Literaturbetriebs ist so erwartbar, dass er mich mittlerweile nicht mehr schockiert.» Auch wenn Augustin von seinen eigenen Büchern und sich selbst stets mit Bescheidenheit sowie einer guten Portion Charme spricht, klingt an dieser Stelle des Gesprächs doch eine gewisse Verbitterung durch. So, wenn er sich wie beiläufig nach dem diesjährigen Büchnerpreisträger, Martin Mosebach, erkundigt, der Augustin als wichtigen Einfluss bezeichnet – stellvertretend für eine Generation von jüngeren Autoren, die das altmeisterliche Erzählen wieder für sich entdeckt.

«Das ist alles ein Spiel und muss zu Ende gespielt werden!», sagt Inge Augustin, als sie uns wissend lächelnd Kaffee serviert. Mit ihren zurückgebundenen weißen Locken, den trendigen Turnschuhen wirkt sie überraschend jugendlich; dabei strahlt sie eine ähnliche Herzlichkeit und alterssouveräne Ruhe aus wie ihr Mann. Nachdem wir einen wandgroßen Modellnachbau der Pariser Oper bestaunten, zwischen dessen Fassade ein Durchgang uns zu einer in matt glänzendem schwarzen Leder gehaltenen Kammer mit Fernseher führte, «der Clubraum!», haben wir in einem Salon Platz genommen, und ich stelle fest, dass ich dabei bin, nach dem Weg durch einen engen Flur, etwas die Orientierung zu verlieren: In welchem Stockwerk befinden wir uns im Moment eigentlich? War der Ausstellungsraum vorhin mit den Bildern an der Wand über oder unter dem Salon? Ein bisschen komme ich mir vor, als sei ich in «Raumlicht» und an die Stelle Evelyne B.s geraten.

In diesem ständigen Wechsel der Perspektiven und der Verunsicherung des Besuchers ähnelt Augustins Haus tatsächlich seinen Büchern. Ihrem nur vordergründig harmlos plaudernden Duktus ist nicht zu trauen. So stellt sich der Ich-Erzähler in Augustins zweitem Roman «Das Badehaus» als Hochstapler heraus, sein farbiger Bericht nach einem Drittel als bloße

Erfindung, die den Leser am Ende in eine Sackgasse entlässt. Imposante Außenräume entpuppen sich auf überraschende Weise als Projektionen des Innenlebens einer Person, Wolkenkratzer als Luftschlösser – wie in «Der amerikanische Traum» von 1989: auf den ersten Blick ein Thriller, die Geschichte einer Verfolgungsjagd, bis in den Urwald Costa Ricas; in Wirklichkeit ist alles freilich, so die Konstruktion des Romans, die Vision eines krimifanatischen Elfjährigen in den letzten Sekunden seines Lebens. Wenn er schreibe, so Augustin, der uns nach dem Kaffee einen Manhattan eingeschenkt hat, seien es nicht wie bei einigen seiner Kollegen etwa Bilder oder ein Musikstück, die ihn inspirieren; stattdessen brauche er meistens zunächst einen Raum, eine Landschaft, aus der sich dann eine gewisse Handlung oder die Psychologie einer Figur ableite. Ein Gebäude ließe sich von dieser Warte aus durchaus als das Innere eines Menschen verstehen, die Kellerregionen als die Kammern seines Unbewussten. So wie sein eigenes Haus in den letzten dreißig Jahren wie von selbst zu wuchern begonnen habe, so sei es auch bei seinen Romanen. Zwar gebe es natürlich vorher einen Plan, einen Grundriss; dann aber entwickle die Geschichte oder eine Figur nicht selten ein Eigenleben. Der afghanische Dorffürst Mahmud aus «Mahmud der Bastard» sei beispielsweise als Zerstörer Indiens zunächst als furchterregender Unheilsbringer angelegt gewesen – bevor er sich, je weiter die Arbeit am Roman voranschritt und zum nicht geringen Erstaunen seines Autors, in eine überaus sympathische Gestalt verwandelte.

In diesem ständigen Wechsel der Perspektiven ähnelt Augustins Haus tatsächlich seinen Büchern.

Die Kühle der konzeptionellen Strenge des *nouveau roman* verbindet sich auf diese Weise bei Ernst Augustin mit der Wärme eines fabulierfreudigen Erzähltons; nicht umsonst nennt er Thomas Mann sein Vorbild, und zeigen sich seine schrägen Figuren verwandt mit dem «Merowinger»-Personal eines Heimito von Doderer. Auf den ersten Blick absurd erscheint die Unvermitteltheit der Wendungen und die Exaltiertheit von Augustins Figuren – die doch letztlich lediglich eine Spielform der Wirklichkeit darstellen, in der fast alles möglich ist. «Was glauben Sie, wie absurd die DDR war», sagt Augustin, der in Schwerin aufwuchs und 1958 in die BRD floh. «Da verschwand von heute auf morgen ein Mann und war dann weg. Für 15 Jahre. Oder man baute eine Mauer. Mitten durch eine Stadt. Das war die Realität.» Eben das sei der Unterschied zur Groteske, die ja das, was wirklich sei, übersteigere. Er aber zeige, was tatsächlich vorhanden ist – auch wenn es zunächst unglaublich wirke. Draußen vor dem Fenster wehen die Blätter an den Bäumen lautlos im Wind.

Augustin erhebt sich und sagt, dass wir jetzt in die Disco gehen. Am Ende einer engen Treppe, die uns zu Inge Augustins mit Scheinsäulen und einem Quellwolkenhimmel ausgemalten Atelier, einer Schlaflandschaft und dem Arbeitszimmer des Autors geführt hat, eine Kajüte mit Bullaugen und Modellschiffen, erwartet uns an der Wand ein Leuchtpfeil. Augustin ist uns mit erstaunlicher Agilität vorausgeeilt; «jetzt geht's tiefer ins

Abbildung 11: Diskothek

Verderben!», hat er noch gerufen, während wir, benebelt vom Manhattan, zurückgefallen sind und etwas beunruhigt an seine vorigen Ausführungen über den Zusammenhang von Kellergewölben und Unbewusstem denken.

«Ruhig mal hinsetzen», meint Inge Augustin fürsorglich und deutet auf einen mit einem Plüschsofa, Lichterketten und Spiegel ausgestatteten Vorraum, dessen Wände mit schallschluckenden Polstern belegt sind. «Wir besitzen übrigens noch ein weiteres Haus. In London. Das sollten Sie erst einmal sehen. Mein Mann hat es in seinem Roman ‹Eastend› beschrieben.» Wie viele Stockwerke unter der Erde sind wir jetzt eigentlich? Das dumpfe Vibrieren eines Basses ertönt. «Sie dürfen kommen!», klingt Augustins Stimme aus einem Nebenzimmer. Weihnachtsgefühle stellen sich ein, als wir dem Finale des Tages entgegenschreiten – der Disco. In der Spiegelwand dreht sich das bunte Licht der Discokugeln, die transparenten Säulen mit Lampen in ihrem Inneren blinken, wir sinken auf die flamingofarbenen Kissen und lauschen Augustins Erläuterungen, der gegen die laute Musik aus den meterhohen Boxen am Ende des Raums anspricht. Je nach Musik – Salsa, House oder Klassik – verändert sich die Beleuchtung und damit auch der gesamte Raum. Wir sind im Herzstück des Hauses angelangt. Ein Raum, der je nach Bedarf innerhalb von Sekunden seinen Charakter wechseln kann, ein buntes Wunderwerk aus Illusion und handfestem Rhythmus, irgendetwas zwischen extrem kauzig und zauberhaft, ein Raum wie eines von Augustins Büchern.

«Wir befinden uns übrigens im Erdgeschoss», erklärt der, die Hand am Lichtschalter. Er deutet zum Salsarhythmus einen Hüftschwung an und zwinkert uns zu.

Hansjörg Schertenleib

Der Phantast
Ein Besuch bei dem Schriftsteller Ernst Augustin

Nicht nur im literarischen Werk von Ernst Augustin, auch in seinem Wohnhaus öffnen sich irrlichternde Phantasieräume. Der Schriftsteller Hansjörg Schertenleib hat Ernst Augustin in München besucht.

Es hat keinen Sinn. Es muss ja doch gesagt werden. Und so falle ich besser gleich mit der Tür ins Haus: Ernst Augustin ist mein Lieblingsschriftsteller. Seit zwanzig Jahren.

Und nun stehe ich also hier in München vor seinem Haus. München! Diese blau-weiße Zitadelle der Gemütlichkeit, die biergelb unter vielen Kuppeln in der ungeheuerlich klaren Föhnluft in der Sonne kocht, nach Brez'n riecht, nach Kraut und geselchtem Fleisch. Das Haus in der stillen grünen Straße ist schmal wie ein Turm und vollständig eingewachsen. Vorne zu schmal und hinten zu lang.

Ernst Augustin, groß, stattlich und trotz seiner achtzig Jahre kaum gebeugt, erwartet mich im Treppenhaus. Die Falten um seine Augen zeigen, dass er weiß, wie man lacht. Sein Haus stellt sich heraus als Bau der Täuschung und Überraschung, als Finte. Ein Spiegelkabinett? Nein. Oder doch. Aber ohne Spiegel und dadurch noch verwirrlicher. Das Haus als Höhle und Gedankenpalast, als Versteck und Ort der Sammlung. Trompe-l'œil-Gemälde von Augustins Frau, der Malerin Inge Augustin, verwandeln Treppenhaus und Zimmer in südliche Landschaften, Palmwedel filtern Münchens Tageslicht zu sattem Dschungeldämmer.

Der Schriftsteller als Baumeister: Ernst Augustin hat eine Bibliothek in dunklem Holz und im Stil einer englischen Schiffskabine in sein Haus eingepasst, zudem eine Nachtbar samt Theke, Flaschenbatterie und Schild aus Hongkong, auf dem Dach gibt es einen Wintergarten mit Terrasse, im Keller eine rundum verspiegelte, fachmännisch schallisolierte Disco in Gelb und Orange, in einem Zimmer ist die Pariser Oper im Tischformat aufgebaut, ein Modell, gut einen Meter hoch, schneeweiß, das zu Gedankenspaziergängen lädt.

«Das Haus ist meine Schale», sagt Augustin. «Sie können sich gar nicht vorstellen, wie viele Intellektuelle Mühe haben damit.» Mühe womit? «Na mit all den Geschichten, die hier lauern.» Ich sehe Spiegeltüren, hinter denen, so der Hausherr, Nebentreppen abgehen. Irgendwo soll sich das streng private «hideaway» seiner Frau finden, in dem er selbst noch nie gewesen sein will.

Ernst Augustins Biografie liest sich wie der Lebenslauf einer seiner Romanfiguren: Am 31. Oktober 1927 in Hirschberg, das heute Jelenia Góra heißt und in Polen liegt, als Sohn eines Studienrats geboren, aufgewachsen im mecklenburgischen Schwerin, wo er als Jugendlicher zur Wehrmacht eingezogen wird, glücklicherweise aber die Musterungskommission derart

Abbildung 12: Trompe l'œil 2

beeindruckt, dass sie ihn für die Offizierslaufbahn vor-
schlägt, weshalb er ein Jahr länger aufs Gymnasium
darf und erst einrücken muss, als der Krieg fast zu Ende
ist. Studium der Medizin in der DDR, Chirurg in Wismar, danach Assistenzarzt an der Charité in Ostberlin.
1958 Flucht in den Westen, dann drei Jahre Leiter eines
amerikanischen Krankenhauses in Afghanistan, anschließend ausgedehnte Reisen durch Indien, die Tür-
kei und Russland und Umzug nach New Orleans, wo er
für das gleiche amerikanische Unternehmen wie schon
in Afghanistan arbeitet. Rückkehr nach Europa, Stationsarzt in der Münchner Nervenklinik, zieht sich
1962 aus der psychiatrischen Heilanstalt zurück und ist
danach bis zu seiner Pensionierung 1985 als psychiatrischer Gutachter tätig.

Wir sitzen in einem großen Zimmer im ersten Stock,
halb Wohn-, halb Arbeitsraum, und unterhalten uns
über Augustins Roman «Mamma», der erstmals 1970
erschien und eben in einer vom Autor bearbeiteten
Neuausgabe unter dem Titel «Schönes Abendland»
publiziert worden ist. Bereits im letzten Jahr verlegte
C.H.Beck mit «Badehaus Zwei» einen alten Augustin-
Roman, 1963 als «Das Badehaus» veröffentlicht. Fällt
ihm nichts mehr Neues ein? «Ich habe meine alten
Romane besser gemacht, ganz einfach. Und ich kann
Ihnen versichern, dass es ein schönes Abenteuer ist,
sich auf eigene alte Geschichten einzulassen, die man
eigentlich für erledigt gehalten hat. Jetzt sitze ich an
einer Art Autobiografie, in der alles erstunken und er-
logen ist.» Was heißt «alles»? «Na, mein Leben halt!»

Und dann sagt er den Satz, der sein Werk auf den Punkt bringt: «Meine Phantasie ist zu allem fähig!» Augustin redet so engagiert wie selbstironisch über die eigene Arbeit; offensichtlich verfügt er über genügend Distanz, um sich selbst nicht zu ernst zu nehmen.

In der Tat: Im Roman «Der amerikanische Traum» etwa erfindet er einem Jugendlichen, der 1944 in Mecklenburg von einem amerikanischen Tiefflieger erschossen wird, ein Abenteuerleben in Amerika. Der Sterbende darf als Privatdetektiv Hawk Steen leben, was er sich als fleißiger Kunde der Schweriner Bibliothek in Krimis angelesen hat. Und er darf anwenden, was er aus diesen Büchern gelernt hat, indem er nämlich die drei Mörder aus dem Bomber zur Strecke bringt. «Was ist Zeit», heißt es am Schluss, «zwei Sekunden, drei Sekunden, ein ganzes Leben: es ist gewesen, das ist Zeit.»

Das Buch als fliegender Teppich: Ernst Augustins Romane blättern phantastische Welten auf, sind tiefernst komisch, ungemein spannend und behandeln gleichzeitig in irrlichternd schwebender Sprache komplexe Themen. Dabei lässt er Bilder sprechen, statt uns mit spröden, belehrenden Erklärungen zu langweilen, und findet selbst für schwierigste Sachverhalte plausible Szenen. Jeder Satz ein Geschenk, ein Balanceakt über dem Abgrund der Wirklichkeit.

Mittlerweile sitzen wir auf Augustins Dach unter Münchens großem Himmel. Verkehr brandet. Ernst Augustin redet lieber über Bücher statt über den Literaturbetrieb. Er hat sich, das wird bald deutlich, das

Staunen bewahrt. Das Staunen und damit die Neugier. Noch ist es hell hier oben. In der Straße dagegen wachsen die Schatten, die violetten. Im Hof werden sie schon schwarz sein, um die Phantasiegeschöpfe zu verbergen, die geduldig auf ihren Auftritt warten, darauf, dass Ernst Augustin seinen Bleistift aufs Papier setzt.

Abbildung 13: Im Zwischenraum (© Isolde Ohlbaum)

Orffstraße 10
Zu Besuch im Zwischenraum

München, im Februar 2012. Von außen fällt das Gebäude nicht auf. Gut, es ist schmaler und nicht so sorg-
fältig renoviert wie die Nachbarhäuser, aber die sind
kein Maßstab. Schließlich wird die Orffstraße von Jahr
zu Jahr schicker, so wie ganz Neuhausen. Die Sonne
knallt als Frühlingsversprechen auf das verrostete Tor,
dabei sind die schmutzigen Schneehaufen am Straßen-
rand noch lange nicht geschmolzen. Ein paar Schritte
durch den winzigen Vorgarten, dann stehe ich auch
schon vor drei Klingeln mit handgeschriebenen Schild-
chen: Kalanke (das ist der Geburtsname von Ernst
Augustins Frau), Augustin und ein dritter Name, der
mir nichts sagt: Hartenberg. Vielleicht ist er frei erfunden, weil aller guten Dinge drei sind. Man denke nur an
Märchen und Weltreligionen. Oder Komödien. Oder
daran, dass die meisten von Ernst Augustins zehn Romanen aus drei Teilen bestehen. Oder auch an die drei
Stockwerke des Hauses, vor dem ich mich irgendwie
unsicher fühle. Ich läute. Etwas länger als nötig. Nichts
passiert. Stille. Irgendwo hinter mir bellt ein Hund. So
ausgeruht wird nur morgens gekläfft, denke ich. Hat
Augustin unseren Termin etwa vergessen?

Nicht nur die Luft schmeckt nach Frühling, auch
die Amseln halten kaum noch an sich. Wie lange leben

Inge und Ernst Augustin schon hier? Ihr Haus diente bereits für den Roman «Raumlicht: Der Fall Evelyne B.» als Kulisse, und dieses Buch, vielleicht das großartigste, das er geschrieben hat, erschien 1976. «Es gehört zu meinem Plan, daß ich nicht auffalle, oder doch kaum», ließ Augustin seinen Ich-Erzähler damals beginnen. «Ich wohne in einem bürgerlichen Stadtteil Münchens, wo die Leute auf der Straße zum nahe gelegenen Nymphenburger Kanal wandern, Handwerksmeister, Beamte, wenig Ausländer. Und ich wohne in einer Straße mit kleinherrschaftlichen Häusern, die auch heute noch so aussehen, von denen meines das schmalste ist ...» – Die Orffstraße 10 vor einem halben Jahrhundert. Das Wunder dieses Gebäudes, im Roman wie in der Wirklichkeit, erahnt man erst, wenn man im Flur steht: Es steckt in der Tiefe.

Hat da jemand gerufen?

Als Augustin mir bei unserer ersten Begegnung begeistert von beleuchteten Plexiglassäulen erzählte, die er endlich in seine hauseigene Disco eingebaut habe, glaubte ich ihm kein Wort. Das war Anfang 2004. Und ziemlich naiv von mir. Ein paar Jahre später hatte er mich zu sich nach München eingeladen. Zunächst gab es Kaffee und Kuchen im Schatten eines einschüchternden Modells der Pariser Oper, und danach fing die Vorführung an: Gleich um die Ecke gelangten wir in eine stilechte Cocktailbar; im Flur führte eine Treppe ins Nichts; ein Schlafzimmer war ganz im venezianischen Stil ausgemalt. «Ich hätte so gern mal in Italien gewohnt, da habe ich mir Italien gemalt.» Das erklärte mir Inge Augustin, die Malerin; 1953 haben die beiden geheiratet, das war noch in Ostdeutschland, nachdem er sein Medizinstudium abgeschlossen hatte.

«Ich komme!», ruft jemand hinter der Haustür.

Aus dem gemalten Italien gelangten wir damals in ein kleines Arbeitszimmer, ganz in Mahagoni gehalten, wo mir Augustin einen Manhattan kredenzte. Die Cocktailkirsche schimmerte rotbraun, wie die Regale, und das alles, um den Meister selbst zu zitieren, in «teefarbenem Licht». Schließlich ging es in die Kellerdisco. Die Plexiglassäulen strahlten von innen, die Salsa schepperte aus den Lautsprecherboxen, und das zusammengerechnet mehr als anderthalb Jahrhunderte alte Paar begann zu tanzen – nicht ohne mir die Grundschritte und das Wesen der «Verschleppung» zu erklären ...

Jetzt geschieht doch was, das Schloss bewegt sich. «Sind Sie es?» Wenn man Augustin die Hand gibt und in die Augen sieht, vergisst man, dass er seit drei Jahren fast blind ist. Der helle Teppich auf der Treppe ist neu, damit der Hausherr den vertrauten Weg erahnen kann. «Man muss eben die Möglichkeiten nutzen.» Etwas später sitzen wir wieder in der engen Arbeitskajüte, diesem Humidor voller Bücher und Maritimkitsch, eigentlich genauso wie damals, im Jahr vor der Blindheit.

Die meisten der Bücher sehen aus, als stünden sie hier nur wegen ihrer gediegenen Rücken. Ob auch Attrappen darunter sind, Behälter oder sagen wir: Miniaturwohnungen voller Geheimnisse? Dazwischen aber auch ziemlich zerlesene Bände von Samuel Beckett,

Karl Valentin, E. T. A. Hoffmann, Conrads «Herz der Finsternis», Feuchtwanger – und Heimito von Doderers frühes Meisterwerk «Ein Mord, den jeder begeht» steht da bestimmt nicht aus optischen Gründen unmittelbar neben Musils «Mann ohne Eigenschaften». Er lasse sich jetzt viel aus der Blindenbücherei kommen, erzählt mir Augustin. Die meisten Klassiker kenne er ja noch gar nicht.

Unter dem Modell eines Dreimasters hat er die Handschrift seines neuen Romans «Robinsons blaues Haus» für mich bereitgelegt. Entwarf er seine Bücher früher in einer kleinen, flüssigen, aber nicht ganz einfach zu lesenden Bleistiftschrift, sind seine Buchstaben jetzt riesig und schwarz. Neben den ausladenden, mit großen Nummern versehenen Manuskriptseiten wirkt das gedruckte Hardcover klein wie ein Reclamheft.

«Na, so was hammse noch nich' jesehn.» In der Melodie solcher kleinen Bemerkungen wird Augustins Herkunft ganz deutlich: Die Schulzeit verbrachte er in Schwerin, zum Studium ging er zunächst nach Rostock und später an die Berliner Humboldt-Universität und die Charité. So ist es kein Zufall, dass «Robinsons blaues Haus» im mecklenburgischen Grevesmühlen anfängt, dem Land seiner Kindheit, handelt es sich bei dem Buch doch auch um so etwas wie die Fiktion einer Autobiographie.

«An sich ist mein ‹Robinson› ein Handbuch des Wohnens, wobei das Wohnen gleichbedeutend mit Leben ist. Es geht um die Existenz.» Die kleinste Wohnung bestehe lediglich aus einem Mantel, und die größte sei eine Insel in der Südsee, auf der man kein Haus nötig hat. Im Kern aber stehe das «Imperium der Besenkammern», und diese Kammern, diese bewohnbaren Tresore mit Holzvertäfelung gleichen aufs Haar dem Zimmer, in dem wir sitzen. «Ich habe mir mein ganzes Leben lang Räume geschaffen. Es ging mir darum, der eigenen Existenz eine Form zu geben, dreidimensional. Und jetzt ist dieses Haus hier, in meiner Blindheit, mein ganzes Leben. Dies ist jetzt meine Welt, sie ist nicht mehr größer.»

Man muss seine Möglichkeiten nutzen: Eine erste Fassung des «Robinson» war noch vor der Krankheit entstanden, aber sie konnte Augustins eigenem Anspruch nicht genügen. Dass seit dem Debütroman «Der Kopf» von 1962 nur alle paar Jahre ein neues Buch von ihm herauskam, lag nicht nur an dem abenteuerlichen Leben, das den «Republikflüchtling» aus der DDR nach Afghanistan, London, New Orleans, Costa Rica und immer wieder nach München führte, sondern auch an der handwerklichen Präzision, die er in seiner Prosa schon immer erreichen wollte. Es kommt ihm auf den Rhythmus jedes einzelnen Satzes an. Das Ergebnis dieser Mühen klingt dann oft eingängig, schwebend, fast wie beiseite gesprochen. So arbeitete Augustin auch das neue Buch mit breitem Filzstift, Lupe, Schere, Klebstoff und Lesegerät um und um. Rückblickend wirkt es erstaunlich, dass im Grunde schon der «Kopf» den Nukleus zu allen späteren Augustin-Romanen enthielt. Für den jungen Hans Magnus Enzensberger war dieses Debüt ein «grandioser metaphysischer Witz», der ihn an Lewis Carroll und Jorge Luis Borges erinnerte. «Augustin beschreibt die Erfindung einer Erfindung. Seine Einbildungskraft ist von bohrender Originalität und noch im Aberwitz witzig.» Hellsichtig war damit ein Programm umrissen, das der Autor selbst nie fixiert hat.

Es begann in den fünfziger Jahren im «weltfernen» Wismar. Als Arzt habe Augustin damals für sich entdeckt, dass ihm die Literatur eine «Verbindung in die Freiheit» schaffe. Ein erster, nie veröffentlichter Roman entstand, der von einem Mann handelte, der eines Morgens zur Arbeit gehen wollte, und plötzlich war die Straße, durch die er jeden Tag musste, vermauert. «Die Berliner Mauer habe ich damals sozusagen vorausgeahnt, was nicht so erstaunlich ist, denn es lag in der Luft, uns eines Tages wirklich einzumauern.»

«Der Kopf» entstand vor allem während der Jahre, die Augustin als Leiter eines amerikanischen Hospitals in Afghanistan verbrachte. Die nächste Lebensstation war München. Vollkommen unbedarft stattete der junge Arzt dem Piper Verlag einen Spontanbesuch ab, ließ sein Manuskript bei einem Lektor, dieser begann tatsächlich zu lesen und konnte gar nicht mehr aufhören. Der Verlag hatte ein schwindelerregendes Talent entdeckt, und Augustin machte weiter und weiter, obwohl der ganz große Erfolg ihm niemals vergönnt war.

Dafür entging er auch der Gefahr, sich anzupassen, Moden mitzumachen oder sich gar in die Politik einzumischen wie die bekanntesten Autoren seiner Generation. Nur so konnte ein Lebenswerk von seltener

Geschlossenheit entstehen. «Eigentlich hätte ich Architekt werden sollen», sagt Augustin und lacht. «Ich wäre ein sehr eigenwilliger Architekt geworden.»

Der «Robinson» sei für ihn das «Dach», das den anderen Büchern noch gefehlt habe, ein Kaleidoskop seiner Obsessionen, Erfahrungen und Einfälle. Mustergültig führt er in seinem letzten Roman vor, wie sich unser Selbstbewusstsein immer nur in Erzählungen über uns selbst herausbildet. Es geht ihm um unsere «Existenz», die nicht nur durch ‹reale› Erlebnisse bestimmt wird, sondern ganz wesentlich auch durch unsere Phantasien. Schreibend nutzt Augustin die äußeren Erfahrungsräume ebenso wie die inneren. Nirgends lässt sich die Grenze zwischen ihnen so gut verwischen wie in der Kunst, beim Erzählen gelten das Abgebildete und das Eingebildete gleich viel. Wie verhält sich der Beruf des Arztes zum Erzählen?

«Als Arzt wollte ich von Anfang an in die Psychiatrie, und da hat mich eigentlich immer nur die Schizophrenie interessiert. Darüber habe ich ja auch ein Buch geschrieben: ‹Raumlicht: Der Fall Evelyne B.›»

Gleicht der «Robinson» dem Dach von Augustins Gesamtwerk, so ist «Raumlicht» das Treppenhaus, durch das alle Zimmer miteinander verbunden werden: Der Leidensweg und die Heilung einer Schizophrenen werden zum Spiegel einer ganzen Welt und der Roman zum Versuch, ein Krankheitsbild zu beschreiben, das der Forschung bis heute Rätsel aufgibt. Im Kern, glaubt Augustin, handelt es sich bei der Schizophrenie um eine Störung des Existenzbewusstseins, um eine Störung der

Wahrnehmung vom eigenen Körper, der Ich-Funktion. Schizophrenie, heißt es in «Raumlicht», sei «nichts anderes als tödliche Angst zu existieren – oder vielmehr nicht zu existieren».

Während Augustin das erklärt, fährt er sich mit den Händen über das Gesicht. Für den Bruchteil einer Sekunde gleichen seine Züge im teefarbenen Licht denen eines Buddhas. Dann lacht er, und wenn er lacht, wirkt er trotz aller Gebrechen fast kindlich. «Das neue Buch ist mein ‹Doktor Faustus›, mein ‹Fäustchen›, denn es geht um die Existenz als solche, um das Leben im Zwischenraum. Was mir übrigens in meinem Leben gelungen ist: Heute ist ja jeder psychische Quadratmeter streng aufgeteilt, da ist Freiheit kaum noch vorhanden. Sie ist fast nur noch im Zwischenraum möglich.» Heißt das, dass er mit dem Schreiben jetzt aufhören kann? – Nicht unbedingt, dem «Faustus» könnte jetzt ja noch ein «Felix Krull» folgen. «Thomas Mann hatte den ja auch nicht mehr nötig, aber er hat ihn sich gegönnt.»

*

Postskriptum 2021. Ernst Augustin ist am 3. November 2019 gestorben, Inge hat er um ein paar Jahre überlebt. Drei Monate später war ich noch einmal in der Orff-straße 10. Das Haus wirkte mehr als verlassen ohne ihn, fast irreal, wie eine Bühne ohne Schauspieler, am Morgen nach der Dernière. Zusammen mit Augustins Begleiterin der letzten Lebensmonate, einer alten Freundin aus New Orleans, sichtete ich seine schriftlichen

Hinterlassenschaften. Neben Entwürfen zu «Mamma», «Mahmud» und den anderen Romanen fand sich auch die Durchschrift eines Briefes an das Münchner Finanzamt vom 5. Mai 1971. «Ich eröffne im Haus Orffstraße Nr. 10 eine Nervenärztliche Praxis (für Gruppentherapie) und beabsichtige das ganze Haus zu einem Wohnheim für psychisch Gefährdete umzugestalten, bzw., falls ich die mir versprochenen Mittel erhalte, ein modernes Gebäude, welches die hygienischen Ansprüche besser erfüllt, an dieser Stelle zu errichten», heißt es da. Allzu leicht war dieser Plan offenbar nicht umzusetzen: «Ich habe nun in der Zwischenzeit versucht eine bindende Zusage bezügl. der Finanzierung zu erhalten, mußte aber feststellen, daß diese erst vom Erfolg meiner Praxis abhängt, da die Geldgeberin andernfalls nicht investieren würde. Mithin kann ich zum heutigen Zeitpunkt den Beweis des Bauvorhabens noch nicht führen.»

Wäre Augustins «Geldgeberin» damals risikofreudiger gewesen, was wäre dann bloß mit jenem schmalen Haus passiert, das er zusammen mit seiner Frau doch tatsächlich – um noch einmal aus «Raumlicht» zu zitieren – zu einer «steinernen Haut» machte, die sie beide «wie eine Erweiterung» ihrer «Körper» umschloss? Und hätte Augustin als Kopf eines Wohnheims für psychisch Gefährdete jemals noch einen Roman schreiben können? Nicht auszudenken, was dann aus ihm als Schriftsteller geworden wäre. Und aus uns, seinen Lesern.

Ernst Augustin,
Psychiater und Schriftsteller

im Gespräch mit Wolfgang Habermeyer

Habermeyer: *Liebe Zuschauerinnen und Zuschauer, herzlich willkommen zum alpha-forum. Wir werden heute über Bücher und über Literatur sprechen, über das Schreiben, über Erfolg, über die Relativität von Erfolg. Aber wir werden auch über Themen sprechen wie Afghanistan, über Schizophrenie und vielleicht auch allgemeiner über bestimmte Formen von so genannten geistigen Krankheiten. Wir haben nämlich heute einen Schriftsteller zu Gast, der zu all diesen Themen etwas zu sagen hat, nämlich Dr. Ernst Augustin. Ich freue mich, dass Sie bei uns im Studio sind. Grüß Gott.*
Augustin: Grüß Gott.
Habermeyer: *Sie schreiben nicht erst seit einiger Zeit, sondern Sie schreiben schon seit vielen Jahren. Die jüngste Veröffentlichung von Ihnen, in München erschienen, heißt «Die Schulen der Nackten». Es gibt darin einen Ich-Erzähler, der aus einem wunderschönen Münchner Sommer erzählt, in dem scheinbar die Sonne niemals untergeht und ein schöner Tag den anderen jagt. Dieser Ich-Erzähler bewegt sich in einem Münchner Freibad, dort allerdings nicht im «normalen» Bereich, sondern im FKK-Bereich. Das ist der Hintergrund für Ihre «Schule der Nackten». Ihr Ich-Erzähler geht also in den FKK-Bereich: Warum ist das eine*

Schule der Nackten? In der Schule lernt man ja ge-
wöhnlich etwas: Lernt dieser Ich-Erzähler etwas?

Augustin: Ja, er lernt. Das ist ein etwas älterer, distin-
guierter Herr, der dort zum ersten Mal hingeht und der
dabei lernt, wie man sich dort verhält und wie das ist
mit dem Körper. Er entdeckt also seinen eigenen Körper
und den der anderen.

Habermeyer: *Dieser Ich-Erzähler, sind das Sie?*

Augustin: Nun ja, zum Teil. Man schreibt ja immer
auch biographisch.

Habermeyer: *Immer?*

Augustin: Eigentlich schon. Aber die Phantasie macht
sich dann doch auch selbständig und schafft ein eigenes
Ich. Und dieses Ich ist dann das Ich in diesem Buch.

Habermeyer: *Kann man es irgendwie näher bezeich-*
nen, wie stark das Sie selbst sind? Wie groß ist der An-
teil Ihres tatsächlichen Ichs an diesem Ich des Buchs?
Nun, Sie sind kein Althistoriker wie der Ich-Erzähler
dieses Buches.

Augustin: Das stimmt, aber ich bin eben Psychiater
und also auch «ein Studierter»: Insofern gibt es also
schon Parallelen. Das Material selbst denke ich mir
natürlich aus. Dieser Ich-Erzähler in dem Buch hat ja
einige Bücher geschrieben, aber das sind natürlich reine
Phantasieprodukte von mir: Das sieht gut aus, aber das
ist natürlich nicht wirklich ein richtiger Althistoriker.
Ein echter Althistoriker würde das sofort erkennen.

Habermeyer: *Das ist ja ein Roman, der sehr stark in*
München verwurzelt ist.

Augustin: Ja, das ist ein Münchner Buch. Und zwar erstens deswegen, weil das Nacktbaden sehr typisch ist für München und zweitens weil ...

Habermeyer: *Ist das Nacktbaden wirklich typisch für München?*

Augustin: Ja, innerhalb einer Stadt sehr wohl. Es gibt zwar oben im Norden Deutschlands auch viele FKK-Strände, denn an der Ostsee hat es so etwas ja quasi immer schon gegeben. Aber innerhalb einer Stadt nackt zu baden, das ist fast schon weltweit ein Unikum. Das Lokalkolorit passt da natürlich sehr gut dazu. Ich versuche das ja z. B. durch Glockengeläut auszudrücken, das in diesem Buch immer wieder mal auftaucht. Das ist einfach München.

Habermeyer: *Sie beschreiben eine wunderschöne nächtliche Taxifahrt in der Hochstimmung des Ich-Erzählers: Er lernt nämlich eine Frau kennen und fährt dann mit ihr zusammen im Taxi in ihre Wohnung im Münchner Westend. München wird dabei von Ihnen während der Hinfahrt beschrieben als das reine Paradies. Nachdem aber dieses Tête-à-tête nicht funktionierte, fährt er wieder zurück, und München ist nun so hässlich wie das nur irgendeine große Stadt sein kann. Sie haben also sehr viel Gespür für diese Stadt, für München. Aber Sie sind überhaupt kein geborener Münchner.*

Augustin: Ich lebe schon seit 45 Jahren in München, aber ich war in dieser Zeit auch viel weg. Ich war als Arzt bei einer großen amerikanischen Baufirma beschäftigt: Ich bin also nicht nur Psychiater, sondern ich bin auch noch ein ganz normaler Arzt. Und mit dieser

Baufirma war ich sehr viel unterwegs in der Welt. Aber ich bin zwischendurch auch immer wieder sehr oft hierher nach München gekommen: Ja, München ist schon mein eigentliches Zuhause.

Habermeyer: *Könnte man näher beschreiben, was dieser Ich-Erzähler in dieser «Schule der Nackten» wirklich erlebt? Es fängt damit an, dass er noch nicht im FKK-Bereich liegt, sondern heraußen im «normalen» Bereich. Er hat dann das Problem der Schwelle, dort hineinzukommen. Worin besteht dieses Problem?*

Augustin: Das ist diese Schwelle der Scham. Das ist klar. Wir sind da befangen und das muss er also erst einmal überwinden. Das ist gleich zu Anfang eine ziemlich drastische Szene, weil er sich nämlich quasi einen Ruck gibt, dort hinein geht und gleich am Eingang sämtliche Kleidung ablegt – was sonst natürlich kein Mensch tut im FKK-Bereich. Und dann steht er dort: ganz alleine und nackt.

Habermeyer: *Es steht ja dran: «Zutritt nur im unbekleideten Zustand».*

Augustin: Ja, das steht auf diesem Schild vor dem abgezäunten FKK-Bereich. Und dann überlegt er sich eben: «Soll ich mich vorher ausziehen?»

Habermeyer: *Er gibt sich damit natürlich als absoluter Anfänger zu erkennen.*

Augustin: Ja, ganz eindeutig. 200 Augenpaare sind auf ihn gerichtet – denkt er.

Habermeyer: *Denkt er, denn in Wirklichkeit dreht sich kein Mensch nach ihm um.*

Augustin: Kein Mensch sieht ihn, weil er nämlich gegen

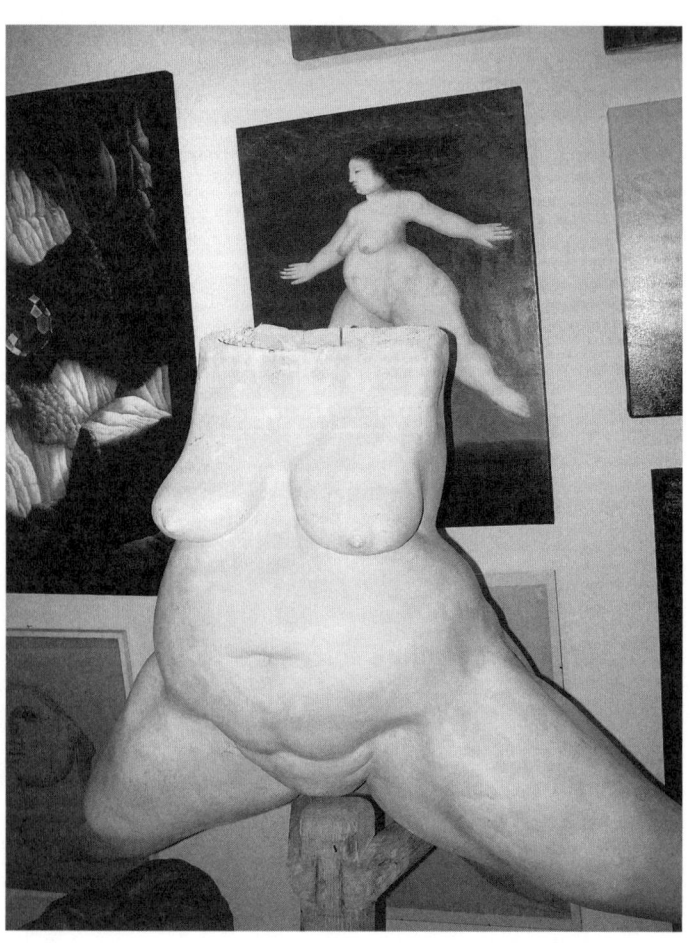

Abbildung 14: Torso

die Sonne steht und sie ihn deswegen gar nicht sehen können.

Habermeyer: *Diese Kämpfe um das Zentrum in diesem Bereich, um den Pool, dieser Umstand, dass die Menschen dann, wenn sie nackt sind, sehr großen Wert darauf legen, dass man sich nicht zu nahe kommt …*

Augustin: Nun, das ist menschlich.

Habermeyer: *Das sind alles Erfahrungen, die Sie in München in den Freibädern selbst gemacht haben. Das ist also nicht ausgedacht.*

Augustin: Ja, das ist klar. Aber das ist freilich ein allgemeines Problem, denn da geht es schlicht um das eigene Territorium: Wie weit reicht meine Haut? Wie weit darf ich jemandem näher kommen und mich neben ihn setzen usw.? Das sind Kämpfe, das sind Territorialkämpfe: Da geht es wirklich um die Handtuchbreite.

Habermeyer: *Er lernt dann eben diese Frau kennen, aber das wird eine unglückliche Liebe. Diese Frau – sie ist jünger als der Ich-Erzähler – interessiert sich für Tantra, für Tantra-Yoga und Tantra-Sexualität. Sie beschreiben das dann auch sehr genau: Der Ich-Erzähler fährt mit ihr auch aufs Land auf einen Workshop. So, wie Sie das beschreiben, beschreiben Sie das nicht unbedingt als Fan dieser ganzen Esoterikszene, wenn ich das mal so vorsichtig ausdrücken darf.*

Augustin: Ja, ich mache mich ein bisschen lustig darüber. Aber ich bin da nicht wirklich bösartig.

Habermeyer: *Aber ein Anhänger dieser Richtung sind Sie nicht, das kommt eindeutig heraus.*

Augustin: Ja, das stimmt, das bin ich nicht. Aber ich weiß Bescheid, ich weiß, was da los ist.

Habermeyer: *Darauf wollte ich gerade heraus. Denn das hat ja alles etwas mit östlicher Mystik zu tun. Wir müssen nun in Ihrer Biographie ein wenig zurückgehen, um verständlich zu machen, warum Sie über solche Dinge Bescheid wissen. Sie sind ja in der ehemaligen DDR geboren und haben dann Ihre Jugend in Schwerin verbracht.*

Augustin: Ja, in Schwerin. Ursprünglich stamme ich aus Schlesien, aber ich bin schon sehr frühzeitig von dort weggekommen.

Habermeyer: *Sie sind Jahrgang 1927 und haben daher Ihre Kindheit im nationalsozialistischen Deutschland verbracht.*

Augustin: Ja.

Habermeyer: *Was sind denn für Sie die nachdrücklichsten Erinnerungen an diese Zeit?*

Augustin: Nun, die sehen anders aus, als man das sonst so im Allgemeinen erfährt. Ich habe nämlich schon sehr persönliche Erinnerungen an diese Zeit: Ich hatte immer meine eigene Welt, denn ich war immer schon ein Mensch mit einer großen Phantasie und habe mir daher selbst in dieser Zeit meine eigene Welt «gebaut». Ich musste ja sogar in die HJ, bin dort aber nie etwas geworden: Ich bin immer «Pimpf», also ganz unten in der Hierarchie geblieben. Ich habe mir in meiner Kindheit und Jugend meine eigenen Detektivwelten in London oder auch Zukunftswelten entwickelt. Ich hatte auch entsprechende Freunde, sodass wir da privat eigentlich ganz gut durchgekommen sind. Ich war ja noch ein Kind!

Habermeyer: *Hat Sie denn die Stimmung, die damals in diesem Land herrschte, nicht weiter berührt?*

Augustin: Doch schon, sie war harsch, wirklich harsch – vor allem, als dann das Ende kam. Das Ende bestand nämlich darin, dass ich wusste, ich werde demnächst eingezogen. Und das bedeutete den Tod, wirklich den Tod. Ich habe mich ja – das war fast schon absurd – vorbereitet auf diese Zeit, wenn ich eingezogen werde, um vielleicht die Chance, das alles überleben zu können, ein wenig zu erhöhen. Damals gab es ja nachts immer Verdunkelung: Alles war komplett dunkel! Und was habe ich gemacht? Ich bin nachts in diesen dunklen Straßen gejoggt. Das war damals etwas ganz Ungewöhnliches. Ich bin also immer um den Block gelaufen, nur um das Laufen zu üben. Denn ich dachte mir: «Eines musst du gut können, du musst weglaufen können! Das ist wichtig!»

Habermeyer: *Sie wussten also, dass Sie eingezogen werden bzw. Sie ahnten es zumindest. Sie waren damals 17 Jahre alt und Oberschüler.*

Augustin: Ja, 16 Jahre.

Habermeyer: *Sie haben also trainiert, weil Sie befürchteten, weglaufen zu müssen.*

Augustin: Ich dachte mir, ich muss laufen können und ich muss in der Kälte überleben können. Deswegen habe ich mein Bett an das offene Fenster gestellt. Und das war ein kalter Winter damals! Dort habe ich dann in einer dünnen Decke direkt am Fenster, also fast schon draußen, geschlafen. Ich habe das einfach trainiert.

Habermeyer: *Das war im Winter 1944/45.*

Augustin: Das war dann schon 1945.

Habermeyer: *War das ungewöhnlich? Oder haben das Kameraden von Ihnen auch so gemacht?*

Augustin: Nein, das entsprang nur meiner eigenen Phantasie.

Habermeyer: *Wie kommt man denn überhaupt auf die Idee, weil man befürchtet eingezogen zu werden, sich bei Minusgraden und offenem Fenster mit einer einzigen dünnen Decke ins Bett zu legen?*

Augustin: Nun, ich war körperlich nicht der Stärkste und dachte mir einfach, ich müsste das trainieren. Ich wollte eben einfach irgendwie überleben. Und das tat ich dann ja auch.

Habermeyer: *Sie gehörten also nicht zu den Jugendlichen, die mit Begeisterung und Hurra darauf gewartet haben, bis sie endlich eingezogen wurden.*

Augustin: Weiß Gott nicht, nein. Es gibt ja ein schönes Detail, das meine damalige Einstellung gut illustriert. Wir mussten natürlich auch in Schwerin jeden Sonntag immer zum großen Ummarsch antreten. Da zog dann der gesamte «Bann», wie das damals hieß, durch die Straßen Schwerins. Ich musste natürlich auch hin. Aber ich bin dann gleich zu Beginn austreten gegangen, als man abmarschierte. Ich setzte mich stattdessen in ein Lokal und trank Fleischbrühe. Die gab es damals noch: Da war zwar kein Fleisch drin, aber sie hieß so. Und dort habe ich die Leute immer singen hören: Ich habe gehört, wie sie singend durch die ganze Stadt liefen – denn Schwerin war ja nicht groß damals. Ich konnte sie singen hören hier und dann konnte ich sie singen hören dort. Und nach zwei Stunden kamen sie schließlich zurück und ich trat wieder ein «ins Glied». So war das. Das ist fast schon symbolisch für «meine» Nazi-Zeit.

Habermeyer: *War denn Ihr Widerstand bzw. Ihre Abwehr gespeist aus Überlebensinstinkt oder war da schon auch etwas an politischer Überlegung mit dabei?*

Augustin: Nein, als Kind ist man ja nicht wirklich politisch. Nein, um das mal ganz grob zu sagen: Das hat mich alles zu Tode gelangweilt! Das war einfach langweilig! Dieser Befehlston, dieser Befehlsstil, dieses dauernde Singen-Müssen usw. Das war etwas, das mir zutiefst zuwiderlief. Ich beneide ja heute die Jugendlichen darum, welche Möglichkeiten sie haben und was ihnen alles angeboten wird. Mir dagegen wurde damals nichts angeboten. Ich musste mir das alles selbst schaffen.

Habermeyer: *Das bedeutete auch, dass Sie sehr früh schon angefangen haben zu lesen. Sie waren ein begeisterter Leser.*

Augustin: Ja, ich habe viel gelesen. Und ich habe auch schon recht früh mit dem Schreiben angefangen. Ich habe sogar zu der Zeit schon ein paar Geschichten geschrieben. Einige von denen habe ich heute noch: Sie sind natürlich nie veröffentlicht worden. Darüber hinaus habe ich mir aber auch visuelle Dinge geschaffen: Ich habe mir Modelle gebaut, ich habe mir Afrika gebaut, ich habe mir Südamerika gebaut usw. Nun ja, das waren alles Produkte meiner Phantasie, meiner Phantasie, die damals schon so ähnlich war wie heute. Heute hat das natürlich mehr Form und so bekomme ich halt meine Bücher zustande. Nein, eigentlich ist es dasselbe, wie ich sagen muss.

Habermeyer: *Sie haben sich also in diesem Sinne nicht sehr verändert. Sie wurden dann eingezogen und lagen dann tatsächlich an einer Uferböschung mit einem Karabiner in der Hand. Aber Sie mussten Gott sei Dank nicht mehr schießen.*

Augustin: Das war dann am Schluss, aber das haben Sie nun aus meinem Buch: Das ist ein bisschen stilisiert, so war es in der Realität nicht ganz. Aber ich musste schon mit so einem verdammten Gewehr herumlaufen. Nein, schlimmer, mir haben sie das MG, also das Maschinengewehr, umgehängt, weil ich der Längste war. Ich war immer der Längste und so war ich eben auch in dieser Gruppe der Erste: Deswegen musste ich dieses verdammte Maschinengewehr tragen. Man hätte mich natürlich sofort abgeknallt, wenn es zum Kampf gekommen wäre. Aber es kam eben Gott sei Dank nie zum Einsatz, denn mein Gestellungsbefehl war nach Potsdam. Dort waren aber bereits die Russen, dorthin konnte ich also nicht mehr. Und so hat man mir gesagt: «Warten!» Da habe ich gewartet und dann kamen die Amerikaner.

Habermeyer: *Und Sie hatten Glück.*

Augustin: Ja, da hatte ich Glück.

Habermeyer: *Sie haben dann Ihr Abitur gemacht und anschließend Medizin studiert. War das immer schon*

Ihr Wunsch gewesen? Oder war das mehr so eine Art Kompromiss?

Augustin: Ich wollte studieren. Ich stamme ja aus einer Familie, in der alle Akademiker waren. Studiert musste werden, das war klar. Mir erschien die Medizin das Körperlichste und das Abenteuerlichste. Das hatte einfach etwas Sinnliches und deswegen habe ich mich dazu entschlossen. Damals in der DDR mussten wir als Medizinstudenten ja auch wirklich ran: Wir mussten operieren usw. Ich hatte dadurch also auch eine ganz gute chirurgische Ausbildung. Mit der Psychiatrie habe ich erst später begonnen, aber schon als ich anfing Medizin zu studieren, wollte ich in den psychiatrischen Bereich: Innerhalb des Körperlichen war es eben dann doch wiederum das Geistige, das mich faszinierte.

Habermeyer: *Ist es so, dass Sie, wie Sie in «Raumlicht» beschreiben, auch in Russland auf dem Polytechnikum waren? Oder ist das fiktiv?*

Augustin: Steht das da?

Habermeyer: *Der Ich-Erzähler ist irgendwann einmal in Russland.*

Augustin: Ja, ich war tatsächlich mal in Russland. Wir waren in der DDR ja «Intelligenz» und daher bekamen wir dann auch tatsächlich die Möglichkeit zu reisen. Wir reisten dann in einer Gruppe aus Funktionären und eben komischerweise auch aus Ärzten. Wir reisten tatsächlich nach Moskau und auch auf die Krim usw. Ich glaube, das war 1957. Das war sehr interessant, aber wir waren eine gespaltene und in sich feindliche Gruppe. Man nahm es mir z. B. immer übel, dass ich nicht auf die Kolchosen mitgegangen bin. Ich habe mir stattdessen z. B. in Kiew die Kirchen angesehen.

Habermeyer: *Sie waren also Arzt, interessierten sich für Psychiatrie und arbeiteten dann an der Charité in Berlin.*

Augustin: Dort an der Nervenklinik habe ich in der Tat eine richtige Ausbildung als Psychiater und Neurologe erhalten, denn das war damals noch ein Doppelfach.

Habermeyer: *Und eines Tages beschlossen Sie aus der DDR wegzugehen.*

Augustin: Nun ja, mir war schon länger vollkommen klar, dass ich von dort weg musste, denn das war ja schon eine erhebliche Freiheitsberaubung. Gott sei Dank gab es damals die Mauer noch nicht. Meine gesamte Verwandtschaft lebt eigentlich in den USA. Sie haben mir eine Stelle bei einer amerikanischen Firma besorgt, sodass ich dann direkt aus der DDR, ohne überhaupt Westdeutscher zu werden, wegging und bei dieser amerikanischen Firma arbeitete. Mit dieser Firma bin ich dann eben sehr viel herumgekommen: Ich war in Afghanistan und in Indien und in Amerika usw.

Habermeyer: *Als Sie aus der DDR weggingen, mussten Sie wirklich alle Zelte abbrechen.*

Augustin: Ja, aber meine Frau lebte noch dort. Sie konnte nicht sofort mitkommen und das war das Schlimme. Aus diesem Grund inszenierten wir eine Trennung. Sie wäre nämlich dafür haftbar gemacht worden, dass ich republikflüchtig war. Wir haben dann einfach Folgendes verabredet. Sie fuhr zu ihren Eltern, das war auch in der DDR, und blieb dort 14 Tage. Als sie zurückkam, «fand» sie einen Brief von mir vor, in dem ich mich von ihr verabschiedete, weil ich eine andere Frau hätte. Da ich aber nun einmal Schriftsteller bin, war dieser Brief so fabelhaft, dass sie wirklich geweint hat beim Lesen – und das, obwohl das alles ja vorher verabredet war!

Habermeyer: *Das war also vollkommen glaubwürdig.*

Augustin: Ja, das war wirklich glaubwürdig. Mit diesem Brief ist sie dann zur Kaderabteilung, also zur Personalabteilung, gelaufen und hat ihn dort vorgezeigt. Sie haben dann trotzdem noch auf sie eingeredet, sie jedoch meinte: «Wenn Sie jetzt noch etwas sagen, dann weiß ich nicht mehr, was ich tue!» Sie hat also so eine Art Selbstmorddrohung ausgestoßen. Und dann hat man sie endlich in Ruhe gelassen. Sie kam dann ein halbes Jahr später nach. Sie konnte vorher nicht kommen, weil ich dort im Ausland ja noch nichts hatte: kein Haus, nichts.

Habermeyer: *Wo sind Sie denn hingekommen?*

Augustin: Ich kam direkt nach Afghanistan!

Habermeyer: *Sie sind also als Arzt aus Berlin abgehauen und kamen gleich nach Afghanistan?*

Augustin: Ja, ich fuhr mit der S-Bahn nach Westberlin: Damals gab es noch den Bahnhof Tempelhof. Dort stieg ich ins Flugzeug und flog direkt nach Afghanistan, wo ich dann drei Jahre lang war.

Habermeyer: *Das war im Jahr 1958.*

Augustin: Ja, das war 1958. Bis 1961 war ich dann in Afghanistan.

Habermeyer: *Afghanistan war damals nicht unbedingt in aller Munde.*

Augustin: Nein, auf keinen Fall. Wir wussten ja noch nicht einmal genau, wo das war. Damals gab es in Afghanistan ja auch noch einen König. Ich kam nach Kandahar: Heute weiß ich, dass das die Hochburg der ganz Konservativen ist. Die Landschaft dort ist übrigens wunderschön, viel schöner als die Gegenden, die man sonst im Fernsehen immer sieht, wenn von Afghanistan die Rede ist, diese Geröllhalden in Nordafghanistan. Wir hatten jedoch eine Sandwüste, eine Dünen-Landschaft mit wunderschönen schwarzen Felsen. Das war wirklich eine Traumlandschaft. Ich dachte, ich kann es nicht glauben, als ich das sah. Das war schon sehr interessant.

Habermeyer: *In gewisser Weise war das schon die Erfüllung Ihres Fernwehs.*

Augustin: Ja, daraus sind dann ja auch zwei Bücher entstanden: ein eher autobiographisches und ein historisches Buch.

Habermeyer: *Danach gingen Sie mit dieser Firma überall hin auf der Welt.*

Augustin: Ja, ich war dann z. B. auch in Mittelamerika eine Weile. Später habe ich auch noch andere Jobs gemacht, weil ich dort in Afghanistan ja ein Krankenhaus geleitet hatte. Ich musste dieses Krankenhaus quasi erst aufbauen und einrichten usw. Auf diesem Gebiet war ich dann Experte und wurde auch woanders eingesetzt: Ich habe einfach nur noch überall auf der Welt solche Krankenhäuser eingerichtet.

Habermeyer: *Kann man sagen, dass dieses Afghanistan, das Sie damals erlebt haben, etwas gewesen ist,*

das sich wirklich tief in Ihr Bewusstsein hineinge-
graben hat, dass das etwas Bleibendes geworden ist?

Augustin: Ja. Das muss so sein. Denn es taucht selbst heute noch immer wieder einmal in meinen Träumen auf. Das sind eigentlich Schlüssellandschaften, sehr archaische Landschaften, die etwas bedeuten. Diese Wüste, diese schweigende Wüste!

Habermeyer: *Waren Sie später jemals wieder in Afgha-nistan?*

Augustin: Nein, das würde ich auch auf keinen Fall machen. Das war einmalig und deswegen darf man nicht zurückgehen.

Habermeyer: *Wirklich?*

Augustin: Wenn man das täte, dann würde man es zer-stören. Deswegen darf man das nicht. Das ist einfach beladen für mich, psychisch beladen.

Habermeyer: *Aber Sie haben vermutlich immer auf-merksam mitverfolgt, was in Afghanistan in der Zwi-schenzeit alles passierte.*

Augustin: Sowieso! Ich kenne dort doch jeden Stein! (lacht) Na ja, ich bin jedenfalls sehr viel herumgefahren dort. Ich habe ja bei einer großen Baufirma gearbeitet: Das war eine Entwicklungshilfe von so und so viel Mil-lionen Dollar. Ich war dabei eben der camp doctor. Diese Firma erstellte auch Brücken und so musste ich dann eben auch einmal nach Herat. Das ist einmal quer durch Afghanistan! Oder es wurde irgendwo ein riesen-großer Staudamm gebaut: Auch dabei musste ich natür-lich vor Ort sein. Das war schon interessant.

Habermeyer: *War das damals gefährlich?*

Augustin: Nein.

Habermeyer: *Heute kann man ja in Afghanistan solche Reisen nicht mehr unternehmen.*

Augustin: Ich will mal so sagen: Ich habe damals nicht gemerkt, dass das auch gefährlich sein kann. Mir wurde zwar ein paar Mal gesagt, ich solle da und dort vorsichtig sein, weil es dort Räuber gäbe, und es gab sie tatsächlich. Aber ich dachte mir, dass mir doch nichts passieren kann. Einmal war es aber doch so weit. Ich hatte immer einen Chauffeur und eines Tages fuhren wir so dahin, als er plötzlich ausrief: «Räuber!» Wir waren gerade in einer Schlucht und vor uns wurde da wohl gerade ein Bus ausgeraubt. Wir fuhren einen Jeep, also ein vierradgetriebenes Auto: Der konnte quasi senkrecht die Wände hochfahren. Mein Chauffeur fuhr also in dieser Schlucht praktisch die Wand hoch, fuhr aus der Schlucht raus und weg. So etwas passierte damals also schon auch. Mir ist damals immer gesagt worden, wenn sie einen kriegen, dann wollen sie Lösegeld haben. Die ziehen einem die Haut ab, die Haut am Rücken, und schicken sie dann den Verwandten. Das ist eine übliche Prozedur dort. Ich selbst habe aber komischerweise nie Angst gehabt. Ich habe das alles nur so halb geglaubt und mir gedacht: «Ach Quatsch, das passiert mir doch nicht!»

Habermeyer: *Wie tief war denn Ihr Einblick in die afghanische Gesellschaft damals? Heute ist es ja üblich, dass man sich als weißer Entwicklungshelfer nur in den Gegenden bewegt, in denen sich auch all die anderen Expats, wie das heute im Jargon heißt, be-*

wegen und leben. Haben Sie damals richtig Einblick
bekommen? Haben Sie mit den Menschen dort wirk-
lich zusammengelebt?

Augustin: Ja, das habe ich. Ich versorgte zwar zunächst
einmal unsere Amerikaner, das waren so ungefähr 40
Leute; aber darüber hinaus versorgte ich natürlich auch
die gesamten anderen Beschäftigten, also auch die 4000
Afghanen, die das Recht hatten, in dieses Krankenhaus
zu kommen und von mir behandelt zu werden. Und ich
habe dabei auch einige hochgestellte Afghanen kennen
gelernt: den Gouverneur usw. Ich wurde natürlich auch
immer wieder eingeladen und so habe ich an großen
Essen oder Musikveranstaltungen teilgenommen usw.
Man machte dort vor allem klassische indische Musik.
Doch, ich habe schon einen ziemlich tiefen Einblick
bekommen.

Habermeyer: *Würden Sie zustimmen, dass das eine*
von Männern dominierte Gesellschaft ist?

Augustin: Ja, absolut. Frauen existieren dort ja so gut
wie nicht! Das sind ja nur Schemen. Es war immer das
Allergrößte, wenn ich eine Frau untersuchen musste!
Eine Frau durfte sich nämlich nicht ausziehen vor mir.
Einmal kam ein Mann zu mir, dessen Frau furchtbare
Leibschmerzen hatte. Er hat dann mit so einer geboge-
nen Nagelschere ein kleines, kreisrundes Loch in diesen
Umhang geschnitten. Dort hindurch durfte ich dann ein
Stückchen Haut sehen und meine Diagnose stellen. Ich
hatte dort einen Haus-Boy und dieser Haus-Boy hat
eines Tages geheiratet. Er fragte mich, ob ich nicht für
ihn seine Frau aus deren Elternhaus abholen könnte. Ich

dachte mir: «Das mache ich, die hole ich in diesem Dorf für ihn ab!» Er selbst war ein hübscher junger Kerl und in diesem Dorf kam ein völlig verschleiertes Wesen auf mich zu: Ich bekam nichts von ihr zu sehen, nur dieses Netz da vor ihren Augen. Zwei Wochen später sagte er zu mir, sie sei krank, ob ich sie mir nicht mal anschauen wolle. Ich ging also zu ihm ins Haus – eher ein kleines Lehmviereck – und dort sah ich dann zum ersten Mal seine Frau unverschleiert. Ich sage Ihnen, das war die hässlichste Frau, die ich jemals in meinem Leben gesehen habe! Sie war uralt und hatte zweifellos Syphilis. Ich sagte dann zu ihm: «Ali, wie konntest du nur diese Frau heiraten?» Er antwortete mir, er hätte sie immerhin umsonst bekommen: «Sie hat nichts gekostet!» Warum? Das war eine Witwe, die sich am Ende ihres Lebens noch mal einen jungen Kerl genommen hat. Aber Ali meinte: «Ach, das macht nichts, dann heirate ich später, wenn ich Geld habe, eine Junge und dann muss die Alte für uns arbeiten.» So sieht es also aus, das Mann-Frau-Verhältnis in Afghanistan.

Habermeyer: *Wie haben Sie sich denn dazu verhalten? War das etwas, von dem Sie gesagt haben, «Um Gottes Willen, wie kann man nur!»? Oder war das für Sie eher exotisch und deshalb interessant, sodass Sie genauer wissen wollten, wie das bei diesen Menschen alles genau abläuft? Ich kann mir nämlich vorstellen, dass das doch etwas ist, das einen «trifft». Man wird mit so etwas konfrontiert und dann bleibt einem zunächst einmal doch die Luft weg. Ich nehme an, dass man da durchaus auch eigene Emotionen entwickelt. Oder?*

Augustin: Ich will mal so sagen: Ich war darauf vorbereitet. Ich wusste, wie das dort aussieht, wie die Frauen dort behandelt werden. Das waren ja auch ganz strenge Moslems: Das ist wirklich extrem, das ist archaisch. Das war damals eigentlich gar nicht unsere Zeit. Nein, das war Mittelalter. Das war noch nicht einmal Renaissance, das war wirklich Mittelalter.

Habermeyer: *Wenn man unseren Maßstab anlegt.*

Augustin: Nun, wenn man den historischen Maßstab anlegt, dann war das Mittelalter. Wenn ich z. B. abends in Herat angekommen bin, dann waren da die Tore zu! Herat hatte damals noch eine Stadtmauer: Nach sieben Uhr abends kam man da nicht mehr hinein! Und deswegen musste man sich gelegentlich arg beeilen.

Habermeyer: *Das heißt, Sie können eigentlich ganz gut nachvollziehen, warum sowohl die Russen in Afghanistan gescheitert sind und vermutlich auch die internationalen Truppen, die heute in Afghanistan sind.*

Augustin: Das ist mir vollkommen klar.

Habermeyer: *Denn momentan ist es ja sogar so, dass die Hilfsorganisationen ihre Leute wieder abziehen aus Afghanistan. Sie können also nachvollziehen, warum das scheitert?*

Augustin: Ich kann das nicht nur nachvollziehen, sondern ich hatte von vornherein gesagt: Das ist doch völliger Unsinn! Was wollen die Amerikaner denn dort? Das ist doch sinnlos! Das Ganze ist doch vollkommener Quatsch! Aber jetzt ist es nun einmal so, wir haben uns darauf eingelassen und müssen jetzt da durch. Ich glaube halt, dass wir dort letztlich nur unseren Standpunkt verteidigen können, mehr nicht. Ändern kann man da nichts, jedenfalls nicht so ohne weiteres. Äußerlich kann man vielleicht einiges ändern, aber nicht innerlich.

Habermeyer: *Sie haben über Afghanistan zwei Bücher geschrieben, eines davon habe ich gelesen, nämlich das Buch «Mahmud, der Bastard». Das ist ein historischer Roman, der ungefähr im Jahr 1000 spielt.*

Augustin: Das ist so eine Schlüsselfigur.

Habermeyer: *Eine Schlüsselfigur für die afghanische Gesellschaft.*

Augustin: Nein, nicht so sehr für die Afghanen, sondern komischerweise eher für die Inder. Aber die Afghanen kennen diesen Mann natürlich auch. Er stammte aus Ghazni. Ghazni ist eine Stadt nördlich von Kandahar. Ich bin selbst einmal dort gewesen: Sie stellen sehr schöne blaue Töpfe her. Dieser Mann war ursprünglich nichts weiter als ein Dorffürst. Eines Tages im Jahr 1000 – das Jahr ist historisch verbürgt – ist er mit einer Hand voll Männern aufgebrochen von dort. Und nach einiger Zeit hatte er ganz Nordindien unterworfen! Er war sozusagen der erste Mogulkaiser. Er war ein Mann, der ursprünglich nichts, gar nichts besaß. Er war ein Barbar, aber er hat die Inder einfach über den Haufen gerannt.

Habermeyer: *Mit so wenig Leuten? Wie ging das?*

Augustin: Das hat sich langsam akkumuliert: Das war wie eine Lawine. Er hat immer mehr Leute angezogen, immer mehr kamen zu ihm: Je mehr Beute er machte, umso mehr Geld hatte er, um seine Leute zu bezahlen.

Zum Schluss war das eine Riesenarmee. Er kam bis nach Delhi und noch weiter in den Süden. Er hat wirklich halb Indien erobert und unterworfen. Dieser Mann hat mich immer interessiert, weil ich damals in Afghanistan sozusagen auf seinen Spuren gewandelt bin. Und so habe ich dann eben seine Geschichte geschrieben – die ansonsten eigentlich gar nicht existiert. Ich habe mir die gesamte Literatur aus der Zeit und der Gegend angesehen, aber über ihn findet sich nichts, gar nichts, überhaupt nichts. Ich habe ihn mir sozusagen ausgedacht – obwohl es ihn historisch natürlich sehr wohl gegeben hat. Ich wollte aus ihm so einen Bösen machen, der dieses kultivierte Indien sozusagen vergewaltigt. Aber das habe ich einfach nicht geschafft: Er wurde immer freundlicher, dieser Kerl! Und schließlich ist er sogar mein Liebling geworden und war so etwas von fröhlich, dass ich sagen muss: Er hat sich innerhalb meines Buches einfach selbständig gemacht!

Habermeyer: *Sie beschreiben das in Ihrem Buch ja auch wunderschön: In diesem Buch gibt es einen Ich-Erzähler, der diese Geschichte von Mahmud erzählt. Und dieser Ich-Erzähler hat einen Kollegen, dem gegenüber er quasi klagt: «Du, stell dir vor, mir entgleitet diese Person!»*

Augustin: Ja, das stimmte. Der war stark, das ist wirklich ein Wesen geworden.

Habermeyer: *Wie kann so etwas passieren beim Schreiben?*

Augustin: Das ist so! Das macht sich einfach selbständig. So war es eben. Ich wollte den Inder als feinen und kultivierten Menschen zeichnen, aber der wiederum ist mir als Gegenspieler von Mahmud unter der Hand immer bösartiger geraten. Zum Schluss war das sozusagen ein hinterhältiger perverser Kulturmensch, der von diesem stämmigen kleinen Mahmud besiegt wird. Ich habe dieses Buch übrigens auch einmal in Indien vorgestellt. Vom Goethe-Institut gibt es da so ein Seminar für indische Lehrer, die Deutsch unterrichten in ihrem Land. So ein Lehrerseminar mit ungefähr 100 Teilnehmern wird jedes Jahr abgehalten vom Goethe-Institut und dafür nehmen sie sich jeweils immer ein Buch bzw. einen Autor vor. Einmal bin eben ich mit meinem «Mahmud» dazu eingeladen worden. Aber schon auf dem Flugplatz ist mir gesagt worden: «Vorsicht! Vorsicht! Die Leute sind hier alle aufgebracht!» Das war deswegen so, weil ich den Hanuman, diesen Affengott, so beschrieben habe …

Habermeyer: *Also den indischen Gegenspieler von Mahmud.*

Augustin: Ja, und das durfte einfach nicht sein. Das ist in Indien so, als würde man sich hier bei uns über Jesus lustig machen. Oh, da wurde ich wirklich gewarnt. Ich kam dann also in diese Gruppe von Lehrern und habe zu ihnen gesagt:

> «Wissen Sie, das ist so, ich bin Deutscher. Die alten Humanisten früher bei uns haben ja immer Griechenland gesucht mit ihrer Seele. Das, was sie dann gefunden haben, war natürlich nicht Griechenland. Aber sie haben dabei immerhin ihre Seele gefunden. Und so geht es mir auch. Ich suche Indien mit meiner Seele.»

Und das haben sie dann verstanden. Zum Schluss habe ich sogar so kleine Ketten umgehängt und Tücher geschenkt bekommen usw. und alle waren glücklich.

Habermeyer: *Und die Inder haben letztlich akzeptiert, was Sie in Ihrem Buch geschrieben hatten?*

Augustin: Ja, sie haben es akzeptiert. Sie haben es an meiner Stimmlage gemerkt beim Vorlesen, dass das eben anders gemeint war. Sie können ja sehr genau fühlen dort. Eines Tages kam in Indien ja auch mal so ein ganz Heiliger auf mich zu. Er hatte solche Zeichen auf der Stirn, was bedeutete, dass er wirklich gebetet hat. Er sagte zu mir: «Wissen Sie, das Samadhi, das Sie da in Ihrem Buch beschreiben, das ist doch nicht das wirkliche Samadhi!» Ich antwortete ihm: «Doch.» Daraufhin sah er mich an und meinte: «Aha, oh ja, stimmt, Sie meinen das doch!» So läuft das dort.

Habermeyer: *Darf ich auf diesem Prozess des Schreibens noch ein wenig insistieren, denn das ist ja doch etwas ungewöhnlich. Sie sagen also, Sie möchten einen Roman schreiben über einen Barbaren, der von Afghanistan aus in Indien einfällt und dort diese «Kulturmenschen» überfällt. Und während des Schreibens passiert es, dass Ihnen dieser Barbar zu einem sehr sympathischen Menschen gerät, während die «Kulturmenschen» in Indien bzw. die Träger der Kultur in Indien doch recht unangenehme Menschen sind.*

Augustin: Nein, nein, ganz so ist es ja nicht. Ich beschreibe nur diesen einen Inder so.

Habermeyer: *Aber wie geschieht so etwas beim Schreiben? Das Schreiben eines Romans ist ja ein Prozess.*

Sie schreiben das vermutlich nicht in einem Rutsch durch, sondern das ist ein langer Prozess. Aber Sie sind es doch, der schreibt!

Augustin: Nun, das ist es ja, was einen so glücklich macht beim Schreiben! Das ist dieser Schöpfungsprozess. Das ist wirklich eine Schöpfung, bei der ein lebendes Wesen entsteht. Natürlich macht sich das hinterher selbständig: Das hat einfach auch sein Eigenleben. Das bekommt wirklich sein Eigenleben. Und genau das ist das Tolle. Gerade bei diesem Buch «Mahmud, der Bastard» ist mir das sehr klar geworden. Übrigens hieß dieses Buch früher «Mahmud, der Schlächter. Oder der feine Weg». Das bezog sich auf ein Emerson-Gedicht. Aber das war ein so negativer Titel, dass das für Deutschland wohl einfach zu negativ war. «Der Schlächter»? Das ist nix, das kann man wohl nicht machen. Deswegen heißt dieses Buch in der Neuauflage «Mahmud, der Bastard». Ein Bastard war er tatsächlich: Er war nämlich nicht wirklich ein königlich Geborener. Dass sich eine Figur selbständig macht in einem Buch, das ist schon eine Art von Glück, das man da erfährt.

Habermeyer: *Ich habe deswegen darauf insistiert, weil Sie ja im «wirklichen» Leben Psychiater sind und dabei auch Spezialist für Schizophrenie bzw. Sie kennen sich sehr gut mit diesem Thema aus.*

Augustin: Schizophrenie war an sich mein Hauptgebiet.

Habermeyer: *Bei dieser Krankheit passiert es ja auch, dass diese Menschen mit Gedanken konfrontiert werden, die sie jedoch im Gegensatz zu dem, was Sie soeben beschrieben haben, nicht als glücklich machen-*

den Schöpfungsakt empfinden, sondern als etwas anderes.

Augustin: Ja, sie geraten in Panik. Das, was ich jetzt sage, ist ganz unorthodox und sozusagen gegen jede Regel: Schizophrenie ist meiner Ansicht nach eine Panik, eine Panik, die durch eine gewisse Erkenntnis entsteht. Das kann man mit unseren normalen Worten eigentlich gar nicht beschreiben: Das ist eine Art von Existenzgefühl, das so stark ist, dass es eigentlich zu einem Gotteserlebnis führen sollte, das aber stattdessen in Panik mündet, weil die Leute damit einfach nicht fertig werden. Und dann erfinden sie sich quasi selbst und damit auch all diese Wahnvorstellungen: dass da Strom aus dem Steckkontakt kommt, dass da Hypnose über den Fernseher ausgeübt wird usw. Diese Leute fühlen sich also beeinflusst – und sie fühlen sich gedacht. Das ist etwas, mit dem wir als Gesellschaft nicht fertig werden. In Indien ist das vollkommen anders. Dort passiert es, dass solche Menschen als Heilige eingebettet werden.

Habermeyer: *Darauf werden wir gleich noch zu sprechen kommen, aber zuvor sollten wir vielleicht noch klären, was man unter Schizophrenie eigentlich versteht. Schizophrenie ist ja etwas anderes als das Phänomen der multiplen Persönlichkeit.*

Augustin: Das ist etwas anderes.

Habermeyer: *Ja, aber man wirft das manchmal zu Unrecht in einen Topf. Die Schizophrenie ist jedenfalls eine schwere Form der Psychose: Die davon betroffenen Menschen haben keine Kontrolle mehr über das,* *was sie denken und darüber, wie sie sich verhalten. Kann man das so sagen?*

Augustin: Man kann das hinsichtlich der Auswirkungen so sagen. Das ist wahr, sie geraten außer Kontrolle. Die entscheidende Frage ist jedoch: Warum? Der Grund ist, dass es da eine Störung im Ich-Bewusstsein gibt. Wir Menschen haben ja ein Ich-Bewusstsein, einen Ich-Zustand, der für den normalen Menschen überhaupt nicht zu diskutieren ist. Das ist einfach unser Ich – und so ist es eben! Aber das ist natürlich eine Fiktion. Im Traumbereich z. B. gibt es ja auch bei uns «Normalmenschen» plötzlich ein anderes Ich. Wenn man aufwacht, merkt man manchmal: «Oh, das war ich ja gar nicht. Das war ja nur geträumt!» Das Ich-Bewusstsein ist also bei Schizophrenen im Prinzip gestört. Es ist übrigens sehr schwer, so etwas zu erklären, denn darüber kann man und müsste man eigentlich Bücher schreiben. In drei Sätzen kann man das eigentlich nicht erklären. Bei diesen Menschen gibt es jedenfalls eine Störung des Ich-Bewusstseins. Wenn das gestört ist, dann wissen diese Leute nicht mehr, wo sie sind. Kinder und Jugendliche haben das ja manchmal: dieses Gefühl des Bodenlosen. Sie schauen in den Spiegel, sehen sich und plötzlich bekommen sie so ein Gefühl, das sie fragen lässt: «Wer bin ich eigentlich? Was ist das?» Dieses «Das» ist in dem Fall ja noch nicht einmal ein «Ich». In diesem Bereich findet das Phänomen der Schizophrenie statt. Wobei es so ist, dass die Symptomatik eigentlich nur eine Bewältigung dieser Panik darstellt.

Habermeyer: *Sie sind damals in der Charité als Arzt*

zum ersten Mal mit Schizophrenie konfrontiert worden. Stimmt das?

Augustin: Ja.

Habermeyer: *Soweit ich das verstanden habe, schreiben Sie in «Raumlicht», dass die Art und Weise, wie man zumindest damals damit umgegangen ist, dem Zustand dieser Menschen eigentlich nicht wirklich gerecht geworden ist.*

Augustin: Ich will das mal so sagen: Die Schizophrenie ist ja weiterhin nicht heilbar. Das heißt, unsere Medizin hat sie immer noch nicht im Griff. Sie hat es durch medikamentöse Eingriffe versucht und sie hat physiologische Erklärungsversuche unternommen, hat also versucht zu erklären, was dabei im Hirn eigentlich stattfindet usw. Aber das trifft das alles nicht wirklich: Das sind höchstens Teilbereiche, die da in diesem Teil vermutlich sogar richtig sind. Man hat es mit der Analyse versucht, mit Traumanalysen usw. Aber das alles trifft die Schizophrenie nicht eigentlich. Der Kernpunkt ist für uns weiterhin nicht erfasst: Er liegt irgendwo im Bereich der Meditation, in einer Tiefenmeditation. In Indien ist es so: Die richtigen, die professionellen, die wirklich schweren Meditationen münden ja ins Nichts, also in den Samadhi-Zustand. Der ist aber gefährlich. Der ist so gefährlich, dass man von dort möglicherweise nicht mehr zurückkehrt. Deswegen braucht man bei solchen Meditationen auch immer einen Guru, der einen wieder zurückholt, der weiß, wann es so weit ist.

Das ist übrigens ein Bereich, der medikamentös auch

durch LSD erreichbar ist. Es gab in den sechziger und siebziger Jahren ja diese LSD-Welle unter den so genannten Blumenkindern. Sie erreichten durch LSD ähnliche Ent-Ichungszustände, die verbunden waren mit Glücksgefühlen, teilweise aber auch mit einem ungeheuren Angstgefühl. Da geht diese Sache dann wieder in die Schizophrenie über. Das sind also drei Phänomene, die sich ähneln.

Habermeyer: *Es ist aber schon so, dass bei uns die Menschen, wenn sie unter Schizophrenie leiden, wirklich leiden. Das ist nichts, was einen glücklich macht.*

Augustin: Das ist ja nicht bewusst so: Dieser Vorgang geschieht ja nicht bewusst. Eigentlich ist dieser Vorgang ja nur von außen sichtbar. Wir sehen dabei ja nur die Symptome. Und die Symptome sind teilweise wirklich schlimm. Das sind Verfolgungszustände, die wirklich furchtbar sind für diese Menschen. Es gibt aber auch Glückspsychosen, die ebenfalls in den schizophrenen Bereich gehören. Das ist also nicht ganz so einseitig.

Habermeyer: *Es ist jedoch so, dass in anderen Kulturen Menschen, die – insoweit das überhaupt vergleichbar ist – ähnliche Symptome bzw. ein ähnliches Krankheitsbild haben, vollkommen anders eingebettet sind in die Gesellschaft als bei uns.*

Augustin: Ja, das ist nun wieder ein neuer Aspekt, nämlich ein soziologischer Aspekt: Wie betten wir unsere Schizophrenen ein in unsere Gesellschaft? Wir betten sie gar nicht ein! Wir klammern sie vielmehr aus. Wir behandeln sie und halten sie in der Regel in Anstalten.

In Indien ist das völlig anders, weil die Menschen einen ganz anderen Bezug dazu haben. Schizophrene sind dort Heilige bzw. dieses ganze Phänomen berührt die Heiligkeit. Es gibt da ja einen berühmten Fall bzw. zwei Fälle, berühmt, weil es darüber ein Buch gibt: Ein Mann und eine Frau haben genau dieselben Symptome. Die Frau lebt in England und ist dort Insassin einer Anstalt, während er in Indien lebt und dort ein berühmter Heiliger ist. Und dies obwohl sie beide dieselben Symptome haben. Der «erleuchtete» Zustand wird dort respektiert. In Afghanistan habe ich mal so eine herrliche Sache gesehen in diesem Zusammenhang. Da gab es einen Mann, der auf der Straße saß: Er war eindeutig ein Schizophrener, ein richtiger Katatoniker.

Habermeyer: *Was ist ein «Katatoniker»?*

Augustin: Mit Katatonie meint man die Körperstarre. In diesem Stadium von Schizophrenie gibt es dann eben nicht nur Veränderungen im Bewusstsein dieser Menschen, sondern auch bereits klar sichtbare Körpersymptome. Diese Menschen nehmen dann z. B. sehr eigenartige Haltungen ein, weil sie sie so einnehmen müssen: Sie können nicht anders. Dieser Schizophrene in Afghanistan hatte jedenfalls seine Haltung genau auf dieser Straße eingenommen: Dort musste er sein und von dort konnte er nicht weg. Nicht einen Zentimeter. Das war einfach seine Stelle, dort musste er sein. Was wäre bei uns passiert? Bei uns wäre die Polizei gekommen und hätte ihn auf die Seite gesetzt. Nicht in Afghanistan! In Afghanistan wurde die Straße in einem Bogen um ihn herum gebaut! Das ist schon ein ganz anderes Verhältnis als bei uns. Ich habe diesen Mann selbst gesehen: Die Straße nach Kandahar machte einen Bogen um ihn herum! Dort saß er! Die Leute haben dann sogar ein Dach über ihm gebaut – er selbst nicht, er saß nur dort. Und die Leute gaben ihm auch etwas zu essen. Und so saß er eben dort tagein, tagaus auf der Straße.

Habermeyer: *All das haben Sie in Ihren Büchern verarbeitet, denn dieses Phänomen kommt immer wieder vor. In der «Schule der Nackten» wird z. B. auch Ihr Wissen über östliche Mystik immer wieder deutlich. Aber ich will nun auf ein neues Thema kommen: Sie schreiben ja nun schon seit langem. Sie sind Kleist-Preisträger, Hesse-Preisträger, Sie haben den Tukan-Preis der Stadt München bekommen usw. Trotzdem ist es so, dass Sie nicht zu den weltberühmten Schriftstellern gehören, wenn ich das mal so plakativ ausdrücken darf.*

Augustin: Ja.

Habermeyer: *Das liegt u. a. auch daran, dass Sie nicht unbedingt jemand sind, der sich gerne in die Öffentlichkeit drängt mit seinen Büchern.*

Augustin: Ja, da haben Sie Recht.

Habermeyer: *Sie machen also ungern Reklame für sich selbst.*

Augustin: Als ich hierher kam, habe ich mir gedacht: «Oh, da gehe ich gleich wieder weg!»

Habermeyer: *Sie sind jedoch hier geblieben, was mich sehr freut. Ihre Bücher erscheinen nun beim Beck Verlag in München in einer Werkausgabe. Ich zeige noch einmal einen anderen Titel, hier z. B. «Der Künzler am*

Abbildung 15: Inge Augustin im Selbstporträt

Werk». *Man sieht, dass auch dieses Buch von einem sehr schönen Einband geziert ist, von einem Einband ähnlich dem der «Schule der Nackten». Zu diesen Einbänden gibt es nun wiederum eine eigene Geschichte, denn die Bilder, die da zu sehen sind, stammen ja nicht von irgendjemandem.*

Augustin: Die macht meine Frau. Das sind Gemälde, denn sie ist Malerin. Sie hat nicht die Umschläge gestaltet, aber zugrunde liegen diesen Umschlägen Gemälde meiner Frau. Es werden ja noch mehr Bücher bei Beck herauskommen, die dann mit ganz anderen Bildern von ihr geschmückt werden.

Habermeyer: *Weil der Beck Verlag Ihre Bücher neu herausbringt, sind Sie nun doch bereit, sozusagen «in die Bütt» zu gehen, also ein bisschen an die Öffentlichkeit zu treten als Autor.*

Augustin: Ja, ich mache jetzt sogar Lesereisen, die ich davor nie gemacht habe.

Habermeyer: *Sie haben das nie gemacht?*

Augustin: Ja, und das hat mir früher der Suhrkamp Verlag auch immer übel genommen. Man hat dort immer wieder zu mir gesagt: «Du musst raus! Du musst auf Lesereise!» Ich meinte aber immer nur: «Ich mag das nicht und ich kann das auch nicht!» Aber neuerdings macht mir das sogar Spaß.

Habermeyer: *Ach, dann hätten Sie das vielleicht doch schon früher mal versuchen sollen.*

Augustin: Ich weiß es nicht. Vielleicht kann ich das ja auch erst jetzt. Ich spiele diese Sachen ja: Einfach nur vorlesen wäre mir nämlich zu langweilig. Ich verändere die Geschichten dann auch immer noch ein bisschen und spiele sie regelrecht. Ich mache sozusagen ein Ein-Mann-Theater daraus.

Habermeyer: *Sie machen eine richtige Performance.*

Augustin: Ja, vielleicht.

Habermeyer: *Kommen Sie denn überhaupt noch selbst zum Schreiben, wenn Sie neuerdings sogar auf Lesereisen gehen? Denn die große Frage ist ja: Was kommt da noch an Büchern von Ihnen?*

Augustin: Doch, doch, ich komme noch zum Schreiben. Ich mache im Augenblick zwei Sachen gleichzeitig. Ich habe einmal ein Buch geschrieben, das mir damals wirklich völlig missraten ist: «Das Badehaus». Ich habe das vor ungefähr 40 Jahren geschrieben. Ich habe mir das vor einiger Zeit noch einmal angesehen und mir gedacht: «Na, vielleicht hast du dich ja doch geirrt.» Aber nein, nachdem ich es jetzt noch einmal gelesen habe, muss ich sagen: Das ist so schlecht, das ist unglaublich! Aber: Das Thema ist gut! Und deswegen schreibe ich jetzt das ganze Buch noch einmal. Es heißt nun «Badehaus II». Das mache ich aber nur nebenbei. Denn ich schreibe noch an einem anderen Buch, das sozusagen mein «Faustus» werden wird.

Habermeyer: *Wir dürfen uns also noch auf ein Opus Magnum von Ihnen freuen?*

Augustin: Nun ja, das wird noch eine Weile dauern.

Habermeyer: *Gut. Ich kann Ihnen dazu nur viel Glück wünschen und bin sehr neugierig auf diese beiden Bücher. Ich habe Sie als Schriftsteller nun für mich neu entdeckt, darüber bin ich sehr froh. Unsere Dreiviertel-*

stunde ist zu Ende, deshalb bedanke ich mich bei Ihnen für dieses intensive und offene Gespräch.

Malte Herwig und Sven Michaelsen
im Gespräch mit Ernst Augustin

«Ich schreibe mit der Hand, ohne zu sehen, was ich schreibe»

In einem seiner Romane heißt es, der Sinn des Lebens bestehe darin, sich wohnlich einzurichten. Betritt man das schmale Haus von Ernst Augustin in München-Neuhausen, landet man in einer seltsamen Fantasiewelt. Der Schriftsteller und seine Frau haben die Wände mit Scheinarchitektur und südlichen Landschaften ausgemalt. In den Wohnräumen stehen ein Wolkenkratzer aus Legosteinen und ein meterhohes Modell der Pariser Oper. Im Keller hat sich Augustin zu seinem 80. Geburtstag eine Disco einbauen lassen, mit verspiegelten Wänden, bläulich leuchtenden Plexiglassäulen und flamingofarbenen Satinkissen. «Mein Tanz ist der Salsa», sagt der 85-Jährige, «oder besser gesagt, er war es.» Inge Augustin ist Malerin und illustriert auch die Buchcover ihres Mannes. Auf seinem jüngsten Roman hat sie ihn mit geschlossenen Augen gemalt. Ernst Augustin ist fast völlig blind. Er kann die Gemälde seiner Frau nicht mehr sehen und seine Bücher nicht mehr lesen. Aber er schreibt weiter.

SZ-Magazin: *Herr Augustin, seit wann können Sie nicht mehr sehen?*

Augustin: Vor drei Jahren merkte ich, dass in meinem Kopf etwas nicht stimmte. Es stellte sich heraus, dass ich drei gutartige Tumore hatte. Bei der Operation machte der Arzt einen Fehler und durchtrennte meinen Sehnerv. Als ich aufwachte, war ewige Mitternacht. Im OP-Bericht hieß es, ich hätte eine «diskrete Sehverminderung», also eine, die eigentlich gar nicht vorhanden ist. Mit anderen Worten: Man behauptete, ich sei ein Simulant. Der Operateur war ein Pfuscher, der seinen guten Ruf darauf aufbaute, alles zu leugnen, was ihm schiefging.

SZ-Magazin: *Was sehen Sie noch?*

Augustin: Nur Schemen und Schatten. Spaghetti auf einem weißen Teller erkenne ich nicht, Fleischklöße schon. Ich habe im Flur einen weißen Teppichläufer verlegen lassen. An das Ding halte ich mich, um in meiner Dunkelwelt den Weg zu finden. Riechen kann ich auch nicht mehr. Das Schlimmste ist aber, dass die mir meine Hypophyse zerstört haben. Seither arbeitet meine Schilddrüse nicht mehr. Das schafft eine unendliche Schwäche, ein Vernichtungsgefühl. Wenn das nicht wäre, könnte ich trotz meiner Gehirnblindheit ganz gut leben. Aber so macht es keinen Spaß.

SZ-Magazin: *Spielt Ihnen Ihr Gehirn Streiche?*

Augustin: Ja. Im ersten Jahr nach der Operation habe ich immer wieder einen sehr schön gestreiften Tiger gesehen. Er ging vor mir auf und ab und blickte mir in die Augen. Es war zwischen uns ein Sehen, ohne zu sehen, eine Art optischer Phantomschmerz. Wie ein Beinamputierter manchmal seinen verlorenen Fuß spürt, sehe ich meine verlorenen Bilder. Vor eineinhalb Jahren hatte ich dann noch eine ziemlich ausgedehnte Hirn-

blutung. Die hat mir eine halbseitige Lähmung eingebracht. Und jetzt habe ich einen fürchterlichen Bauch-
bruch. Deswegen trage ich diese Stütze und kann mich
nicht mehr vor die Tür führen lassen.

SZ-Magazin: *Bei dem Schriftsteller Jorge Luis Borges
fielen Erblindung und Ernennung zum Direktor der
Nationalbibliothek in Buenos Aires zusammen. Er
empfand es als köstliche Ironie, dass Gott ihm all diese
Bücher schenkte und gleichzeitig die Blindheit.*

Augustin: Man ist so eine Art Beethoven, der sich selbst
nicht hören kann. Ich besitze seit Langem vier Bände
einer bibliophilen Reisegeschichtensammlung, traum-
haft schöne schmiegsame Leinenbändchen. Ich habe
immer bedauert, nicht mehr davon zu haben. Als vor
einiger Zeit bei einer Auktion alle hundert Bände dieser
Edition angeboten wurden, dachte ich: Donnerwetter!
Hier sind die ganzen Dinger, und jetzt kannst du sie
nicht mehr lesen. Und was habe ich gemacht? Ich habe
alle Bände gekauft. Und Sie werden lachen, ich bin
selig, dass ich sie habe. Diese neuen digitalen Bücher
sind der reine Quatsch. Ein Buch besitzt man. Man
muss es nicht lesen. Sonst könnte man es ja auch aus-
leihen.

SZ-Magazin: *Wie füllen Sie den Tag?*

Augustin: Meine Frau ist sehr krank, fast bettlägerig.
Deshalb muss ich viel mit Ärzten telefonieren und
Dinge arrangieren. Ich höre auch sehr viele Bücher aus
der Blindenbibliothek, im Augenblick Hedwig Courths-
Mahler. Das ist natürlich fürchterlicher Sozialkitsch,
aber die Frau hat Witz. Ich finde sie komisch. Aber

wirklich positiv wäre mein Tag erst mit Schreiben. Zwei Stunden täglich würden mir genügen, um mein Leben als produktiv zu empfinden.

SZ-Magazin: *Warum benutzen Sie kein Diktiergerät?*

Augustin: Das funktioniert nicht bei meiner Art zu schreiben, weil ich zu oft zurückgreifen muss. Es hört sich vielleicht zu hochgespannt an, aber ich schreibe an sich Lyrik. Das soll gar nicht erkennbar sein, aber der Rhythmus der ganzen Seite muss in sich klingen.

SZ-Magazin: *Hat Ihre Erblindung Ihren Schreibstil verändert?*

Augustin: Ja. In «Robinsons blaues Haus» ist mir alles sehr farbig geraten, von der Schilderung der Südsee bis zum Spiegelhaus hoch oben auf einem New Yorker Wolkenkratzer. Das ist die optische Sehnsucht des Blinden.

SZ-Magazin: *Sie haben den Roman zweimal geschrieben, erst als Sehender, dann nahezu blind.*

Augustin: Das Manuskript war schon fast fertig, als ich operiert wurde. Das Unglück war, dass ich in einer winzig kleinen Schrift schreibe, die außer mir niemand entziffern kann. Damit war das Buch weg, für immer verschwunden. Ich musste es noch einmal schreiben, mit einem dicken Filzstift in drei Zentimeter großen Buchstaben. Das war schrecklich mühsam, aber wahrscheinlich ist die neue Version besser, weil sie knapper ist.

SZ-Magazin: *Träumen Sie schwarz-weiß oder farbig?*

Augustin: Ich träume in ungeheuer brillanten Farben – und teilweise so schön, dass ich in die Knie gehe, weil ich während des Traumes denke, ich kann wieder sehen. Da bauen sich Städte von einer ungeheuerlichen

Schönheit auf. Ich habe solche schönen Städte nie in meinem Leben gesehen. Das in Sprache zu fassen, würde ich gar nicht wollen. Es reicht mir, diese Städte im Traum so deutlich gesehen zu haben, als hätte ich lange in ihnen gewohnt.

SZ-Magazin: *Schreiben Sie an einem neuen Buch?*

Augustin: Ich versuche es. Ich schreibe mit der Hand, ohne zu sehen, was ich schreibe. Aber ich habe mir jetzt ein Gerät gekauft, das sehr raffiniert ist. Eine kleine Kamera nimmt auf, was ich aufgeschrieben habe, und ein Computer vergrößert es stark. So erkenne ich die einzelnen Wörter, die ich in ein Diktiergerät spreche. Eine Dame schreibt das dann ab und liest es mir vor, sodass ich ein Gespür für den Fluss des Textes bekomme. Das ist zwar um drei Ecken rum, aber es ist die einzige Möglichkeit. Es wird wahrscheinlich nie bis zur Veröffentlichung kommen, weil ich zu langsam bin. Für einen 300-Seiten-Roman bräuchte ich zehn Jahre. Aber der Lohn liegt in der Arbeit selbst. Schreiben ist eine anstrengende Therapie. Aber der Nachgeschmack, der ist wunderbar.

SZ-Magazin: *Was hat Sie zum Schreiben gebracht?*

Augustin: Ich habe schon als Kind ständig Traumwelten in meinem Kopf entworfen. Einmal habe ich wochenlang ein riesiges unterirdisches Labyrinth mit allen möglichen Schikanen zusammenfantasiert. Es gab Falltüren und einen unterirdischen See mit Strand und Wasserfall. Ich war jeden Abend ganz verrückt darauf, ins Bett zu kommen, um endlich weiterbauen zu können. Am Ende habe ich einen präzisen Bauplan gezeichnet, mit allen Ecken und Kanten und der genauen Wanddicke. Eigentlich wollte ich Architekt werden, aber das haben mir meine Eltern ausgeredet. Sie sagten, du kannst dich nicht verkaufen. Du bist nicht der Typ, der sich gut anbietet. Das hat mir sofort eingeleuchtet.

SZ-Magazin: *Nach dem Medizinstudium in Rostock wurden Sie Psychiater an der Ostberliner Charité, später arbeiteten Sie in einer Nervenklinik in München. Was ließ Sie Seelenarzt werden?*

Augustin: Mich reizte das existenzielle Drama der Patienten. Ein geplatzter Blinddarm hätte mich nicht interessiert. Besonders fasziniert war ich von Menschen, die an Schizophrenie erkrankt waren. Mir imponierten die Fantasieakte, mit denen sie ihre ungeheuerlichen Wahngebilde aufbauten. Ich wollte verstehen, was in jemandem vor sich geht, der Stimmen hört, die aus einer Steckdose zu ihm sprechen. Oder was mit einem Menschen passiert ist, der seinen Bauch mit Salzheringen einreibt, um sich vor Atomstrahlung zu schützen. Ich begann zu begreifen, dass jeder von uns den Schizophrenen in sich trägt. Ein gespaltenes Bewusstsein kann zu furchtbarer Panik führen, aber es kann auch äußerst produktiv werden. Nehmen Sie die Ent-Ichung in tiefer Meditation. Da gelangen Menschen in eine andere Realität. Der entscheidende Unterschied ist: Sie kennen den Weg zurück. Wahn und Fantasie liegen eng beieinander. Ob die Tür zum Wahn verschlossen bleibt oder aufgestoßen wird, ist allein eine Frage des Glücks.

SZ-Magazin: *Verstehen Sie Schizophrene?*

Augustin: Nein. Schizophrenie ist eine uneinfühlbare Krankheit. In kleinen Ansätzen kann man sie erleben, wenn man LSD nimmt. Bei dieser Droge kommt es ebenfalls zu Raum- und Zeitverschiebungen und einer Depersonalisierung. Plötzlich glaubt man, der rechte Fuß gehöre nicht zum eigenen Körper, und gerät in Panik, sobald er sich bewegt.

SZ-Magazin: *In Ihrem Psychiatrie-Roman «Raumlicht: Der Fall Evelyne B.» schrieben Sie: «Ich spielte mit … der Rekrutierung eines Heeres von Schizophrenen, die losgelassen die unerklärlichsten und anarchistischsten Gewalttaten begehen würden. Furchtbarste Racheakte direkt ins Auge der Widersacher.» War das gegen Ihre Kollegen gerichtet?*

Augustin: Ein wenig schon. Die Herren hielten Abstand zu ihren Patienten und wollten nicht begreifen, dass eine Psychose auch eine Wahrheit ist. Statt mit den Patienten zu reden, führten sie sie mit größter Selbstverständlichkeit zum Schocken. Wenn die Stromstöße in die Körper fuhren, zuckten sie so heftig, dass das Bett klapperte. Das Gesicht wurde blau, die Augen verdrehten sich, die Wangen krampften. Bei Patienten, die über längere Zeit geschockt wurden, trat eine allmähliche Verblödung ein. Man nannte das «Zusammenschocken».

SZ-Magazin: *Von 1958 bis 1961 leiteten Sie in Afghanistan ein Krankenhaus, das von einer amerikanischen Baufirma finanziert wurde. Wie haben Sie das Land erlebt?*

Augustin: Das Spital hatte 30 Betten und lag 80 Kilometer außerhalb von Kandahar in der Wüste. Afghanistan war damals ein biblisches Land, in dem noch jeder Nagel einzeln geschmiedet wurde. Es gab einen König, und man lebte eher im Altertum als im Mittelalter. Räuber hingen an Stricken, Ehebrecher wurden gehäutet. Als der König das Verhüllungsgebot lockerte, wagte es eine afghanische Lehrerin, unverschleiert durch den Basar zu gehen. Die Männer packten sie und schnitten ihr die Nase ab. Nur die intellektuelle Oberschicht gab sich modern. Eines Abends gab es in Kandahar eine große Party. Die Frauen kamen in Kleidern, die sie für westliche Abendgarderobe hielten. Eine hatte sich aus Unkenntnis ein Nachthemd gekauft, dessen Material ziemlich enthüllend war. Es entstand eine furchtbare Verlegenheit.

SZ-Magazin: *In einem Ihrer Romane heißt es über Ihre Zeit in Afghanistan: «In einem See von Blut und Schmerz, abgemagert vor Angst und dünn vor Verantwortung, war ich trotzdem auf seltsam ferne Art glücklich.»*

Augustin: Es kamen 30, 40 Afghanen am Tag, und ich war der einzige Arzt. Ich schwebte von einem Tag in den anderen. Das habe ich als Glück empfunden. Ein Patient klagte über jahrelange Bauchschmerzen. Er hatte einen Blasenstein, der größer als ein Apfel war, eine schneeweiße Kugel, die in 30 Jahren gewachsen war. Diese medizinische Abnormität ersten Ranges steht heute bei mir zu Hause in einem Glas. Eine Frau, die zu mir kam, hatte drei Monate nach Einsetzen der Wehen noch immer nicht entbunden. Statt 30 sah sie aus wie 70.

SZ-Magazin: *Sie haben elf Bücher geschrieben, sind bei Kritikern hoch geschätzt, und «Robinsons blaues Haus» wurde vergangenes Jahr für den Deutschen Buchpreis nominiert. Trotzdem kennen die wenigsten Ihren Namen.*

Augustin: Das müssen Sie mir nicht sagen. Ich brauche keine Schriftstellerkarriere, denn Berühmtheit lohnt sich nicht. Dieses Strebertum, etwas werden zu wollen, ist mir fremd. Mir kommt zugute, dass ich sehr bedürfnislos bin. Das ist das Erbe des Krieges und meiner Jahre in der frühen DDR.

SZ-Magazin: *Als Sie 1966 an der legendären Tagung der Gruppe 47 in Princeton teilnahmen, galten Sie für einen kurzen Moment als die neue Hoffnung der deutschen Literatur.*

Augustin: Bei den Lesungen herrschte eine allgemeine Unlust. Fast jeder Text wurde negativ beurteilt. Ich kam am dritten Tag vor der Mittagspause dran. Mein Text machte großen Eindruck und wurde ungeheuer gelobt, selbst vom mürrischen Reich-Ranicki. In der Mittagspause kamen alle bei mir an, und ich hielt sozusagen Hof. Plötzlich war ich die große Entdeckung. Es war fantastisch – bis zwei Uhr nachmittags. Dann kam Peter Handke. Er las einen schlechten Text vor und wurde missmutig beurteilt. Aber statt dann von der Bühne zu gehen, blieb er einfach sitzen und fing an, die Kritiker zu beschimpfen – und zwar so gestochen, dass mir klar war, dass er das vorbereitet hatte. Er hatte riesigen Erfolg. Dieses Masochistische war genau das, was die Leute im Saal wollten. Zum ersten Mal kriegten sie von oben so richtig eins rein. Das war eindeutig was Neues – und ich war nach drei Stunden Ruhm sofort wieder vergessen.

SZ-Magazin: *Sie sind Psychiater. Wie erklären Sie Handkes Verhalten?*

Augustin: Er ist ein klassischer Hysteriker. Der Hysteriker hat ein Hauptziel, und das ist, vom Publikum beachtet zu werden. Er würde sich umbringen, nur um beachtet zu werden. Eine gelungene Hysterie endet eigentlich mit dem Tode, denn irgendwann gibt es nichts mehr, womit Sie sich noch in Szene setzen können. Um wirklich erfolgreich zu werden, müssen Sie hysterisch sein.

SZ-Magazin: *Günter Grass ist demnach auch ein Hysteriker?*

Augustin: Nein. Er ist die Ausnahme, die die Regel bestätigt. Grass ist einfach ein grobfädiger Mensch. Und das rettet ihn.

SZ-Magazin: *Was ist mit Martin Walser?*

Augustin: Martin Walser ist noch nicht mal ein Hysteriker. Der ist einfach ein Spießer, ein wirklicher Bodenseespießer. Er hält zu viel von sich. Natürlich hat er seine sprachliche Begabung, aber die Inhalte interessieren mich nicht. Außerdem hat er meine Frau mal wahnsinnig beleidigt. Das war eine Unverschämtheit. Seitdem nehme ich kein Blatt mehr vor den Mund, wenn ich über Walser rede.

SZ-Magazin: *Womit hat er Ihre Frau beleidigt?*

Augustin: Das gehört nicht in ein Interview.

SZ-Magazin: *In Ihren Romanen blitzt immer wieder*

eine umwerfende Komik auf. Hilft Ihnen der Humor,
den körperlichen Verfall zu ertragen?

Augustin: Ganz ernst kann ich es nicht nehmen, dass ich fast blind bin. Sonst müsste ich aus dem Fenster springen. Bei uns beginnen Märchen mit dem Satz: «Es war einmal ...» Dagegen beginnen die Märchen Asiens mit dem Satz: «Es war und es war nicht ...» Das entspricht meiner Wahrnehmung. Die Samurai hatten keine Angst, weil sie glaubten, sie seien bereits gestorben. Das ist der Trick. Mein Grundgefühl ist, in einer großen Traumblase zu leben. Das Leben ist ein Traum in einem Traum. Wir befinden uns in einer Lebensschleife, Anfang und Ende sind dasselbe.

SZ-Magazin: *Ist das der Trost, den sich ein 85-Jähriger gibt?*

Augustin: Ich bin in dem Alter, wo man nun wirklich bald mal sterben wird, aber ich glaube nicht an einen Tod. Der Tod ist eine Suche, eine Reise zur Wiedergeburt. Ich lebe, aber ich glaube, dass ich gleichzeitig auch tot bin. Der Tod träumt sich sozusagen ein Leben. Er wird sich auch wieder ein neues Leben träumen. Das hat nichts mit Behauptung zu tun. Ich fühle es so und bin darüber nicht unglücklich.

SZ-Magazin: *Sie haben also keine Angst vor dem Tod?*

Augustin: Nein. Man kann noch nicht mal sagen, dass ich Neugierde habe, obwohl es wahrscheinlich ein unglaubliches Erlebnis ist, was man haben wird. So ungeheuerlich, wie wenn man in diese Welt hineinkommt. Das haben wir bloß vergessen.

Als MALTE HERWIG und SVEN MICHAELSEN Augustin nach seiner Flucht aus der DDR fragten, erfuhren sie von dem fingierten Abschiedsbrief, den er damals seiner Frau hinterlassen hatte. Darin zeigte sich schon die literarische Überzeugungskraft des Autors: «Nicht nur die Stasi hat geglaubt, dass er mich verlassen hat», erinnerte sich Inge Augustin. «Ich musste selbst weinen, obwohl ich es besser wusste.»

Erdmute Klein

Ein Sprachmagier
Ernst Augustin im Gespräch
über «Gutes Geld»

*Ernst Augustin ist ein Sprachmagier, der die Statik der
Welt aus den Angeln hebt und das Universum zum
Tanzen bringt.*

*Seine Phantasie schafft sich eigene, mitunter skurrile
Wirklichkeiten, in der Fabulierfreude und scharfsichtige
Analyse sich die Waage halten. Der ehemalige Psychiater und Nervenarzt schreibt Romane, die verschachtel-
ten Bauwerken gleichen. Gern wäre er Architekt geworden. Statt dessen leitete er zwischen 1958 und 1961 ein
amerikanisches Wüstenkrankenhaus in Afghanistan,
war lange Jahre Stationsarzt in der Münchner Nervenklinik. Seine Bücher «Der Kopf», «Mamma», «Raumlicht: Der Fall Evelyne B.», «Eastend», «Der amerikanische Traum» und zuletzt «Mahmud der Schlächter oder
Der feine Weg» haben dem Kleistpreisträger zwar großes Kritikerlob eingebracht, doch ist Ernst Augustin,
der Medienrummel nicht mag, einem breiten Publikum
ein Unbekannter geblieben. Das könnte sich jetzt
ändern. Augustins neuer Roman «Gutes Geld» ist ein
liebenswert-skurriles Kammerspiel, gute Unterhaltung
mit authentischem Hintergrund.*

Augustin: Als Psychiater hab' ich mal einen Geld-
fälscher untersucht – das ist 25 Jahre her –, und ich hab'

mich sozusagen mit ihm angefreundet; er war also ein wahnsinnig netter Mann, obwohl er sich völlig unmoralisch benahm; er hatte eben sein ganzes Leben lang immer nur ganz kleine Werte gedruckt: also 10-Mark-Scheine, 20-Mark-Scheine und auch nur wenig, nur soviel, wie er brauchte, und war damit durchgekommen.

Klein: *Allerdings nur bis zu seinem 80. Lebensjahr. Da hatte sich der Mann – völlig irre – in den Kopf gesetzt, sich selbst eine Rente auszusetzen. Er druckte 4 ½ Millionen Mark und flog prompt auf, als er sie an einen Frankfurter Ringverein verkaufte. Soweit das authentische Vorbild zu Augustin Fajngold, dem Helden in Ernst Augustins Roman «Gutes Geld». Die Namensgleichheit ist übrigens beabsichtigt, da Ernst Augustin seiner Figur eigene Persönlichkeitsanteile und Passionen leiht.*

Augustin: Aber was mich wirklich interessierte, war diese völlig autonome Figur, eigentlich gesellschaftsfeindlich, die sich ihre eigene Welt baute. Dieser Augustin Fajngold, der nennt direkt sein Haus «The Bank of Gudrunstraße». Er wohnt da, das ist also seine Welt gewesen.

Klein: *Hier lebt der alte Mann allein, bewacht von einer zwischen Frivolität und Haudegentum schwankenden Haushälterin namens Frau Slumpe. Hierhin lädt er seinen Neffen Karl ein, der eines Tages alles erben soll und vorher noch ein wenig die Kunst des Falschgeldmachens erlernen darf. Dieser Karl ist es dann auch, aus dessen Sicht das Leben des Augustin Fajngold erzählt wird, der übrigens gleich zu Beginn* *des Romans über die Brüstung des Treppenhausschachtes stürzt und stirbt. Rückblenden zeigen uns Augustin Fajngold, der, menschenscheu geworden, sich mit der Fliege über seinem Waschbecken anfreundet, sich mit seinen Nachbarn verkracht und komplizierte Sicherheitssysteme in seinem Haus installiert und der dabei ein Berufsethos vertritt, das das Blütenherstellen zur hohen Kunst erklärt.*

Augustin: Und das hat auch 'ne Wirkung auf seine Geldmacherei, indem er nämlich gutes Geld herstellt. Er sagt einmal: Es ist nicht schlecht, Falschgeld zu machen, es ist nur schlecht, schlechtes Falschgeld zu machen.

Klein: *Fajngolds Rücksichtnahme geht so weit, dass er sein Falschgeld nur an Personen ausgibt, die ihm unsympathisch sind: Damen im Pelz, Porschefahrer, Jugendliche, die in Straßenbahnen nicht Platz machen, Schwindler, Heuchler, Leute, die zu laut reden, Raucher.*

Augustin: Es war eben so, dass er das Wasserzeichen machen konnte, und das ist normalerweise auf dem Falschgeld nicht drauf: Wasserzeichen, und dann der Sicherheitsstreifen und die Papierqualität, die ebenfalls präpariert ist. Diese drei Geheimnisse hat mir der Fälscher damals mitgeteilt. Und die hab' ich also 20 Jahre mit mir 'rumgetragen und hab' mir gedacht, da machste jetzt mal 'n Buch draus. Und ich verrate die Geheimnisse, ja, ich verrate sie, aber mit Vorsicht, insofern, ich hab' mich vorher bei der Landesbank München hab' ich mich also mit der Rechtsabteilung auseinandergesetzt, und die haben also darauf bestanden, dass ich Fehler einbaue, dass es also nicht so ohne weiteres geht. Und das tu' ich auch.

Klein: *Eine besondere Rolle spielt das labyrinthische Haus Augustin Fajngolds im Roman. Es wird liebevoll und ziemlich detailliert beschrieben. Auch Autor Ernst Augustin hat ein ganz besonderes Verhältnis zu Häusern. Bevor er mit seiner Ausbildung zum Arzt und Psychiater begann, absolvierte er eine Maurerlehre, spielte mit dem Gedanken, Architekt zu werden.*

Augustin: Ich liebe labyrinthische Häuser. Und ich hab' mal in München vor langer, langer Zeit – war nicht teuer – mal 'n Haus gekauft und hab' das also so labyrinthisch gemacht, daß Sie nicht durchfinden. Ich hab' Spiegeltüren drin, ich habe Treppen eingebaut, wo keine hingehören und die auch nirgendwo hinführen. Ich liebe Schachteln; ich hab' so Schachtelräume, wenn Sie die betreten, sind Sie wieder völlig woanders. Und dann, vor allen Dingen, ist das ganze Haus ausgemalt mit Scheinperspektiven, sodass Sie eigentlich also besonders im Treppenhaus das Gefühl haben, das geht ganz woanders hin, als Sie denken. Also das ist jetzt ein Spiel, das ist eigentlich ein manieristisches Spiel, was ich persönlich liebe. Aber dieses Haus kommt ja in dieses Buch hinein, mit anderen Worten: die Geschichte spielt in dem Haus, ganz bewusst.

Klein: *Eine wirklich wundervolle Szene spielt auf dem Dachboden des Hauses. Die Dielenbretter sind bemalt mit einer Weltkarte in Klimafarben: vom nördlich kühlen Weiß bis zum tropisch glühenden Rot. Darauf verstreut stehen Schüsseln, gefüllt mit Sand oder Erde:*

Abbildung 16: Büchsen

nephritfarbener Erde aus Japan, gelber Löß aus der Mandschurei, Mergel aus dem bayerischen Voralpenland, Kreide aus Dover. Allein Afrika ist drei mal vier Meter groß und von Portugal bis Kamtschatka sind es mindestens acht Meter zu gehen.

Augustin: Das ist eben ein Weltbesitz, auf die unschuldigste Art erworben, und das mein' ich auch mit dem ganzen Buch: es ist ein Weltbesitz, aber es ist irgendwo unschuldig.

Klein: *Wie kommt es, dass Ernst Augustin, der nächstes Jahr seinen siebzigsten Geburtstag feiert, sich die Qualität des Spielerischen, Phantasievollen bis heute bewahren konnte?*

Augustin: Ich hab' schon als Kind beschlossen, nicht erwachsen zu werden. Ich meine, man wird natürlich erwachsen, aber man muß sich ja nicht vorschreiben lassen, wie erwachsen man wird. Und das Spiel, das Spiel ist für mich überhaupt das Höchste. Das Spiel ist ein wirklich wertfreier und zweckfreier, voll kreativer Vorgang.

Klein: *Neben dem Spielerischen ist es die Leichtigkeit, die den Schriftsteller Ernst Augustin vor allem fasziniert, die literarische Erkundung der ungeheuren Möglichkeiten und Abgründe menschlicher Phantasien, der imaginären Welt in unseren Köpfen, die mit der sogenannten Realität irritierende Verbindungen eingeht. Augustins Stil ist häufig gerühmt worden als «unglaublich leicht, ... elliptisch, elegant, elastisch». Diese Qualitäten gelten auch für seinen neuen Roman «Gutes Geld».*

Augustin: Ich kämpfe gegen die Langeweile. Ich wollte wirklich ein unterhaltsames, eigentlich sogar leichtes Stück schreiben, das kann man sogar leicht lesen, wenn man will. Ich sag' natürlich was ganz anderes, beziehungsweise für mich ist die Leichtigkeit ein Motor; es muss vorantragen. Darauf leg' ich größten Wert.

Ernst Augustin

Das Abenteuer der Menschheit

Bebte die Erde, stand mein Herz still, sprachen die Götter? Ich glaube alles zusammen, ja, mein Atem stand auch noch still. Es war – so etwas gibt es natürlich nicht – die Liebe, der Blitzschlag, der Sturz aus rotem Himmel, der mir widerfuhr. Wie nie zuvor im Leben. Ich hatte nur immer geglaubt, es sei mir widerfahren.

Kam das Mädchen ganz nebenher durchs Gelände direkt auf mich zu – der ich am Einstieg zum Schwimmbecken lag –, ein wenig verunsichert, ja, mit gerunzelter Stirn, als sei ihr hier nicht ganz wohl zumute. Vielleicht hielt sie sich für zu dick, Frauen verstehen davon nichts. Doch als sie an mir vorbeiging, sehr groß und aufrecht, strahlte sie – nein, sie lächelte mich nicht an, mich schon gar nicht, sie strahlte, hatte ganz helle goldene Augen, die mich anfaßten. Zurück blieb verbranntes Land

– – – mein Name, meine Vergangenheit, alle Vorlieben und Eigenschaften, jemals, mein gesamtes Alles, alles verbrannt.

Ich hatte dann Gelegenheit, sie im Wasser stehen zu sehen, ganz vornean, wo es noch flach ist, ihre Rückenansicht mit kleinen Rückenknöchelchen und sehr delikaten Schulterblättern. Sie stand dort eine Weile, von vorn beleuchtet, für mich also im Gegenlicht, trat noch etwas tiefer, bis ihr das Wasser zur Taille reichte, aber so blieb sie dann wirklich stehen, sehr lange, ich dachte: Was macht sie denn, meditiert sie über Wert und Unwert? Die Nackenlinie leicht zur Seite und nach vorn gebogen. Sie hatte ihre Haare hochgesteckt, so daß am oberen Nackenrand eine leichte Vertiefung zu sehen war, eine Kuhle. Ich konnte mir vorstellen, daß der Friseur daran seine Freude hatte, und bemerkte an dieser Stelle, daß ich bereits eifersüchtig war.

Plötzlich sah sie zerbrechlich aus.

Nein, das Mädchen hatte sich nicht gerührt, vielleicht ihre Nackenlinie etwas gedreht, ihr Hals war ein Lilienstengel, auf dem ein sehr kleiner Kopf aufsaß, ihre Schultern schmal, fein gekerbt, und der übrige Oberkörper noch viel schmaler und sehr, sehr fein gekerbt, so daß die Rippen zu sehen waren. Wie hatte ich denken können, sie hielte sich für zu dick, vielleicht hielt sie sich für zu dünn? Und dann, als ich noch darüber nachdachte, wie sie wohl von vorne aussehen möchte, tauchte sie plötzlich unter und schwamm in mächtigen Zügen davon.

Das paßte nun nicht zusammen. Die Mächtigkeit. Wie ist dein Name: Petula? Indra, Julia, May, June, April (Eprill)? Oder vielleicht Sita? Ich glaube, ich wußte es sogar.

Inzwischen konnte ich das Mädchen in Abständen und an mehreren Stellen des Schwimmbeckens wiederentdecken: Sie schwamm die Länge hin und her, und ich erkannte sie an der weißen Haarklammer, sie schwamm übrigens in der Rückenlage einen unerhört langen, schlanken Schwimmstil, wie ich ihn noch nie gesehen hatte. Fast beängstigend schlank für meinen Geschmack. Und dann sah ich sie nicht mehr, ich verrenkte mir den Hals, weil ich sie weder unter den Schwimmern noch irgendwo hinten am Rand des Beckens entdecken konnte. Meine Schöne, Strahlende, meine Bewegliche? Vielleicht war sie auch schon gegangen, und ich hatte nicht genügend Obacht gegeben? Hält man es für möglich, ich erlitt hier einen schweren Verlust, von dem ich vor einer halben Stunde noch gar nicht gewußt hatte, daß ich ihn erleiden könnte.

Und dachte noch, wie war das möglich, wie konnte das passieren. Als sie direkt vor mir im Wasser stand. Hatte mich offensichtlich unterlaufen und befand sich an der alten Stelle, nur daß sie diesmal die Vorderseite präsentierte. Mein Gott, dachte ich, sie ist kein Mädchen, sie ist eine Frau, sie hat richtige Brüste, jetzt sehe ich es erst richtig. Das Gesicht schmal, fast kindlich, nicht mehr ganz so jung – da hatte ich mich wohl geirrt –, beherrscht von einem ganz hellen, einem hellgoldenen Strahlen. Also darin hatte ich mich nun nicht geirrt.

Und sie sah mich an.

Lächelte? Lächelte tatsächlich, und zwar in meine Richtung, so daß ich mich vorsichtig umdrehte, zu sehen, wen sie denn anlächelte, aber da lag nur der Herr Bodenhöfer und den konnte sie ja nicht gut angelächelt haben. Herr Bodenhöfer kam jeden Morgen, um seine Psoriasis zu sonnen, aber das war eine andere Geschichte, gegen Mittag verschwand er dann wieder. So daß ich sie fragte – – ich weiß, es war eine entsetzliche Frage:

«Kennen wir uns nicht?» – – Wir kannten uns tatsächlich, aber das war sehr lange her, sie sagte später einmal zu mir, ich hätte in diesem Moment wie ein armes Tier ausgesehen, ein Reh im Scheinwerfer. Na ja.

«Kennen wir uns? Sind Sie Buchhändlerin?» Sie aber verstand: Buchhalterin, und fand mich komisch. Denn jetzt stieg sie aus dem Wasser. Wohlgemerkt, bis zur Taille bedeckt hatte ich sie bisher – eine halbe Stunde lang – als ein Wasserwesen geliebt, als ein fernes schlankschwimmendes Element, das man sowieso nicht hätte greifen können. Aber nun sollte sie irdisch werden? Darauf war ich gespannt.

Sie wurde. O mein Gott, sie wurde ganz und gar irdisch. Die Wasser teilten sich, die Hüften wurden sichtbar, beidseitig gewachsene Schönheiten, die auftauchten. Und noch weiter auftauchten. Ich glaubte es nicht, da gab es unterhalb der ersten ungeheuerlichen Kurvatur noch eine zweite ungeheuerliche, ich hatte so etwas noch nie in Wirklichkeit gesehen, allenfalls in speziellen Fruchtbarkeitsmuseen. Wie sich da im Doppelschwung die prunkvollsten Hüften herausschwangen. Eine Astarte war das, eine Shakti, eine cyprische Aphrodite!

Ich glaube nicht, daß ich wie ein Reh ausgesehen habe, eher wie ein geblendeter Bock, der nicht glaubt, was er sieht: Urlandschaften, Kulturen, Subkulturen, ganze Kontinente! Ich übertreibe gar nicht, immerhin bin ich Historiker und darf mich auch einmal begeistern. Ich kann sehen, und ich erkenne die archaische

Landschaft, wenn ich sie sehe: Gut und Böse, Aufstieg und Niedergang, alle Lüste und Instinkte und das Abenteuer der Menschheit!

Und als sie ganz herausgestiegen war, diese Weibslandschaft, da sagte sie: «Nein.»

Keine Buchhalterin.

Martin Hielscher

Die dünne Eierschale der Wirklichkeit
Der Schriftsteller Ernst Augustin

«*Du bist zwar nur ein Beispiel – a dream within a dream –, und ganz hast du ja nie daran geglaubt, aber hier bin ich, ich lebe ja ...*»
Ernst Augustin: «Der amerikanische Traum»

Als im Jahre 1970 Ernst Augustins dritter Roman «Mamma» herauskam, der erste im Suhrkamp Verlag, war bei einem Großteil der Kritiker das Wohlwollen, das der Autor für sein Erstlingswerk «Der Kopf» (1962) geerntet hatte und das bei Erscheinen des zweiten Romans «Das Badehaus» (1963) schon etwas angesäuert war, einer tiefen Missstimmung gewichen.

Das Spielerische, Phantastische und scheinbar Willkürliche seines Erzählens, die zahllosen grotesken Einfälle und surrealistischen Scherze, die Augustin wie ein Feuerwerk abbrannte, erschienen den Kritikern nun wie das bodenlose Bramarbasieren und Renommieren eines allzu luftigen Geistes.

Einer sprach von fehlender «Seinsschwere» und klagte über das «bunte Allerlei von kränklichem Witz», ein zweiter führte aus, dass «jedes Spiel nur dann Daseinsberechtigung habe, wenn es nur scheinbar Spiel sei, weil es eben nur dann aus der Kraft und nicht aus der Unfähigkeit geboren sei», ein dritter schließlich hielt abschließend und vernichtend fest: «Konventionelles mit modischem Anstrich, Kolportage mit anspruchsvoller Verbrämung und schließlich Unfug, der sich als Tiefsinn tarnt.»

Hat Augustin sich davon beeinträchtigen lassen? Das hat er nicht, obwohl jene Abfuhr ihn sicher verletzte. Eine Kritikersatire am Anfang von «Eastend», seinem vorletzten Roman, kann man jedenfalls durchaus als späte Rache lesen. Dort sticht Kerrie, die Gattin der Hauptfigur, des Schriftstellers und späteren Psychotherapeuten Almund Grau, dem Kritiker O. seinen eigenen Kugelschreiber in den Hintern. O. hat Grau in einer Kritik bescheinigt, dass er fasele, dass er viel zu viel Stoff, d. h. Fleisch, und zu wenig Form, also Durchdringung, biete und versteigt sich zur kränkenden Anspielung vom «Kastratenspeck». Dafür muss er nun die schmerzhafte Durchdringung seines eigenen Specks durch Graus erboste Ehefrau erleiden.

Den Vorwurf des «Faselns» statt «Fabulierens» aber erhob der Kritiker Heinz Beckmann eben angesichts von «Mamma». Haben Augustin jene Verdikte der Kritik in der Gunst der Leser geschadet? So ganz folgenlos sind sie wohl nicht geblieben. Vor allem, da das vernichtendste von Marcel Reich-Ranicki stammte, der manches Huhn zum Kondor und diesen Ariel zur Schnecke machen konnte.

Die stählerne Mamma

Augustin, 1927 in Schlesien geboren und von Beruf eigentlich Psychiater, ist, obwohl von der Kritik durchaus immer beachtet, ein Außenseiter des Literaturbetriebes geblieben. Dabei war er so grandios gestartet und hatte für den ersten Roman gleich seinen in 27 Jahren dann allerdings einzigen Literaturpreis erhalten: den Hermann-Hesse-Preis. Erst Ende 1989 folgte der zweite, der Kleist-Preis, den ihm Adolf Muschg zudachte. Im Anschluß an Muschgs Laudatio las Augustin ein Kapitel aus: na was wohl? Aus «Mamma»!

Es ist abend, auf einer Station, und ich habe auf einem Pappteller Würstchen gegessen, jetzt schiebt sich schon die warme Nacht vors Fenster, die Blumenkörbe, die unter den Perrondächern hängen, werden gegossen. Vorn liegen die nächtlichen Wälder, und nach diesem Aufenthalt fahren wir durch einen schwarzen warmen Tunnel, es schieben sich die Stationsschilder vors Fenster, die wenig, gelb beleuchtet sind. Anhalt ... Schwarzburg-Sonderhausen. Wir kommen ins Preußische, Halberstadt-Gotha, Rudolfstadt, Hessen-Darmstadt, Sachsen-Meiningen, und dann nach Wallersdorf-Schaumburg-Lippe hinein. Ins Lippische. Ins Koburgsche. Wir fahren in der Nacht über eine Brücke auf neunzehn Schiffen, die mit dem Wasser steigen und sinken. Wir kommen nach Bayern hinein.

Morgens um vier erreichen wir den Münchener Hauptbahnhof.

Abbildung 17: Mamma

Dieser Roman in drei Teilen erzählt die Parallelbiographien der Drillinge Kulle, Stani und Beffchen Niemann, und zwar in einer vertrackten Gegenläufigkeit vom Tode bis zur Geburt. Der harte Konkurrenzkampf der patenten Drillinge um die Gunst der Mutti führt dazu, dass sie sich sozusagen gegenseitig umbringen, bis der dritte sie alle drei und damit sich selber rückwirkend auslöscht.

Der Roman beginnt mit einem grässlichen «Gang zu den Müttern»: die drei Brüder Niemann – General, Kaufmann und Chirurg – müssen wegen ungenannter Vergehen die Eiserne Jungfrau küssen und sterben einen schrecklichen Tod. Während diese stählerne Mamma sie erbarmungslos verschlingt, bringt an gleicher Stelle die – zumindest aus der ewigkindlichen Perspektive ihrer Söhne – mit Riesenbrüsten und ausladenden Hüften ausgestattete Frau Niemann Drillinge zur Welt. Jeder von ihnen erzählt nun nacheinander seinen Lebenslauf, der jeweils auf geradezu haarsträubende Weise, einem Hans-im-Glück-Muster folgend und die Jahrhunderte und Landschaften zum Teil wild durcheinander würfelnd, der Strategie unaufhaltsamen Aufstiegs folgt.

Kulle, wie einst Laurence Sternes Onkel Toby («Tristram Shandy») nur Militärischem zugänglich, wird allen Widrigkeiten zum Trotz General. Weder ein Sturz in die Jauchegrube, noch Plattfüße bei der Musterung, weder die Beschießung durch Unteroffizier Wenzel, dem er die Geliebte ausspannte, noch die Erschleichung von Orden durch die Verwechslung mit seinem Bruder Stani, noch das Duell mit General v. Schickler-

Demmin schließlich können verhindern, daß Kulle zuletzt selber General wird und nebenbei auch die reizvolle Gattin des verblichenen Opponenten übernimmt.

Was in dieser Konstellation angedeutet ist, wird aber in allen drei Lebensgeschichten auch ganz direkt inszeniert: das Liebeswerben um die Mamma, der Inzestwunsch. Und in allen Fällen, dem Abgründigen, Tabubesetzten, absolut Verbotenen und darum umso Bedrohlicheren dieses Wunsches entsprechend, mündet die Inszenierung des Inzests wieder in die Geburt oder den Tod des Söhnchens, ins anfängliche Trauma.

Stani, der zweite, wird Kaufmann. Wie Kulle, so folgt auch er einem von Anfang an vorhandenen, sein ganzes Wesen erfassenden Trieb, der in seiner Version übrigens für Kulle tödlich endet. Stani handelt mit allem, was nicht niet- und nagelfest ist, so auch, schon im zarten Alter, mit Pferdedung, und lockt den neidischen Kulle, der mit leicht zugänglichem Abtrittsdünger Stanis Marktvorteil übertrumpfen will, zum Sturz in die Jauchegrube, aus der sein Bruder erst nach drei Tagen wieder herausgezogen wird. Dieses verwirrende Erzählprinzip, mit jeder Schraubendrehung in ein neues Bewusstsein die bereits erzählte Geschichte wieder aufzuheben, war es wohl auch, das die Kritiker verstimmte.

Stanis Reisen nach Stockholm, nach Russland (wo er von einem unheimlichen Grobian namens Sulkin erst übers Ohr gehauen wird, ihm dann in einer abenteuerlichen Verfolgungsjagd bis nach Moskau nachsetzt, wo Sulkin, der überall nur Angst und Schrecken verbreitet, einen Moment lang zu Stalin mutiert), nach Amsterdam schließlich, wo Stani sowohl den Tuchhändler Soetken als auch dessen Tochter Jette gewinnt, sind phantastische, mit groteskem Witz und fast schon gespenstischer Detailbesessenheit erzählte Episoden. Stani ruiniert auch seinen zweiten Bruder Beffchen, aber am Ende brennt ihm das Haus aufgrund der allzu ausgiebigen Kochkunst Jettes überm Kopfe ab. Hilfesuchend eilt er zu Bruder und Mutter, die er zuvor kaltherzig aus ihrem eigenen Hause vertrieben hatte, und wird von den beiden mit Stilton-Käse heimtückisch vergiftet.

Die unheimlichste der Triplebiographien aber ist die Beffchens, der schon auf Kindesbeinen zum Chirurgus avanciert und als rotzbengeliger Jungarzt in der Waschküche den Stani zu Tode kuriert – von Kulle hören wir erst gar nicht mehr.

In die Geschichte von Beffchens Ausbildungsgang hat Augustin wohl auch Reminiszenzen an die eigene Studienzeit in Rostock und Berlin eingearbeitet, vor allem aber die zur Chirurgie gehörende Phantasmagorie des künstlichen Menschen, der «künstlichen Mutter», der Automatenfrau mit den dazugehörigen abgründigen sexuellen Obsessionen. Hier erreicht die Inzestthematik, aber auch die Drastik einzelner Episoden, ihren Höhepunkt, wobei Augustins Perspektive und Erzählstil merkwürdigerweise niemals Ekel provozieren, auch nicht selbst einfach nur Obsessionen folgen. Sie wirken ebenfalls nicht voyeuristisch. Ironie und Detailgenauigkeit verbinden sich zu einem Stil, der sich der dargestellten Welt und den Figuren nähert wie jemand, der «auf Haaresbreite in meinen Schritt hineinwanderte»,[1] ohne sich über Figuren und ihre Obsessionen lustig zu machen.

Die geradezu schwindelerregende Pointe dieses dritten Teils von «Mamma»: Beffchen, von Lehrjahren in Italien zurückgekehrt, bekommt beim ersten Nachtdiensteinsatz in der Heimat gleich die eigene Mutter unters Messer geliefert und führt, ein furchtbarer Chirurg, im Versuch, den entzündeten Blinddarm zu entfernen, gleich eine Totaloperation durch, bis er bemerkt, daß die Beschwerden der Mutter daher rührten, daß sie Drillinge erwartete – die, da er der Mutter ja inzwischen den ganzen Leib auseinandergenommen hat, wohl kaum mehr eine Lebenschance haben, womit der Chirurgus sich aber, wie schon gesagt, selbst wegoperiert hat. (Diese Szene hat Augustin bei der Kritik geschadet, und in seinem Roman «Raumlicht» findet sich sechs Jahre später eine Bemerkung dazu: «Ich habe jetzt nicht die Absicht, eine Operation zu beschreiben, das habe ich schon einmal ausgiebig getan, und man hat es mir auch entsprechend übelgenommen.»)[2]

Die drei so grandiosen Lebensläufe beginnen mit dem Tod und münden wieder in ihn, es sind in der Sekunde der Geburt und des Todes inszenierte (Größen-) Phantasien, ja hier wird Ursprung und Dynamik des Phantasierens, des männlichen Phantasierens zumal, in der unauflöslichen Verbindung mit dem Begehren der Mutter souverän vorgeführt, es wird sich in seiner Unendlichkeit selbst zum Thema und gerät damit in den

Mahlstrom der Fiktion, die sich am Ende selbst verschlingt. Es ist eine kindliche Märchenwelt, die hier
dargestellt wird, in der es nur die Mamma, keinen Vater
gibt, höchstens Konkurrenten, Feinde und Verfolger,
die gezielt zur Strecke gebracht werden.

Wenn man das Buch so liest, dass hier drei[3] in den
Sekunden und Minuten der Geburt, gegen die Todes-
angst entworfene grandiose Lebensphantasien durchge-
spielt werden, so fühlt man sich plötzlich an Augustins
letztes Buch «Der amerikanische Traum» (1989) erinnert.

Vertrackte Zeitspur

Dieser Roman macht eines der entscheidenden Erzähl-
mittel Augustins besonders deutlich, das hier regelrecht zum Inhalt wird: das Spiel mit der Zeit – «Denn,
wo und auf welcher vertrackten Zeitspur ich nun wirklich laufe», sagt der Geist der Erzählung gleich zu Anfang des Romans, «darüber bin ich mir selber nicht
ganz im klaren.»

1944, im letzten Kriegssommer in Mecklenburg, ra-
delt ein kleiner Junge, ein Bündel Holz vom Neumüh-
ler See auf dem Gepäckträger, auf der Chaussee zurück
nach Schwerin. Eigentlich befindet sich das Kind aber
am Oberlauf des Orinoco, bedroht von Raubkatzen, von
Yaqui-Indianern gejagt, gequält vom Schatten Don Rod-
rigues', des brutalen Polizeigouverneurs, und kurze
Zeit später verwandelt sich der Knabe mitsamt seinem
Fahrrad in einen Gangster, der auf Chicagos Straßen
mit einem schnittigen Bugatti die Polizei abhängt.

Das Spiel mit dem Tod, das Spiel von Jagd und Verfolgung, von Gewinn und Verlust, von Schatzsuche und Mädchenraub erhält eine unvorhergesehene und nun wirklich tödliche Wendung: eine amerikanische «Lancaster» mit dem hübschen Namen «Deathdealer» und einer dreiköpfigen, fidelen Killercrew an Bord, dem mickrigen Eddy und den vierschrötigen Brüdern Bag und Marko, nimmt den Jungen aufs Korn. Die Zwillings-Oerlikons des Gunners lassen dem Knaben keine Chance:

> «Kein Blut ... Aber innerlich war wohl etwas ernstlich eingedrückt, der Brustkasten und der offene Bauchraum, wohin das Blut abfloß und das kleine Gesicht weiß machte, spitz und hohl wie einen dieser papierdünnen Vogelschädel, die man manchmal findet ... Der kleine Junge starb. Mit all seinen Schätzen, mit all seinen ungeheuerlichen nicht gelebten Möglichkeiten ...»[4]

und den mit Hilfe der Abenteuerbücher aus der Leihbücherei atemlos inszenierten Verwandlungen und Verzauberungen der eigenen kleinen Existenz und kleinen Welt Mecklenburgs ins Großstädtische und Dschungelhafte.

Jener Geist der Erzählung aber

> («Ich bin ein beweglicher Geist, ich bewege mich schnell, fast schwerelos, und bin kaum zu treffen ... ich gehe durch die Straßen, mich selbst sozusagen wie eine versteckte Waffe mit mir führend, sonst eigentlich gar nicht richtig anwesend, und es sind dunkle Straßen, durch die ich gehe, schwarze und streng riechende»)[5]

erhebt Einspruch, erwirkt einen Aufschub für den Jungen:

> «So geht das doch nicht. Ich bin aufgestanden und habe die Hand gehoben, ja das gibt es, ich kann aufstehen und die Hand heben, und ich sage: Ich akzeptiere das nicht. Da liegt die ganze Welt, die liegt doch schon da, fast schon Fleisch und Blut und atemloses Erstaunen. Und nun einfach Zero?»[6]

Nein. Und so tritt auf die Bühne dieser in ihrem Entschwinden für Sekunden oder für Jahre aufgehaltenen kindlichen Phantasiewelt der Privatdetektiv Hawk Steen, eine Gestalt wie aus den Romanen Chandlers und Hammetts, aber eben auf die Vorstellungen eines kleinen Jungen, auf seine Weltperspektive und Erlebnismöglichkeiten zugeschnitten, verkleinert oder auch vergrößert: «Ich bin», sagt dieser kindliche Ariel, «sein Geist (aber ganz stimmt das auch nicht), und ich bin deshalb so sehr am Leben, weil er mich so lebendig gemacht hat.»[7]

In wilden, halb an den Film, halb an Comic-Strips erinnernden Episoden wird Steen, fast ohne es selbst zu wollen, zum kindlich-kindischen Rächer an Eddy, Marko und Bag. Er beginnt in einer schmutzigen Stadt im Norden der USA, landet in einem schäbig-heruntergekommenen Miami und flieht vor Bag, dem schlimmsten der drei, nach Costa Rica, wo es in den tropischen Wäldern, Lagunen und Sümpfen an der Grenze zu Nicaragua zum Showdown kommt.

Traum und Spiel

Alle Abenteuer changieren ständig zwischen geradezu elefantiös-üppigen Vorstellungen und clownesken Chocs, die den Helden regelmäßig aufs Kleine, Unterlegene reduzieren, und reproduzieren eben darin den Ursprung dieser Phantasien.

Traum und Spiel sind die beiden Grundmuster Augustinschen Erzählens. Reinhard Baumgart schreibt:

> «Es geht hier also wirklich zu wie in Träumen: pathetisch, albern, unheilschwanger, spielerisch. Auf nichts ist Verlaß, weder auf den Ernst, noch auf den Witz der Lage. Auch wenn der Schlußfight zwischen Hawk und Bag immer näher rückt, bleibt ungewiß, ob er die bittere männliche Würde eines Showdowns durchhalten oder nicht plötzlich umschlagen wird in eine Tortenschlacht.»[8]

Auch Hawk Steen ist ein Hans-im-Glück, der «amerikanische Traum» ein Märchen- und Kolportagewerk mit doppeltem Boden.

> «Es sind Träume», heißt es, «Verschlüsselte Botschaften, Brotbäume, die Eingangspforten bilden, herabhängende Wasserschleier, so wie sie einmal – wie lange ist es her – ausgedacht wurden.»[9]

Aber der Junge muss ja wirklich sterben, und jenseits des psychodramatisch inszenierten Kampfes zwischen Mamma und Papa, tropisch-wuchernder Mütterwelt und Gangsterreich, wo der Böse wie im Comic-Strip und im Alptraum nach jedem noch so vernichtenden Schlag doch gleich wieder aufsteht, bebt dieser wirkliche Tod im ganzen Text nach, die Angst im fröhlichen «Augustin-Sound» (Baumgart).

Kolportage, Größenphantasien und Wunscherfüllung werden nicht entlarvt, auch nicht tragisch gebrochen, sondern mit einem doppelten Boden versehen, der zum einen Augustins Stil selbst entstammt, zum anderen in der Konstellation von imaginierendem Jungen und erfundenem Geschöpf Ausdruck findet.

Die Sprache des Autors beschreibt Baumgart als

> «Mischung aus Grandiosität und Albernheit, aus cooler, schnoddriger Renommierlust und einem unterirdischen Kichern, aus heroischem Einsamkeitsgestus und flirrender Kinderangst».

Und Autor und Geschöpf oder besser gesagt, Autor, Erzähler, Protagonist und dessen Geschöpf, der Geist oder das Gespenst der Erzählung?

Hawk Steen ist, wenn auch nicht ganz, der Geist des Jungen, denn umgekehrt, in den zwei, drei Sekunden des Sterbens, dem ganzen Leben, das der Junge nun doch noch vor sich hat, wird er zum Geschöpf Hawk Steens, der durch die «schwarzen und streng riechenden Straßen» des Todes eilt und die Luke der Zeit öffnet. Wer ist Hawk Steen, in diesem oder im nächsten Leben?

Ganz genau, wir zitierten es schon, weiß er es selbst nicht:

«Ich bemühe mich ja. Dennoch beschleicht mich manchmal das Gefühl ... – keine Angst, nein, keine Angst, aber das bodenlose Gefühl beschleicht mich, eine Unperson zu sein.»[10]

Wer träumt hier eigentlich wen, der Junge Hawk Steen oder Hawk Steen den Jungen, der Autor alle beide, aber wer ist dann das Gespenst der Erzählung und wer träumt den Autor?

In einem Gespräch sagte Augustin, unterirdisch kichernd, das Leben sei doch nichts als der Traum, den der Tod träume: «Kurz vor Torschluß träumt er noch schnell ein Leben.»[11]

Erzähler Tod

Augustin, der «Experte für letzte Sekunden», entwirft den Tod selbst als grandiosen Erzähler in letzter Sekunde.

Allmählich hat den Leser ein bodenloses Gefühl beschlichen, keine Angst, nein, keine Angst, aber das Gefühl, als hätte er das schon einmal gelesen, déjà lu, und wie durch einen Zeitschacht stürzt er 27 Jahre zurück zu Augustins Erstling «Der Kopf» (1962), wo jenes Ineinander von Fiktion und Wirklichkeit, Erfinder und erfundenem Geschöpf, eine Art systematischer Verunsicherung des Bewusstseins schon einmal durchexerziert worden war, allerdings stärker als intellektuelles Kalkül.

War das, nebenbei gesagt, vielleicht der Grund, warum die Kritik diesen Roman so lobte, die weiteren, reicheren, fleischlicheren dann aber nicht? Warum selbst der «Spiegel» den «Amerikanischen Traum» für «zu leicht» befand, eben das Magazin, in dem einst Hans Magnus Enzensberger mit einer Rezension des «Kopf» den Ruhm des gänzlich unbekannten Autors begründete?

Türmanns Phantasien

Ein Versicherungsbeamter mit dem schönen Namen Türmann denkt sich, aus Angst wohlgemerkt, einen zweiten Mann namens Asam, Studienrat und Lederstrumpf, der wiederum aus einer kleinbürgerlichen Spießertragödie in eine welterschütternde Katastrophe und postatomare Unterwelt stürzt. Aus der arbeitet er sich in die Steinzeit empor, in eine Welt, in der alles noch einmal anfängt. Verfolgungsjagden, der ewige Kampf mit Popow, dem dumpf-brutalen Clown, Ausbeuter und Widersacher, ein Kampf nicht bloß um die Gunst von Suse und einer blutjungen Gastwirtstochter, sondern ums blanke Überleben. Popow ist aber ebenfalls eine Gestalt aus Türmanns Phantasien, oder soll man sagen, Wahnideen? Schließlich denken sich auch Asam und Popow ihre Geschöpfe und Welten, überzeugt, in einem «Strom von Wirklichkeit» zu agieren, in dem wiederum – hier wird das Prinzip unendlicher Verschachtelung zur Schlange, die sich in den Schwanz beißt, zur liegenden Acht – an gewissen Stellen auch Türmann, der Demiurg, auftaucht und immer wieder der Stein, den Asam am Schluss Popow auf den Schädel prasseln läßt. Das ist jedoch kein anderer Stein als der, den vierhundert Seiten früher, am Anfang des Romans, Türmann auf seinem Balkon in der Hand hält, als er Asam, den es nicht gibt, unter sich auf dem Gehsteig sieht, Asam, der sich in dem Augenblick, wo er Popow tötet, selbst vernichtet, weil Türmann ihn satt hat.

Wie Hawk Steen so spürt auch Asam in mancher Schrecksekunde, dass er vielleicht nur eine Unperson ist:

> «Oh du mein Gott, dachte er, dies Gefühl kenne ich, es wird gleich vorübergehen, als ob er gar nicht vorhanden, sondern nur in Gedanken, sozusagen als etwas Ausge-dachtes bestünde. Dieses Gefühl ... war schon vorüber. Asam hatte sich nur geringfügig erschrocken, weil es ihm nichts Neues war und er außerdem wußte, daß er sich doch gleich wieder zurechtfinden würde in seinem Ich (welches sein Ich war)»[12],

eine, wie der Leser weiß, trügerische Sicherheit.

Nicht nur die Zeit wird in Augustins Roman in un-heimlicher Weise gedehnt und verkürzt – eigentlich existiert Asam, um dessen Geschichte es sich im wesentlichen handelt, ja nur sekundenlang, so lange, wie Türmann, den Stein in der Hand, ihn denkt, bis er beschließt, Asam zu vergessen und ins Kino zu gehen (wir haben hier also die gleiche Erzählklammer wie im «Amerikanischen Traum») – auch die Räume kippen ständig ineinander, so daß die Türen in Türmanns Kopf zu Falltüren ins Bodenlose werden.

Nicht nur Asams Ich, das Ich überhaupt und die es

konstituierenden Gewissheiten von Raum und Zeit, von Linearität und Dauer werden erschüttert, bei Türmann und beim Leser, der in seinem eigenen Kopf zu stolpern beginnt. Voller Selbstsicherheit erklärt Türmann einem irritierten Gesprächspartner anfangs, was es mit dem Kopf für eine Bewandtnis habe:

> «Ich will Ihnen ja nur deutlich machen, was ich meine, wenn ich jetzt abermals den Kopf anführe, diesen Riesenkopf, der das *Ich* darstellen soll. Sozusagen befindet sich die ganze Welt im eigenen Kopf, und das Tollste ist, daß unsereins als Männchen darin herumspaziert und sich selbst also noch dazudenkt!»[13]

Aber am Ende des Romans, als der unsichere Versicherungsbeamte gerade aufgehört hat, Asam zu denken, und ihn damit vernichtet («Wenn ich dich nicht denke, bist du nicht da. Sicherlich ist dir das nicht angenehm»), da erfasst ihn plötzlich eine schreckliche Ahnung, ein Schauder:

> «… er fühlte sich im Augenblick nicht genügend gedacht; oder fühlte, wie es sein könnte, wenn er einmal durch irgendeine Stockung nicht genügend gedacht würde. Oh Gott, betet er»

– wie anfangs schon Asam zu Türmann betete – «denk mich bloß, um Gottes willen»[14], womit er natürlich Augustin, seinen Demiurgen, meint.

Und wer, könnte der Leser sich bei diesem Pirandello-Spiel, wo das Geschöpf sich an seinen Erfinder klammert, damit es weiter existieren kann, entsetzt fragen, wer denkt Augustin – und *uns*?

Einen «grandiosen metaphysischen Witz» nannte Enzensberger den «Kopf», der in manchem kafkaeske, in anderem Züge der «Stadt hinter dem Strom» aufweist, aber auch an Lewis Carroll, E. T. A. Hoffmann und Jorge Luis Borges denken läßt – nur ein Witz war es nicht allein, eher ein Spiel mit der Brüchigkeit des Bewusstseins, ein Kopfspiel, ein sehr ernster Scherz.

Die Beschäftigung mit jener Zerbrechlichkeit des Subjekts, der Leichtigkeit, mit der es zu erschüttern ist, wenn die vertrauten Koordinaten von Raum und Zeit mit einem Mal aufgehoben werden, das verbindet Augustin übrigens mit Kleist, in dessen Namen er seinen zweiten Literaturpreis erhielt.

Eine Liebesgeschichte & Das Phänomen der Schizophrenie

Der neben «Eastend» wohl beeindruckendste und erfolgreichste Roman des Münchners, «Raumlicht: Der Fall Evelyne B.», widmet sich diesem Thema in einer anderen Weise, als es bei den ersten drei, experimenteller angelegten Romanen der Fall war.

Obwohl Augustin auch hier wieder ein furioses Spiel mit Raum und Zeit treibt, werden doch zwei Erzählstränge konsequent und gut nachvollziehbar, wenn auch kunstvoll ineinander verwoben verfolgt – die Geschichte eines Nachmittags und die eines ganzen Lebens.

Der Fall der Evelyne B. ist die Geschichte einer Schizophrenen, erzählt aus der Perspektive ihres behandelnden Arztes, und es ist zugleich, im Muster Arzt-Patientin, eine Liebesgeschichte, in der unversehens ein antikes Vorbild wiederkehrt, nämlich das Orpheusmotiv: Die Geschichte vom Mann, der hinabsteigt, um die geliebte Frau heraufzuholen.

Dass der Roman solch ein Erfolg wurde, war vielleicht zum Teil ein Missverständnis. Er erschien im Jahre 1976, gleichzeitig mit Heinar Kipphardts Roman «März», der düster-schönen und unglücklichen Geschichte des Schizophrenen Alexander März und seines ratlos-mitleidenden Arztes Dr. Kofler (beide, Kipphardt und Augustin, waren bzw. sind Schriftsteller und Psychiater; beide wurden ausgebildet an der Berliner Charité). Die neueste Stimmung im Westen war nach der Aufbruchsphase Ende der sechziger, Anfang der siebziger Jahre einer Ernüchterung gewichen, einer Eiszeit und Selbstzerfleischung, dem erhöhten Bewusstsein von den Zerstörungen gerade bei denen, die eigentlich ein anderes Leben hatten durchsetzen wollen.

Im Schizophrenen verkörperte sich für viele die mißlungene Versöhnung von Individuum und Gesellschaft, die Zerreißprobe, der das Subjekt unterm Anpassungsdruck der Normalität und ihrer Agentur, der Familie, ausgesetzt war. Der Schizophrene, das war weniger der unbekümmerte, anti-ödipale «Schizo» von Deleuze/Guattari, das war vielmehr der double-bindgeschädigte, von tragischer Produktivität heimgesuchte Märtyrer, der «Selbstmörder durch die Gesellschaft» (Artaud).

In diesen Vorstellungen, im Schluss von Kipphardts Roman, der Selbstverbrennung des «Gekreuzigten», wiederholte sich das melodramatische Schicksal Werthers, jenes urdeutschen Phantasmas. Augustins Roman ist von ganz anderer Art. Es ist ein Roman der Heilung, ein ganz untragisches Buch, was überhaupt nicht heißt, dass es unempfindlich wäre. Die mörderische Praxis der herkömmlichen Psychiatrie, das Schocken und Punktieren der Patienten, das Abschieben der Schizophrenen in die angebliche Uneinfühlbarkeit und Unheilbarkeit, das destruktive Unverständnis der Durchschnittspsychiater werden mit wütender Genauigkeit beschrieben.

Dennoch herrscht von Anfang an ein anderer Ton, ein Ton der Vorfreude sozusagen, mit der sich der Arzt gemeinsam mit Evelyne auf die Reise begibt, auf eine «sausende Talfahrt» durchs eigene Ich, eine vierstündige und doch ein Leben einschließende Reise; denn was wir als Lebensgeschichte des Arzt-Erzählers erfahren, berichtet dieser eigentlich Evelyne, um ihr Vertrauen zu gewinnen, aber auch um ihr (und uns) etwas zu erklären. Es ist übrigens auch eine Reise, die ein Leben währt, wenn auch aus anderen Gründen.

Und durch wessen Ich geht nun eigentlich die Talfahrt? Durch Evelynes oder des Erzählers Bewusstsein? Durch beider, das ist der Witz!

Mit Sachlichkeit und Wagemut zugleich wird hier das Phänomen der Schizophrenie erkundet, und zwar sowohl als absolute und vernichtende Bedrohung, die es abzuwenden gilt, *und* als ungeheure Produktivität, die durchaus zu erhalten und zu gewinnen wäre, ja dem sogenannten Normalen als Spiegel ganz anderer Möglichkeiten vorgehalten werden kann.

Augustin betrachtet die Schizophrenie weniger im gesellschaftlichen als vielmehr im existentiellen Kontext. Der Roman folgt – und das ist gewissermaßen eine Wende in Augustins Erzählen – einem deutlich autobiographischen Muster. Kurz nachdem nachmittags um halb vier Uhr Evelyne B. das Haus des Psychiaters in der Orffstraße durch die Vordertür betritt, setzen die Erinnerungen des Arztes ein, der Bericht von den Stationen seines Lebens, die sich direkt oder indirekt mit dem Leben Evelyne B.s kreuzen. Der andere Erzählstrang zeichnet minutiös die Behandlung selbst nach, den Gang durch ein Spiegelkabinett, durch Tricktüren, Wasserfälle und Sümpfe, durch Raum-Zeit-Verwirrspiele, die durch gezielte Chocs und kathartische Schrecken das aus den Fugen geratene Koordinatensystem der Patientin neu installieren sollen.

Ihr fehlen nämlich die Gewissheiten des normalen Raum-Zeit-Gefüges, sie hält sich jenseits davon auf, in einer vierten Dimension, während der normale Mensch sozusagen Gefangener der Dreidimensionalität bleibt und die bodenlose Erschütterung einer zusätzlichen Erfahrungsebene gemeinhin nicht kennenlernt.

Anders der Arzt, der Ich-Erzähler:

«Mit dreizehn erfuhr ich es zum ersten Mal ... ich überlege, ob ich baden gehen soll, auch keine Lust, ich sehe mich in diesem ruhigen graugrünen Wasser untertauchen, ich tauche nämlich nicht gerne, weil es mir in die Nase schlägt, und im Augenblick hier im Sessel kann ich mir die graugrüne Wasserwand ganz leicht vor Mund und Nase vorstellen, einen Zentimeter vor der eigenen Luftröhre, also ganz dicht vor dem Ertrinken. Und da fällt mir zum ersten Mal ein, daß ich ja *lebe*, ganz deutlich hier im Sessel lebe ich plötzlich und bin zutiefst erschrocken, wie denn das überhaupt möglich ist ... Das war genau der Augenblick, in dem ich abgerutscht bin ...»[15]

Vorübergehend wird der Erzähler ‹eingeschaltet›, dann gleich wieder ‹ausgeschaltet›, er kann zurückkommen von jenem Ort, an dem er sich «jenseitig ... nicht eigentlich tot, aber auch nicht lebend» gefühlt hatte, «etwa so, als ob ich mich an einem Ort befände, von dem aus gesehen beides wiederum bloß Einbildung wäre»[16]; ihm gelingt es, die Angst, die mit diesem plötzlichen sekundenschnellen Umschalten einhergeht, zu ertragen, während manche von jenem Ort eben nicht mehr zurückkehren und dafür «unter gewissen Diagnosen die Heilanstalten bewohnen».

Wie Evelyne, der der Erzähler zuerst in der Nervenklinik der Berliner Charité begegnet. Evelyne, eine niedliche Sechzehnjährige mit einem hellbraunen «Löwenköpfchen», die sich in hellsichtigen Augenblicken als «psychische Selbstgefangene» bezeichnet und in einer aufkeimenden Verliebtheit zwischen jungem Arzt und noch jüngerer Patientin zu kokettem Phantasiespiel in der Lage ist; Phantasien, die anderen Ärzten wie Wahnideen vorkommen.

Wahn und Phantasie

«Man sieht also», schreibt der Autor,

> «wie eng Wahn und Phantasie beieinander liegen kön-
> nen; selbst für den Fachmann oft kaum zu unterschei-
> den, wobei der Wahn die Wirklichkeit des Erkrankten
> ist, die Wirklichkeit dagegen von ihm als unglaubwür-
> dige Fiktion empfunden wird, oder auch umgekehrt.»[17]

Von Evelyne stammt auch die Metapher vom «Raumlicht», einem «schwarzen Licht», das sie immerfort an-
leuchte, auch von der Tür her, die sich «zwischen ihr»,
wie sie sagt, öffne und durch die die Krankheit ein-
ströme, was dazu führt, daß sie Wände, Schränke und
auch Menschen nicht mehr als etwas Festes, Gegebenes
hinnehmen könne; das «fließende Bewußtsein». Die
Therapie besteht später dann zum großen Teil darin,
Wände, Türen, Schränke als fest und durchlässig zugleich erfahrbar zu machen, das fließende Bewusstsein
zu retten, ohne daß es sich im Nichts verliert.

Der junge Arzt verlässt, wie Augustin selbst es 1958
tat, Berlin (und Evelyne) und geht über Pakistan für drei
Jahre nach Afghanistan, in ein amerikanisches Wüstenkrankenhaus:

> «Ach, Afghanistan, in meinen Träumen liegt es immer
> im Regen, die spitzen schwarzen Berge und die ausge-
> sägten Grate der Kakaowüste, die wir jeden Monat ein-
> mal durchfahren, um zum Brückenjob nach Shindan zu
> gelangen. In meinen Träumen heißt der Regen: Gefühl.
> Obwohl es in Afghanistan nie geregnet hat, soweit ich

mich erinnere, höchstens im Winter, und dann ist es unheimlich still im Land, beides, still und unheimlich,
ohne einen Menschen auf hundert Kilometer.»[18]

Afghanistan wird für den jungen Arzt zur Initiation.
Die Erfahrung verdichtet sich in Szenen wie der vom
Fakir, der sich Dolche durch die Zunge und die Wange
und ein Schwert durch den Leib rammt, in Trance, im
Jenseits, an einem Ort, der weder Leben noch Tod ist,
sondern interessiert, belustigt, spöttisch darauf zu
schauen erlaubt.

Der junge Arzt hat Evelyne verlassen, die er später
in München völlig ruiniert und zerstört und fast verloren in der Psychiatrie wiederfindet, aber er bewegt
sich die ganze Zeit, die ganzen Jahre eigentlich nur auf
sie zu. War Afghanistan der Einstieg in die vierte Dimension, so bringt die Indienerfahrung des Ich-Erzählers ihm das tatsächliche Erlebnis des Außer-sich-
Seins, der Ekstasis, der «profanen Erleuchtung» – das
«Samadhi».

Während der Ich-Erzähler Evelyne in seinem zum
Vexierkabinett und zur künstlichen Tropenwelt um-
gebauten Haus (wie das von Augustin) durch Strom-
schnellen, Blütenwälder, durch künstliche Sümpfe und
herabhängende Pflanzen- und Wasserschleier schickt
und begleitet – wie wir sie dann im «Amerikanischen
Traum» wiederfinden –, berichtet er von seinen Yoga-
übungen bei Ashram Miram in Madurai. Sie haben, so
komisch, ja lächerlich sie sich ausnehmen, so beiläufig
und unprätentiös sie wirken, eben doch den Effekt, dass

sein Bewusstsein, als er es schon gar nicht mehr erwartet, sich auf einmal öffnet:

> «Eine sausende Talfahrt, wenn ich sie so beschreiben darf, nicht nach unten, aber durch mich hindurch: als ob sich mein innerstes Ich herumstülpte, um mich und um die ganze Welt, die da nichts weiter als ein kleiner gelber Lehmbahnhof in meinem Innersten war, wo ich selber herumstand»

– was man auch, in Gedanken an den «Kopf», den «Türmann-Effekt» nennen könnte.

Und weil der Arzt, der Erzähler, Ernst Augustin oder sein Geist, diese Erfahrung gemacht hat, auf den Trip gegangen und vor allem zurückgekehrt ist, zu sich, zu Evelyne, nach München, das gar nicht so sehr leuchtete, darum kann er Evelyne auch die stärkste aller Kuren zumuten: die Wellenmaschine, den Indischen Ozean, das riesengroße, brüllende Chaos, das nur durch eine kleine Eisentür, eine Eierschale, abgeteilt ist: «... springen Sie durch diese Eierschale», ruft er ihr zu, «die wir Wirklichkeit nennen ...»[19] und Evelyne springt und der Leser mit ihr, wenn er auch natürlich nur eine Ahnung von jener vierten Dimension bekommt, in die sporadisch einzutauchen die Lebensutopie wäre.

«Man hat nicht zwei Leben», erklärt der Arzt seiner entzückenden Patientin zuletzt, «und das ist hier und eine halbe Stunde vorm Abendessen», aber die Zeit und der Ort, der Stuhl und die halbe Stunde können plötzlich kippen, in sausende Talfahrt geraten, und man muss bloß, ohne gespalten zu werden, mitfliegen können und rechtzeitig wiederkehren. So wie auch Evelyne am Ende der vierstündigen Behandlung das Haus durch die Hintertür verlässt, um – in der typischen, die Zeit komprimierenden Kreisform von Augustins Erzählen – wenige Minuten später durch die Vordertür ein zweites Mal einzutreten, dieses Mal, man ahnt es schon, als Gattin des Erzählers.

Kalkül und Autobiographie

Hatte «Raumlicht» durch das Motiv der Heilung und den Weg dorthin, der uns als praktische, halb ängstliche, halb lustvolle Spiegel-, Sumpf-, Tür- und Wasserfahrt nebst dazugehörigen Phantasien ja detailliert beschrieben wird und durch Augustins Erzählen der eigenen Lebensgeschichte denen, die im Spiel nur Sandkastenspiele, in der experimentellen Entgrenzung nur Unverbindlichkeit und Unsinn sehen, nun scheinbar recht gegeben – obwohl doch auch «Raumlicht» von höchst komischen Abschweifungen und skurrilen Details einiges zu bieten hat – so liefert Augustins Roman «Eastend» von 1982 gewissermaßen eine Synthese aus Kalkül und Autobiographie, experimenteller Fragmentierung des Subjekts und seiner Lebensgeschichte und beruhigender Geschlossenheit.

Auch hier, beim vorletzten Roman, sind wir am Anfang schon dort, wo wir am Ende wieder sein werden, diesmal in einem Kapitänshaus im Londoner Eastend. Wie schon in einer Episode von «Raumlicht» geht es auch in diesem Buch u. a. um den Kauf des richtigen

Hauses, das nun geradezu zum Synonym für Arriviert-heit wird.

Er habe alles erreicht, erklärt der Makler, Händler und Gnom Bannister dem Psychotherapeuten Almond Gray, der eigentlich der Münchner Schriftsteller Almund Grau ist, Erfahrung, Wissen, Ansehen, ja auch Reichtum. Und Gray erwidert – das Ganze wirkt wie ein Dialog zwischen Sherlock Holmes und Watson –, er könne das Ganze auch noch ein zweites Mal erreichen, mit einem «ordentlichen Rezept» zur «Korrektur der Wirklichkeiten», weißer Magie – der Kunst natürlich. Er *erzählt* also den Werdegang noch einmal, den er eigentlich schon hinter sich hat, der aber dabei auf ein-mal etwas Brüchiges erhält.

Wie schon in «Raumlicht» haben wir es mit einer Liebesgeschichte zu tun, und wir erhalten Einblicke in die Welt der Psychotherapie, allerdings gepfeffert sati-rische. Augustin wechselt souverän die Töne, chan-giert zwischen inniger Liebesgeschichte, Großstadt-Evokation, Situationskomik und Groteske, Ausflügen ins Horrorgenre, hochpoetisch-melancholischen Land-schaftseindrücken und Satire so gekonnt wie in kei-nem seiner anderen Romane.

War aber «Raumlicht» die Geschichte eines erfolg-reichen Liebeswerbens, so ist «Eastend» über weite Strecken die Geschichte eines Verlusts, der den Erzäh-ler fast in den Selbstmord treibt. Hier deutet sich an, was bei einem so gänzlich untragischen Erzähler wie Augustin dennoch, durch alle Leichtigkeit, Doppel-bödigkeit, durch seine Scherze und Capriccios hindurch eine dunkle Färbung gewinnt – der Verlust der geliebten Frau, der durch das Erzählen, den Wunsch, jene «Korrektur der Wirklichkeiten» erfahren soll; der Tod des Jungen im «Amerikanischen Traum», der zwar aufgeschoben, aber nicht aufgehoben wird.

Der Anfang vom Ende für Almund und seine Frau Kerrie in «Eastend» ist die Psychogruppe, in die sie eines Tages etwas unmotiviert gehen. Almund vermag sich und will sich dem Gruppendruck nicht fügen, wird zum Sündenbock und Außenseiter und treibt seine Frau dem Herrn Silfert (Silvi, mit Gruppenerfahrung) praktisch in die Hände. Eines Tages ist Kerrie jedenfalls weg.

«Ein Selbstbesonnener, ein Ruhiger, die Beine überkreuz, die Handflächen aufgekehrt», so beschreibt Augustin den Gruppentherapeuten Friedjelm Bähr, der Grau gleich zu Beginn Nerven kostet:

> «Nach dreizehn Minuten also – es können möglicherweise insgesamt auch bloß zehn gewesen sein –, nachdem kein Mensch auch nur annähernd noch irgendeine Hoffnung hegte, sprach er plötzlich. Er sagte: Ich fühle mich wohl. (Eine phantastische Sache.) Ich glaube jedermann im Raum war genauso verblüfft wie ich: Das sollte ihm einer nachmachen, saß hier für mein Geld – für unser Geld, ich darf nachrechnen, jeder zahlte dreißig Mark, das waren bei acht Leuten zweihundertvierzig Mark die Doppelstunde – saß auf seinem Arsch für zweihundertvierzig Mark die Doppelstunde und ließ uns dreizehn Minuten lang warten. Und dann fühlte er sich wohl.»[20]

Schwindeleffekte

Es gibt in diesem komischen, traurigen, phantastischen Roman des Verlustes und Wiedergewinnens eine Reihe von Motiven, in denen wiederum die Konstruktion sich um sich selber dreht und abgründig-unheimlich wird.

Zwei möchte ich herausgreifen: das Verhältnis von Almond Gray zu Almund Grau und die Geschichte der Hühner von Antiochia.

Der Plot (noch mal schnell) ist also so: Gray erzählt die Geschichte von Grau, der mit seiner Frau Kerrie in eine Selbsterfahrungsgruppe geht, die sich zur Katastrophe, zur griechischen Tragödie auswächst, sucht vergeblich seine verschwundene Frau, begibt sich nach einer makabren Szene bei einem Internisten, der ihm nichts Richtiges zum Selbstmord verschreiben mag, ins Gebirge, um in Eis und Schnee den Erfrierungstod zu sterben. Aber der Föhn kommt dazwischen und rettet ihn. Grau fliegt nach London, langweilt sich dort zunächst, bis er durch ein Versehen ins Londoner Eastend gerät. Und dort, im bunten, schmutzigen, multikulturellen und rauhen Milieu beginnt er nun plötzlich wieder zu leben, schreibt an seinem neuen Roman, der vermutlich genau der ist, den wir lesen – und rettet dem Zwerg Bannister, einer Mischung aus Shylock und Rumpelstilzchen, das Leben: eine der vielen halb realen, halb irrealen Episoden.

Daraufhin hat Gray drei Wünsche frei, freilich nur, weil er das selbst so sieht, das ist schließlich Tradition. Drei Wünsche: der erste betrifft das schon erwähnte

Haus, der zweite die Wandlung von Grau zu Gray, der dritte Kerrie.

Die Metamorphose des Schriftstellers Grau zu Gray ist also eine Idee Graus, der auf diese Weise als neuer Guru mit Auslandserfahrung nach München zurückkehren kann, um seiner alten Gruppe kräftig einzuheizen, Kerrie zu suchen und außerdem nebenbei eine Menge Geld zu scheffeln. Doch Kerrie findet er nicht.

Aber ist die Geschichte Graus nun tatsächlich aus der Perspektive Grays erzählt oder umgekehrt? Oder erfinden sich beide gegenseitig, wie zwei Wirklichkeiten, die wie Streifen in einem Tuch dicht nebeneinanderlaufen? Wieder erwischt den Leser bei einigem Nachdenken der typische Augustinsche Schwindeleffekt.

Wirklich abgründig ist schließlich die Geschichte der Hühner von Antiochia, die Almund und Kerrie, als sie noch zusammen waren, gemeinsam erfunden hatten. Um sich ihrer gegenseitigen Liebe zu versichern, stellen sie sich vor, daß sie sich auch im nächsten und übernächsten Leben wiedersehen und auch jederzeit, in jeder Gestalt wiedererkennen würden. Ob er sie auch als Huhn wiedererkennen würde, fragt Kerrie, und Almund bekräftigt, auch als Huhn, und er erinnert sich an ein früheres Leben, wo er als Hahn zum Markt von Antiochia getragen wurde, die Beine über einer Stange zusammengebunden, mit dem Kopf nach unten knapp über dem gelben Lehmboden baumelnd, um verkauft und geschlachtet zu werden. Da begegnet ihm Kerrie, als Henne, die vom Markt weggetragen wird, ebenfalls an einer Stange hängend, mit dem Kopf nach unten:

«Oh ja, nun erinnerten wir uns, wie wir beide schwankend und beide mit roten Augen nach unten hängend uns erkannt haben. Oh ja, in diesem Hühnerleben nur einmal und ganz kurz, nur solange wie der fette Bauer *(mit Hahn Almund, M. H.)* an dem dürren Bauer *(mit Henne Kerrie, M. H.)* vorübergezogen ist, haben wir uns mit unseren gefolterten Augen angesehen, und haben den Sprung gemacht ... nach Jahren noch erinnerte ich mich jedesmal, wenn ich den Kopf nach unten hielt: an den hartgebackenen gelben Lehmboden, der oben von den Bauernfüßen getreten wird, und an das feingefiederte, sonnige und unerreichbare Blau tief unten. Deswegen liegt der alte Götterhimmel immer unten, für immer in der Tiefe.»[21]

Und dann, fast am Ende des Romans, lesen wir plötzlich ein seltsames Kapitel, verstehen nach den ersten Sätzen gar nicht, wer spricht, wovon eigentlich die Rede ist, bis wir begreifen, dass hier sozusagen aus Hühnerperspektive erzählt wird. Ein langes Hühnerleben, drei Sommer und drei Winter, und am Ende steht der brutale Tod:

«Und dann traf mich der goldene Blitz ... Und ganz vorne ... hing sie, um sich mit der gleichen ernsten und sehr müden Stimme das Leben aus dem Leibe zu schreien, hing dort ... blickte mich mit ihren roten gefolterten Augen an, an denen ich sie erkannte ... Und sie? Hat sie mich erkannt?»[22]

Aber Augustin wäre nicht Augustin, wenn nicht am Ende des Romans, wie auch immer relativiert und durch die traurige und erschütternde Geschichte des Verlusts gebrochen, Kerrie doch noch wiederkehrte, durch den dritten Wunsch, die Kunst oder weiße Magie:

> «... da bist du ja! Kerrie in der grauen Fischgrätenjacke, die vorne herunterhing ... In ihrer dickgestrickten Fischgrätenjacke, die ich überall sofort erkannt hätte, unter der linken Jackentasche war noch ein absurdes Extratäschchen angestrickt, ein Zipfel. Und daran hätte ich sie mit Sicherheit erkannt. In jedem Leben? – In jedem Leben (sicherlich).»[23]

Anmerkungen

1 Ernst Augustin: Eastend, S. 243.
2 Raumlicht, S. 88.
3 Man könnte in den Lebensläufen auch noch eine aufsteigende Linie vom General zum Chirurgen erkennen: der erste muß noch mit vollem Körpereinsatz um die Mama ringen, der zweite kann um sie handeln, sie mit Stoffen und Geld erkaufen, der dritte sie als künstliche Mutter sogar neu erschaffen, fast schon ein Dichter zum Preis allerdings, dass der direkte Eingriff die Mutti schlicht ersetzt.
4 Der amerikanische Traum, S. 23.
5 Der amerikanische Traum, S. 7.
6 Der amerikanische Traum, S. 23.
7 Der amerikanische Traum, S. 24.
8 Die Zeit, Nr. 21, 19. 5. 1989, S. 69.
9 Der amerikanische Traum, S. 118.
10 Der amerikanische Traum, S. 8.
11 In: Martin Walder: «Von den Häusern des Bewußtseins», Neue Zürcher Zeitung, Nr. 249, 27. 10. 1989, S. 37.
12 Der Kopf, S. 22.
13 Der Kopf, S. 43.

14 Der Kopf, S. 423.
15 Raumlicht, S. 14.
16 Raumlicht, S. 14.
17 Raumlicht, S. 55.
18 Raumlicht, S. 79.
19 Raumlicht, S. 175.
20 Eastend, S. 22.
21 Eastend, S. 35 f.
22 Eastend, S. 235 f.
23 Eastend, S. 252.

Sherko Fatah

Laudatio auf Ernst Augustin

Meine Damen und Herren, hochverehrter Ernst Augustin,

diese Laudatio mit einer persönlichen Anekdote zu beginnen, wie von sachkundiger Seite empfohlen wird, fällt mir schwer, da ich den Preisträger wie die meisten von Ihnen erst hier in Lübeck kennen gelernt habe.

Ich kann aber, und das wird, wie ich glaube, ohnehin mehr im Sinne des Ausgezeichneten sein, mit einer Lesebegegnung beginnen, welche zu allem Überfluss auch noch den winzigen Ansatz zu einer dieser ganz unerwarteten und dennoch mit größter Gelassenheit, ja Selbstverständlichkeit erzählten Volten enthält, von denen das erzählerische Werk Ernst Augustins geprägt ist.

Es ist schon einige Jahre her, ich saß im schleswig-holsteinischen Wewelsfleth im von allen so genannten Butt-Raum, dort eben, Herr Augustin, wo der ganz anders märchenhafte Roman Ihres Kollegen Günter Grass entstanden sein soll. Ich hatte mir einige Bücher für meinen Aufenthalt mitgebracht, einen Stapel, der mich bald, allein durch seine aufdringliche Stapelhaftigkeit, unter Druck zu setzen begann. Zuoberst, auf dem damals noch ungelesenen «Butt», lag allerdings «Der amerikanische Traum», ein 1989 erschienener Roman unseres Preisträgers: Ein Erzählraum öffnet den anderen.

Mit Seitenblick auf den im schönen Sommerlicht

liegenden Garten, den Nussbaum und die Abstellkammer begann ich zu lesen und verlor mich sofort in den Irrgängen dieser Phantasmagorie, die in gleichermaßen sinnlicher und präziser Sprache die letzten Gedanken eines Jungen vor uns ausbreitet, der auf einer deutschen Landstraße bei Kriegsende durch einen Tiefflieger der Alliierten vom Fahrrad geschossen wurde.

Was ist das für eine Geschichte, ging es mir durch den Kopf, etwas halbwegs Vergleichbares hatte ich zuvor nur einmal bei William Golding, «Der Felsen des zweiten Todes» von 1956, gelesen: Nahtoderfahrung und Triumph der Imagination in einem, die Macht der Fantasie, aufgeboten gegen das Unentrinnbare. Doch hier auch gleich der Unterschied: der Sterbende bei Golding unterwirft seine schwindende Welt der Kontrolle, ordnet sie, um sich immerfort der Herrschaft über sie zu vergewissern.

Der amerikanische Traum des Jungen auf der mecklenburgischen Landstraße jedoch ist ein Flug nach dort, wo nicht einmal das verheißungsvoll im Himmel aufblitzende Kampfflugzeug hinkommen könnte, zu den Leihbüchern und abenteuerlichen Reisegeschichten, den Comics, der Pulp Fiction und den Heldenlegenden für junge Leser. Es ist eine Reise zu allem, was dieses sterbende Kind überhaupt nur wissen könnte über Süd- und Nordamerika, über natürliche und Großstadtdschungel. Und es ist ein Gehäuse, das sich hier öffnet, ein letztes Gehäuse für den Jungen in der Erzählung und eines der vielen, die Ernst Augustin für uns Leser geschaffen hat.

In seinem jüngsten Roman, «Robinsons blaues

Haus» von 2012, lässt es der Autor erzählerisch Gestalt werden: Mehrere gleich eingerichtete Kammern an verschiedenen Orten dienen dem Protagonisten als Schutzräume, als vom teefarbenen Lampenlicht illuminierte Inseln, auf die sich der Schiffbrüchige aus einer überbordenden Realität schleppen kann. Diese Kammern aber vergegenwärtigen auch die Erinnerung an den Vater, der so etwas ist wie ein im milden Licht aufscheinendes «Realitätsprinzip der Fantasie». Nicht die Erinnerung an belehrende Vorbereitung und Aufklärung bringt er mit sich, sondern jene an eine Versenkung, die diesen Vater zum Geheimnisträger, zum Geheimagenten der Erzählung macht. «Da ist dieser Mensch, der sich anscheinend nichts sehnlicher wünscht, als dorthin zu gehen, wohin ihm niemand folgen kann» und durch den sie wenigstens zeitweise gelingt, die Überwindung der immer nur Grenzen setzenden und sich selbst genügenden, eben der platten Realität.

Hier geht es natürlich um Identität, wie sollte es anders sein bei einem mehr als nur psychologisch gebildeten Autor wie Ernst Augustin – wir beziehen Räume, richten sie uns ein und verlassen sie schließlich wieder. Das Innen und das Außen: Sofort muss der Leser zurückdenken an «Raumlicht: Der Fall Evelyne B.», 1976, diesen Roman einer Schizophrenie und ungewöhnlichen Therapie, in dem die labyrinthischen Räume eines Hauses zwei Innenwelten miteinander verbinden. Und dieses Haus, was ist es selbst?

Und doch, will mir scheinen, geht es auch hier bereits um mehr als Psychologie, um weit mehr: Es geht

Abbildung 18: Neue Sachlichkeit

um das Erzählen, das selbst zum Gehäuse, zur Kammer, zur Insel, ja zum Flugraum wird.

Meine Damen und Herren, lieber Ernst Augustin, ich will es mir nicht nehmen lassen, gerade nun hier auf ein Meisterwerk der deutschsprachigen Literatur zu sprechen zu kommen und es als solches zu preisen, nämlich auf «Mahmud der Schlächter oder Der feine Weg» von 1992, auch: «Mahmud der Bastard», 2003. In diesem Roman ist, wie ich meine, so stark wie nirgends sonst im Werk Ernst Augustins die Literatur, das Erzählen selbst Gegenstand nicht allein der Erzählung, sondern der Beschwörung.

Das Erzähler-Ich ist ein Reisender in der eigenen Erzählung, ein Bettler, der auf vielen Pfaden sein Indien durchstreift, es aber als jenes von vor tausend Jahren heraufbeschwört. «Ich habe mich gefragt», so heißt es dort, «ob ich denn blind in dieser Geschichte herumliefe oder ob ich sie mit mir trüge, wohin ich ging, soweit ich immer vordrang, so dass sie ohne mich gar nicht geschähe?» Und einige Zeilen weiter: «Ich dachte: da erzählen sie Geschichten von einem, der kommt – der kommen wird –, er kommt aber wirklich, denn ich bringe ihn mit, das ist das Unbegreifliche.»

Unbegreiflich sind auch Witz, Fantasie und poetische Sprachgewalt dieses klugen Romans, der alle Debatten über den so genannten Orientalismus, über postmoderne Erzählstrategien und die Erzählbarkeit der Welt, noch dazu einer so grundlegend anderen und vergangenen, hinter sich lässt und sein Heil findet in purer sprachlicher Anverwandlung des Fremden. Plötzlich spielt es keine Rolle mehr, wie viel der Erzähler eigentlich von all dem Erzählten wissen kann, denn es erweist sich, dass er es erfindet anhand von Gemälden, Überlieferungen, Lügen und Legenden und von Orten, die er tatsächlich besucht hat oder besucht zu haben vorgibt, zu welcher Zeit auch immer. Es ist ein abgründiges Spiel der Imagination – und was für eine Welt, die ihm entspringt: Archaisch grausame Strafen und Rituale stehen neben märchenhafter Pracht, Korruption und kaum vorstellbarem Elend.

Ob eine Witwenverbrennung oder die bloße Gestalt eines in den Berg gehauenen Palastes, alles wird poetisch und doch so präzise vor den Leser gestellt, dass dieser nicht umhin kann, sein Indien darin zu erblicken, die einzige Welt, die er kennt, so jedoch nie gesehen hat: Eben seine eigene, betrachtet durch die Augen eines Bettlers, der nirgendwo zuhause ist, sich niemandem verbindet, sondern von sich sagt: «Ich bin selber ein Stück Wand, und, wenn ich ehrlich sein soll, dann geht mich das alles gar nichts an, es ist nicht *mein* Leben. Was nicht sagen soll, dass ich keine Hoffnung kenne und kein Verlangen nach Schönheit.»

Vor ein paar Jahren erinnerte sich ein Literaturkritiker an seinen (schriftlichen) Ausruf zur Buchmesse 1970: «Es wird wieder erzählt.» Damals bezog er sich auf Ernst Augustins Roman «Mamma», eine gegen die herkömmliche Erzähllogik aufgebaute und hintersinnige Geschichte über drei Brüder, die, allesamt Fehlbesetzungen des Lebens, am Ende wieder in den Mutterleib zurück müssen.

Fünfundzwanzig Jahre später, also um die Mitte der Neunzigerjahre, daran nun erinnere ich mich gut, raunte es ähnlich, wieder wurde wieder erzählt, diesmal aber brachte man das in Verbindung mit der noch nicht lange zurückliegenden Wiedervereinigung. Der Erzähldruck schien ins Unerträgliche gewachsen, musste sich ein Ventil suchen und fand die erzählende Prosa. So häufig der Tod dieser Gattung, insbesondere des Romans, beschworen wurde, so oft erstand sie in gewissen zeitlichen Abständen wieder auf.

Doch besteht hier ein Unterschied. 1970 gab es kein epochales Ereignis, welches eine Erzählexplosion hätte erklären können, auch folgte Ernst Augustin auf seinem Weg kaum jemand nach. Und noch in der erwähnten Rezension vor ein paar Jahren wird der Autor wie so oft in die Nähe orientalischer Märchenerzähler gerückt, wird ein «Karawanserei-Magier» genannt und sein Roman von damals mit einem «fliegenden Teppich» verglichen.

Da entsteht nun gerade mir eine Frage: Kann denn das «Orientalische» ein Personalstil sein, noch dazu der eines deutschen Autors ohne dazugehörigen Migrationshintergrund? Oder wird hier in der Literaturbetrachtung nur ein wie auch immer geartetes «Orientalisches» aufgeboten, um, etwas pejorativ und hilflos genug, zu beschreiben, was das Erzählen soll und kann?

Wie dem auch sei, jener Erzähler, der Mahmuds Geschichte wandernd erfindet und erfindend erwandert, der weiß, dass eben nur das Erzählte wahr ist, sagt über sich:

«Meine Person darf ich hier einmal anführen – die aber in der Geschichte keine Rolle spielt –, ich folge nur den Wegen, die sich mir auftun, gehe vor und zurück, gehe beispielsweise den Weg des Schwemmholzes von den eisigen Höhen über mahlende jahreszeitliche Ströme hinab zum Bein- und Steinwerden und wieder hinauf, getragen, gezogen, geschleppt von Karawanentieren, Rillenspuren als verschlungenes Muster hinterlassend. Das ich auf meinem Weg weiter führe, zu den gelben Städten, zu den Holzmärkten, schließlich abgetragen und verkauft bis vor dieses Haus, um ein schwarzes Tor zu werden. Als Beispiel. So wie wir alle nur Beispiele sind – des Weltatems, welcher kommt und geht.»

Lassen Sie mich hinzufügen, lieber Ernst Augustin, dass es auch besonders gelungene Beispiele gibt.

Meine Damen und Herren, mit dem «Preis des Lübecker Literaturtreffens 2013» ausgezeichnet wird ein deutscher Autor, der wie kein anderer das Abenteuer der Imagination ins Zentrum eines singulären, sowohl vielgestaltigen als auch formbewussten Werkes gestellt hat. Ernst Augustin ist ein Robinson, der uns allen, seinen Freitagen, nicht die Zivilisation, sondern das Reich der verzweifelten, der glücklichen, der suchenden, immer aber der auf beinahe magische Weise schöpferischen Fantasie eröffnet.

Christiane Freudenstein

Unsichtbar werden

Gedanken zu «Robinsons blaues Haus»

Ernst Augustins letzter Roman war der erste des Autors, den ich las, und «Robinsons blaues Haus» fasziniert mich auch nach wiederholter Lektüre immer weiter – so viel gibt es in dem Buch zu entdecken. Am nachhaltigsten hat sich mir Augustins Ambivalenz des Erzählens eingeprägt. So versteckt sich der Protagonist, der sich meist Robinson nennt und sich oft auf der Flucht befindet, immer wieder in schrecklich engen Räumen. Sei es in dem gusseisernen Badeofen, den Robinson zur Taucherglocke umfunktioniert hat. In ihr verbirgt sich Robinson als Schüler im Wasser des nahen Flüsschens vor seinen Klassenkameraden, und sie enthält nur einen panikerzeugend knappen Luftvorrat. Seien es seltsame Nebengelasse in Unterführungen, in denen er sich als erwachsener Mann der Verfolgung entzieht. Nur $3 \times 2,5 \times 3$ Meter vermessen diese fensterlosen «Zigarrenkisten», sind also kleiner als eine Gefängniszelle! Diese an sich klaustrophobische Ängste erzeugenden Raumsituationen schildert Ernst Augustin allerdings immer positiv. So sind sie wohnlich, gar luxuriös eingerichtet mit ihrer Wandtäfelung aus dem Holz der Spanischen Zeder, die zarten Zimtduft verströmt, und von einem (immer wieder erwähnten) teefarbenen oder bernsteinfarbenen Licht schummrig beleuchtet. Der flüchtende Besitzer fühlt sich auch deshalb dort sofort heimisch und heimelig, weil ihn ein bereitstehendes Glas Whiskey und «braunsamtene Tangomusik» empfangen. Besonders gerne hört Robinson in seinen Klausen die Lounge-Musik der Reihe «Hotel Costes».

Überhaupt die Musik im Roman: Sie brachte mich auf die Lösung eines Problems. Warum um Himmels willen lässt Ernst Augustin in seinem Südsee-Exkurs den perfiden Käpten Kuk seinen neuen Gespielen ausgerechnet «Schuhschein» nennen? Warum schildert er die perfide, entwürdigende Strafpraxis, bei der dem Insulaner erst nur der Hintern, dann der gesamte Körper mit Schuhcreme schwarz gefärbt wird? Die textinterne Erklärung (224), der zufolge sich auf der Blechdose mit dem Schuhpflegemittel der Marke «Master's» (ausgerechnet!), die Käpten Kuk benutzt, die Abbildung eines «shoeshine-boy» befindet, schien mir dürftig – genauso wie die eigensinnige englische Schreibung. Die gesamte Episode, vielleicht nur eingefügt, um der Schönheit der Südseeinseln und ihrer Bewohner zu huldigen und zugleich auf groteske Weise die Reise- und Abenteuerberichte der großen Entdecker zu parodieren, wirkt im Roman wie ein Fremdkörper, der erst gegen Ende des Buchs etwas mehr eingebunden wird.

«Schuhschein, shoeshine», so ging es mir also tagelang durch den Kopf, bis ich über den Klang der Stimme des Sängers, der «shoeshiner, shoeshiner» intoniert, auf Paolo Conte und sein Chanson «Lo Zio» kam. Das Stück dieses berühmten italienischen Cantautore ist «so in der Art» (289) wie die italienischen Schlager-Hits

«Di me» («Dimmi quando tu verrai»), «Volare» («Nel blu dipinto di blu») und «Periculo numero uno», die gegen Ende des Romans erwähnt werden. Robinson hatte diese Titel bei einem Trio bestellt als musikalische Untermalung seines ersten Rendezvous mit der angebeteten Freitag, mit der er bis dahin nur gechattet hatte. Insofern schließt Ernst Augustin hier auf verschlüsselte Art und Weise, vermutlich nicht ohne anarchisches Vergnügen, einige Romanmotive kurz – ein Vergnügen, das ich als Leserin teile.

Diese immer neuen Fluchtorte Robinsons, diese engen Gehäuse, so stelle ich mir vor, sind genau die Raumumgebung, die ein blinder Mensch gut erfassen kann, um sich dort relativ leicht zu orientieren. Die Beschreibungen der gruseligen Verstecke Robinsons, die wenig Visuelles bieten, sondern Dinge erwähnen, die synästhetisch alle anderen Sinne ansprechen, bekräftigen diesen Eindruck.

John M. Hull kam mir in den Sinn, dessen enorm erhellendes Buch über seine Erblindung «Im Dunklen sehen» ebenfalls im Verlag C.H.Beck erschienen ist (die letzte Ausgabe 2018). Hull beschreibt in Tagebucheintragungen eindrücklich den Prozess, sich an das Nicht-mehr-Sehen-Können gewöhnen zu müssen: «Das Blindsein nimmt einem das Recht auf ein Territorium. Man verliert Territorium. Der Radius der Aufmerksamkeit und des Wissens verkürzt sich, so dass man in einer kleinen Welt lebt. Fast jedes Territorium wird potentiell feindlich. Nur das Gebiet, das mit dem Körper berührt oder mit dem Stock angetippt werden kann, wird

zu einem bewohnbaren Raum. Der Rest ist unbekannt.»
Das Interesse des Blinden an weiter entfernten Dingen,
die er nicht sehen kann, verschwindet folgerichtig nach
und nach.

Robinson sucht seine engen Kammern unter dem
Druck der Verfolgung auf, «um sich unsichtbar zu
machen».[1] Hull dagegen erläutert, wie Blindheit den
Betroffenen in sozialen Situationen unsichtbar macht,
weil ein Mensch, der die anderen Personen in seiner
Umgebung nicht sehen kann, kaum Möglichkeiten hat,
dazu beizutragen, auf sich und seine wirklichen (Kom-
munikations-)Bedürfnisse aufmerksam zu machen, zum
Beispiel durch Blickkontakt. Dieses Motiv des ‹Auf
sich selbst geworfen Seins› eines blinden Menschen
spiegelt sich bei Ernst Augustin in den Anspielungen
auf Defoes Figur Robinson Crusoe wider, allein auf
seiner Insel. Die Welt, die dem Blinden bleibt, «ist der
eigene Körper, das auf das eigene Innere gerichtete Bewußtsein. Das ist eine Welt, in die die Sehenden nicht
eindringen können, ein Ort, an dem eine innere Kontrolle hergestellt werden kann.» (70)

Blindheit mit ihrer permanenten Dunkelheit kann
zudem als ein Symbol für die Nähe zum Tod aufgefasst
werden. Auch hier ergibt sich ein Bezug zum Roman, in
dem Robinson am Ende dem Tod entgegensieht. Ohne
dass das Motiv des Nicht-Sehen-Könnens explizit im
Roman erwähnt würde, liegt es doch wie eine unsicht-
bare Folie unter vielen Geschehnissen.

In den Aufzeichnungen von John M. Hull gibt es eine
weitere Parallele. Der gläubige Theologe Hull schildert

in einer zentralen Passage, wie er im Bemühen, sich mit seiner Blindheit anzufreunden, über Gott sinniert. Ausgangspunkt ist ihm der biblische Psalm 139, und er notiert folgende Gedanken:

> «So wie die Blindheit Unterschiede auslöscht, so werden sie von der Allwissenheit Gottes transzendiert. Wenn ich nie im Licht bin, so ist es ebenso wahr, daß ich nie in der Finsternis bin. Ich fürchte mich nicht vor der Finsternis, denn ich kenne nichts anderes. Niemand kann mir das Licht ausschalten. So ist es auch bei Gott. Licht und Finsternis gelten ihm gleich. Er braucht das Licht nicht, um zu wissen, und die Finsternis hindert ihn nicht daran, zu wissen. In diesem Sinne ist es richtig, daß, wenn die Finsternis wie das Licht ist, dann auch das Licht wie die Finsternis ist. [...] Gott überwältigt die Finsternis nicht mit seinem Licht; er repräsentiert die reine Erkenntnis, zu der das Licht und die Finsternis auf ihren unterschiedlichen Wegen hinführen.» (85)

Die Parallelen zwischen einem Blinden und Gott geben Hull Gleichmut und Zuversicht.

Auch Schriftsteller sind gottgleich als Schöpfer ihrer Phantasiewelten. Ernst Augustin allegorisiert dieses schriftstellerische Schaffen in der Gestaltung der Fluchtkammern am Anfang des Romans bis hin zu dem grandiosen Gebäude, das der Protagonist zuletzt ersinnt. So baut Robinson sein letztes Haus, bevor ein freundlicher alter Herr, offenbar der Tod, ihn doch endlich aufspürt. Es ist ein «poetisches Haus, mit viel Platz für Banalitäten als auch für das Erhabene [...], ein Haus des Inneren.» (310) Kein Wunder: «Der Sinn des Lebens», erklärt Robinson einst seinem Freund, «besteht aus nichts anderem als dem fortgesetzten Bemühen, sich wohnlich einzurichten. Einigermaßen.» (25)

Anmerkung

1 Lutz Hagestedt: Absolute Fiktion. Ernst Augustins Poetik. In: Ernst Augustin. München: Ed. Text + Kritik im Richard-Boorberg-Verlag 2015 (Text + Kritik 206), S. 9–19, hier S. 13.

Ernst Augustin

Die Taucherglocke

Ich hatte mir den Tod anders gedacht. Denn es war ein Tod, ein kleiner zumindest. Mit den Füßen, eingehakt in die eisernen Sprossen, zog ich mich hinab, ganz hinab, und noch weiter – erfuhr eine kurzdauernde Panik, die sich auf das Oben und Unten bezog, als ich den unteren Rand des Behälters spürte, der merkwürdig aufgebogen war, und wieso hatte ich das nicht vorher feststellen können –, schob mich darunter hindurch und tauchte drinnen wieder auf.

So einfach.

Nicht einfach. Ich glaube, ich sollte das mit großem Ernst behandeln: Ich konnte atmen! Die Möglichkeit des Unmöglichen, dröhnend und totenstill! Kann man sich das vorstellen, ich atmete eine unbegreifliche Luft, die sich dort unten befand, wo sie nicht sein konnte, und sie klang wie Donnerhall. Ich glaube, diese allererste Sekunde war reine Religion. Ich befand mich plötzlich in einem, (in meinem) Selbst, das ich mir selbst geschaffen hatte, und es war schwarz mit einer hohlen grünen Unterfläche. Später – das erste Mal hielt ich es kaum eine Minute aus – bei meinen täglichen Tauchgängen später war es nur ein Umsteigen, ein Ein- und Aussteigen ohne wesentliche Religion, sozusagen, so wie man morgens zum Dienst geht. – Doch diese erste Sekunde, dieses allererste Atmen, werde ich immer im Gedächtnis behalten, sie hatte einhundert Jahre gedauert, und vielleicht stimmt das sogar.

*

Drinnen brachte ich ein Sitzbrett an, so daß ich, wenn ich die Beine anzog, im Trocknen saß. Auch ein Brettchen zum Aufstellen der Taschenlampe sowie eines Kompasses und einiger einschlägiger Bücher. Zwei kleine Bilder von Helgoland, ein größeres der Doumotu-Insel und ein ganz großes blasender Wale hatte ich an die Innenwandung geheftet; auch ein kleines Steuerrad aus Pappmaschee und ein von mir ausgefertigtes Kapitänspatent mit Siegel und Unterschrift – das alles wasserdicht in Plastiktüten transportiert und transferiert, glatt und fachmännisch (seemännisch).

Proviant war auch vorhanden. Vier Flaschen Limonade, eine Büchse Kekse, Kaugummi und ein Glas Rollmöpse, die ich allerdings nie aufaß. Ich hatte Schreibpapier zum Aufzeichnen submariner Begegnungen, zum Beispiel mit einem alten Motorradstiefel, der plötzlich in meiner Taucherglocke erschien und sich weigerte, wieder abzutauchen – wer weiß, woher er kam. Offenbar hielt ihn eine dicke Luftblase in der Schwebe. Ich schickte ihn dann weiter auf die Reise. Oder die Begegnung mit dem kleinen Karpfen, einem Baby, das neugierig war, und eine Weile in meinem Wasser schwamm. Ich muß das erklären: Dieser innere Wasserspiegel stand etwa eine Handbreit höher als der untere Rand des Behälters; höher konnte er nicht steigen, bedingt durch den Gegendruck meines Luftvorrats, der wiederum durch die Tauchtiefe bestimmt wurde. Ein selbsttätiger Balanceakt, sozusagen. Während ich, auf meinem Sitzbrett im Trocknen sitzend, auf einen kreisrunden Wasserspiegel herabsah. In welchem ein Karpfen schwamm. Ein Babykarpfen.

Das eigentliche Problem war der Luftvorrat selbst. Der Luftvorrat bestimmte die Länge des Aufenthalts dort unten, und die war dementsprechend beschränkt. Eine knappe halbe Stunde etwa. Ich versuchte einen Austausch mittels eines Gummischlauchs und einer Fahrradpumpe, aber das erwies sich als zu zeitraubend und auch anstrengend, wobei ich nur noch mehr Luft verbrauchte. Besser war ein kurzes Hochhieven und Kippen des Behälters, eine ganz kurze Hieve und gleich wieder ins Wasser, das erwies sich als weitaus praktischer – nicht ganz ungefährlich allerdings.

Von meiner Mutter erfuhr ich, wie oft und in welcher Zusammensetzung die Stauer erschienen, das Paar Fasser und Büntig oder die zwei Mittag, oder Pohl alleine, dieser Flegel, wie auch meine Mutter übel vermerkte. Oder sie standen alle zusammen vor der Tür. Wie wenn sie mich beim «Lüften», wie wir Fachleute es nennen, erwischt hätten!

Ich lernte, mit dem Luftvorrat hauszuhalten, entwickelte ein Zeitgefühl, wann ich dort unten an die Grenze geriet, Klopfen an den Schläfen, beginnendes Ohrensausen. Oder noch besser: Der Luftvorrat war meine Uhr, allerdings glaube ich, daß es nur meinen zehn Jahren zu verdanken war, auf lange Sicht keinem

Hirnschaden zu erliegen – immerhin handelte es sich um sechs Wochen Sauerstoffnot –, ein Erwachsener wäre wohl kaum so glimpflich davongekommen.

Sechs Wochen auf dem Grund des Korallenmeeres.

Zum Glück war draußen durchgehend heißes Wetter und das Flußwasser auf seinem langen Weg durch sommerliche Wiesen genügend erwärmt, so daß ich auch mit ausgestreckten Beinen immer noch im Warmen saß. Ich las den «Nautilus» und «Tödliche Sargasso-See», ich las «Unter Kraken und Haien» – wie sie mir gefielen, kann ich nicht mehr sagen, bißchen altmodisch vielleicht. Meine Stauer hätte ich gerne da oben stehen sehen, hatte aber leider kein Fenster zur Verfügung. Hätte mich sehr gefreut.

Sechs Wochen (unter Kraken und Haien).

Ich las «Die Perle» und «Kapitän Hornblower», lernte eine Menge. Vor allem aber las ich den «Seehund», Leben und Wirken des königl. preuß. Marineingenieurs Wilhelm Bauer, der 1850 ein erstes Tauchgefährt baute, mit dem er sich mit Hilfe eines Kurbelwerks freischwebend unter Wasser bewegen konnte. Dieses ausgeklügelte Kurbelwerk, einem Fahrradantrieb mit Pedalen nicht unähnlich, nahm für mindestens zwei Wochen meine ganze Vorstellungskraft in Anspruch. Sich unter Wasser weiterkurbeln! Ein kühner, wenn nicht kühnster Gedanke und ein Sprung in eine andere Dimension.

Ursprünglich als Spionagetaucher gedacht, sollte Wilhelm Bauers Gefährt der königl. preuß. Seekriegsführung einen neuen geheimen Impuls geben und lief unter dem Namen «Seehund», entsprechend damaligen Taktiken, als deklarierter Tauchbrander oder Brandtaucher, las ich. Es hatte die Form eines menschlichen Magens, vorn mit einer nasenartigen Ausbuchtung mit zwei Gucklöchern und zwei außen angebrachten dicken Gummihandschuhen an langen Stulpen zum Plazieren von Bomben an der Hülle feindlicher Schiffe, las ich.

Ich glaube fest, daß sich bis zum heutigen Tag noch magenähnliche Zeichnungen mit Zahnrädern, Pleuelstangen und Pedalen irgendwo in meinem Besitz befinden. Angefertigt unter seinerzeit erschwerten Umständen bei Taschenlampenlicht auf einer eigens angebrachten Zeichenplatte vor dem Sitzbrett. Auf dem ich völlig authentisch saß. Gleich mir saß nämlich auch der Ingenieur mit den Füßen im Wasser, welches er zum Einhalten der Senkhöhe entweder einließ oder auspumpte, je nachdem. So wie auch ich mit Wassermengen verfuhr, die ich berechnet hatte. Wie, wenn ich mich nun gleich ihm unerkannt durch den Färbergraben kurbeln könnte?

Unsichtbar durch den Stadtgraben und sogar ein Stück die Pregnitz hinab? Durch die Grünanlagen und ein anschließendes Fischbecken? Um mich dann an die Schule oder wenigstens den Schulweg heranzukurbeln, um ein paar Brandsätze zu legen. Ich sah die ganze Sippschaft rennen, die Pohlmanns, Görtzen, Brüder Mittag, die Schulten, Fassers, Bährs und Büntigs. Verstört und wie von Sinnen aus der brennenden Schule flüchten. Vorsichtshalber fügte ich noch die Lehrer Rabemus und Meckel hinzu, die mir ebenfalls das Leben schwergemacht hatten. Außerdem war das Schulhaus immer ausnehmend häßlich – ein rotes Backsteingebäude mit unglaublich häßlichen gotischen Fenstern.

Was soll ich sagen, drei volle Tage kurbelte ich tatsächlich und körperlich in meinem tiefgehenden Gehäuse. Immer voran und voraus, immer mit dem Ziel vor Augen, und war danach so erschöpft, als hätte ich tatsächlich die ganze Strecke bewältigt.

Die Sache nahm leider ein unrühmliches Ende. Als nämlich der Ingenieur Wilhelm Bauer (1851) mit seinem «Seehund» eine erste Tauchfahrt im Kriegshafen von Kiel (Kieler Förde) unternahm und spurlos verschwand. Jedenfalls wurde das eigenwillig gebaute, mehr einem menschlichen Magen als einem Kriegsgerät gleichende Wasserfahrzeug künftighin nie wieder gesehen. Versank es, barst es in der Tiefe? Wurde es von den Engländern unter Wasser gekapert und nach Plymouth entführt? Man weiß es nicht. Im übrigen zogen wir, Vater, Mutter und ich, schon im darauffolgenden Herbst aus dem unseligen Minden fort – Vater hatte entweder seine Stellung in der Filiale verloren oder die Filiale wurde ganz geschlossen –, und das löste dann alle Probleme. –

Einzig mein kleiner Freund von der hinteren Bankreihe, den hatte es doch noch erwischt, er brach sich ein Bein. Angeblich war er eines schönen Tages in die «Kuhle» gesprungen – Natur kann grausam sein.

Harald Eggebrecht

Magische Augenblicke
Abenteuer mit Ernst Augustin

Der perfekte Käfer
Die Münchner Buchhandlung war bestens gefüllt,
schließlich trat hier der berühmteste Verleger des Lan-
des als Autor und Literaturwissenschaftler auf. Er las
aus einem Bändchen, in dem es um Goethes erotisches
Gedicht «Das Tagebuch» und die «phallischen Oden»
von Rilke ging. Während der ziemlich öden Lesung
schweifte der Blick über die Reihen der Zuhörer. Aus
Platzgründen war das Publikum in kleine Blöcke aufgeteilt worden, beflissene Literaturdamen, ältliche Intellektuelle, auch ein paar Studenten saßen da, die alle
wohl diesen so vierschrötigen wie mächtigen Verleger
unbedingt einmal aus der Nähe erleben wollten. Manche sehr interessiert, manche geduldig das Ende erwar-
tend, manche müde in sich zusammengesunken. Aber
alle auf den sich mächtig ins Zeug legenden Vortragen-
den fixiert. Nur in der ersten Reihe eines der Blöcke saß
jemand, auf dessen hell ausdrucksstarkem Gesicht ein
spitzbübisches Lächeln das andere ablöste und sich
dabei ständig veränderte. Mal verwandelte es sich ins
Spöttische, zu dem eine Augenbraue gehoben wurde.
Mal wurde es sanft und gutmütig, dann wieder erschien
die pure Ironie auf diesem Antlitz oder sogar höhnischer
Sarkasmus. Jedenfalls geriet die Lesung zur Nebensache,

während sich die Aufmerksamkeit voll auf dieses andauernd sich wandelnde Gesichtsspiel richtete.

Endlich beendete der bullige Verleger seinen Vortrag, der Beifall prasselte, man drängte sich um ihn, eine Widmung ins Buch zu bekommen. Nur der sehr hochgewachsene Lächler aus der ersten Reihe stand abseits. Sein von attraktiv graumelierten Locken umgebenes Gesicht zuckte amüsiert, als er den Andrang beobachtete. Er näherte sich und fragte unvermittelt den bis dahin gänzlich Fremden: «Haben Sie schon einmal eine Samurairüstung gesehen? Von ganz nah und in allen Einzelheiten?» Er kicherte vergnügt auf, und sein Gesicht überzogen tausend Lachfalten. Gegenfrage, wie ihm denn die Lesung gefallen habe? «Ach, Impotenzprobleme mit Goethe und Rilke zu illustrieren, ist doch uninteressant. Ich bin ja nur hier, weil er mein Verleger ist. Aber so eine Samurairüstung, ich sage Ihnen, die erinnert unbedingt, wirklich unbedingt an den Chitinpanzer eines großen Käfers.» Und sofort intensivierte er das Gespräch, wie die einzelnen Teile gefertigt seien, dass sie unglaublich viel leichter seien als die einer europäischen Ritterrüstung. Er geriet in Beschreibungsfeuer: «Wissen Sie, dass die Samurai ganz winzige Tiere mit Juwelen besetzt bei sich tragen? Unterm Mikroskop kann man da Fliegen, Falter und Käfer sehen! Perfekt gearbeitet bis ins letzte! Perfekt!!»

Inzwischen hatte sich ein kleiner Tross in Bewegung gesetzt, den Verleger zu einem Lokal zu begleiten und ihm dort beim Glase Wein weiter zu lauschen. Wir beide landeten als letzte im Restaurant, saßen am Nebentisch. Mein Samurai-Fan ließ nicht locker: wie sich die einzelnen Panzerungen leicht übereinander schöben, wie beweglich der Kämpfer trotz der Rüstung bliebe. Und dann das Schwert: «Damit dürfen Sie nicht einfach draufloshauen und -schlagen. Die sind viel zu kostbar, das ist eine langwierige und mühevolle Arbeit, so ein Schwert zu schmieden. Die besten werden im Nationalmuseum in Tokio wie Reliquien ausgestellt. Jeder Meister hat auch seine unverwechselbare Signatur, die sich auf der Klinge im Zuge des Schmiedevorgangs zuletzt abbildet als je individuelle Linie!» Wieder dieses listige, leise Auflachen. Voller Enthusiasmus fuhr er fort: «Das Ganze ist ein aberwitziger Vorgang, denn der Schmied faltet die Klinge immer wieder während des Schmiedens! Viele hunderttausend Mal! Am Ende ist das Schwert so scharf wie eine Rasierklinge. Es ist leicht gebogen, weil sie damit nicht schlagen sollen, dafür ist die Klinge nicht gemacht. Sie müssen es eben nutzen wie ein überdimensionales Rasiermesser und es gewissermaßen durch den Gegner hindurchziehen!!» Er kicherte begeistert auf, als sähe er den Gegner in zwei sauber getrennte Hälften auseinanderfallen.

Der Verleger bemerkte das hitzig-unterhaltsame Erzählen am Nebentisch, das sich so überhaupt nicht um Goethes, Rilkes und womöglich seine Potenzprobleme drehte, sondern im fernen Japan weilte und die sagenhaften Vorteile der Samurairüstung pries in immer neuen Details. Der Verleger mischte sich ein, demnächst werde sein Verlag eine Reihe mit Texten aus Asien herausbringen, da gäbe es dann auch Stoff für uns: «Das muss Ihnen doch gefallen, lieber Augustin!»

Der keckerte nun besonders stark, und es klang wie eine Mischung aus Belustigtsein und Spott. Eh sich's der Verleger versah, war Augustin schon wieder tief in die Magie der Rüstungseinzelheiten eingestiegen. Schließlich, voll Stolz, gab er sich als Besitzer eines solchen waffentechnischen Wunderwerks zu erkennen. Ob er sie schon einmal anprobiert habe? «Nein das geht natürlich nicht, Japaner sind klein, stämmig und wendig, nicht so groß und leptosom wie ich!» Er reckte sich: «Da würden meine Arme lang aus der Rüstung heraustehen!» Nein, diese Panzerungen müssten auf den Leib angemessen werden. «Aber sie steht bei mir und ich sehe sie als perfekten Käfer.» Der Verleger hatte es aufgegeben, an diesem Tisch um Aufmerksamkeit zu buhlen, und sich wieder dem Damenflor zugewendet.

Augustin hob das Weinglas, zog hintersinnig die Augenbrauen hoch und fragte leise, während er sich freundlichst herüberbeugte: «Wollen Sie den Käfer einmal sehen?» Wir schlenderten hinaus, der Verleger war schon vergessen und Augustin erzählte unermüdlich weiter.

Im Labyrinth

Wer je «Raumlicht» von Ernst Augustin gelesen hat, wird einen neuen, vollkommen neuen Blick auf die Welt bekommen, in seinen Worten: «Die eigentliche Prozedur aber findet natürlich im geistigen Bereich statt. Vergegenwärtigen wir uns den langen Gang durch das Haus, neunundzwanzig Meter, und vergegenwärtigen wir uns die Geschichte, die in den neunundzwanzig Metern enthalten ist und die ich meinen Patienten anbiete. Ich nenne das ganze Wahrnehmungstraining, ein Training, in welchem nichtvorhandene Dinge wahrgenommen werden und vorhandene Dinge nicht wahrgenommen werden.»

Die Samurairüstung allerdings war zweifellos da, «vorhanden» in Augustins Haus im Münchner Westend. Aber bis zur Besichtigung des japanischen Ritterpanzers wurde es ein labyrinthischer Weg. Von außen schmal und alt, um die Wende vom 19. aufs 20. Jahrhundert erbaut, mit einer Tür aus jenen Jahren versehen. Läuten, das Schnarren des Türöffners abwarten und dann eintreten – und sofort und unmittelbar der vertrauten Welt abhanden kommen, gründlich abhanden kommen. Es geht vorbei an gemalten Ausblicken in südliche Gefilde, ein Hauch von Arkadien weht durch den Gang. So seltsam animiert geht es die Treppe hinauf, die Wandgemälde gehen quasi mit. Von irgendwo oben ruft Augustin: «Hierher!». Du folgst und weißt dann schon nicht mehr, ob es der erste oder der zweite Stock oder vielleicht doch das Dachgeschoss war, aus dessen offener Türe Augustins Stimme drang, keine wuchtige Männerstimme, sondern eine in mittlerer Lage, immer bereit, überraschende Fragen zu stellen, deren von ihm selbst gegebene Antworten in wundersame Geschichten übergehen, und so intensiv freundlich und intim erzählt, dass Du Dich als Eingeweihter fühlst.

Also: Innen drin kichert er vergnügt, neigt sich aus seiner einsamen Körperhöhe herab und geleitet einen durch ein Spiegelkabinett in eine Bibliothek, die stark an eine Kapitänskajüte erinnert. Weiter in ein Wohnzimmer, das in Rot und Schwarz gehalten ist: Rote Wände, schwarze Möbel. Damals jedenfalls. Überall Bilder, die Inge Augustin, die Gattin, gemalt hat, sowohl die Wand- und Gangveduten von arkadischen Landschaften als auch jene Bilder, auf denen in undurchdringlichen Wäldern Lichtungen aufglühen. Sie sind leer, und doch erwartest Du jeden Moment jemanden, Tier oder Mensch oder Ungeheuer oder Engel, der auf diese Lichtungen tritt: Sehnsuchts- und Geheimnisbilder in jedem Fall. Augustin öffnet eine Tür, die eine enge Treppe nach unten freigibt. Wir steigen hinunter. In welchem Teil des Hauses, auf welchem Stock wir jetzt sind? Keine Ahnung. Ein Schlafzimmer, dessen Fenster sich nirgendwohin öffnen.

Auch spätere Besuche, bei denen der viel bestaunte und von ihm gepriesene Samuraikäfer längst verschwunden war, weil sich Augustins Neugier anderem zugewandt hatte, haben die Orientierung in diesem von Um-, Durch-, Über-, Neben- und Untergängen durchzogenen Irrgartenhaus nicht verbessert. Denn Augustin baute immer neue Räume hinein oder fügte hier oder da etwas an. Eines Tages ging es gar hinauf aufs, besser, ins Dach. Er hatte eine Öffnung in die Dachschräge nach draußen gebaut, und da saßen wir nun gleichsam auf der Terrasse des Außendecks eines Oceanliners, der den Hudson sehr langsam aufwärts fährt, und bewunderten die Skyline von – München in der Ferne. Er verschwand kurz, sich ungemein über das Staunen der Gäste, die sich eng auf dieser Terassa drängten und «Toll!» und «Nicht zu glauben!» riefen, amüsierend mit unsterblichem Aufglucksen und kehrte zurück, ganz Butler und Bartender: «Liebe Leute, und nun ein Manhattan!» Jeder bekam seinen Cocktail, alle erhoben ihr Glas, Augustin strahlte: «So einfach geht das!»

Ein andermal ging es hinab, eindeutig unter die Erde, kellertief, und Augustin öffnete, mindestens so erwartungsvoll strahlend wie auf der Manhattan-Terrasse, die Tür in einen kleinen Saal: kein Zweifel, es war eine Disco mit Disco-Kugel über dem Tanzparkett. Wenn gesagt wird, all diese Stiegen und Räume seien in diesem Haus in München, dann widerstrebt dem die eigene Wahrnehmung, weil diese Räumlichkeiten sich gleichsam zauberisch aufluden durch seine phantastisch überfließenden Geschichten und Erklärungen, die genau solche «Prozeduren» immer neuer Verblüffungen brauchten.

Beim ersten Besuch nun standen wir vor der prächtigen Rüstung eines japanischen Ritters, dessen Gesichtsmaske mit einem struppigen weißen Schnauzbart versehen war. «Wie gesagt, der perfekte Käfer!» feixte Augustin und schob die Schulterklappen hin und her. Dann saßen wir am Tisch, und er entwarf aus dem Nichts ein anderes Gebäude, denn er fühlte sich als Architekt viel mehr denn als Arzt, der er berufsmäßig war. Die Schriftstellerei aber betrachtete er als willkommenen Ersatz für den Wunschberuf, weil er dort ungehindert und frei wahrlich phantastische Wortgebäude errichten konnte. «Ich vermisse Türme in diesem München, riesige, gewaltige Türme, und sie müssten alle um den Marienplatz stehen, so als ob sie ihn betreten wollten!» Da würde die Stadt eine ganz andere Façon kriegen, was Weltstädtisches. Er lachte wieder. «Türme, mein Freund, Türme, da würden Sie sich mehr als wundern!» Auf dem Heimweg sah alles anders aus, bestimmt fremd, wenn nicht gleich exotisch, oder fast schon extraterrestrisch. Ob es in anderen Häusern auch Innentreppen nach unten und oben gab, die in Nebenräume, Wunderkammern, Schiffskajüten, Discokeller führten? Und andere Treppen um die Innentreppen herum, die auch nicht nach draußen führten?

Als die Freundschaft schon viele Jahre währte, gab es eine Feier, zu der die Augustins etwas mitbrachten, das holzgeschnitzte Schild eines irischen Billiardlokals. Auf grünem Grund sind zwei gekreuzte Queues angebracht, darunter drei Halbkugeln aufgeklebt, eine rote, zwei weiße. Der Rahmen um das Grün ist rot und trägt einen Giebel. Auf dem steht, kernig geschnitzt, wie es gerade passt: «R. F. Knight», die Zeile darunter lautet: «For Quality Tables». Dann auf dem grünen Feld: «Snookers» und aufgemalt: «and Billiard Tables.» Ganz unten steht: «Balls – Cues». Augustin drehte die Tafel um und präsentierte den aufgeklebten Zettel: «Mit Jahrhundert-Glückwünschen von den lieben Augustins.»

«Also, wenn Sie das aufhängen, sind Sie einfach

nicht mehr in München!» wisperte er suggestiv, «da
wohnt gleich um die Ecke Beckett! Und Sie hören sofort das Klacken der Billardkugeln!»
Übrigens bis heute.

Bayerisch Lernen

Die Zugfahrt führte nach Leipzig zu einer gemeinsamen Lesung von Augustin und Sten Nadolny. Wir
strebten den Speisewagen an, der voll besetzt war. Die
beiden großgewachsenen Herren standen im Gang und
schauten sich enttäuscht um, nichts frei für drei Personen. Plötzlich begann Augustin unter listigem Lachen
Nadolny zu fragen, ob man Bayerisch eigentlich lernen
könne: «Ich lebe doch in München, aber ich kriege kein
Wort Bayerisch richtig heraus!» Nadolny wiegte das
Haupt, lächelte und meinte, es gäbe Wege ins Baye-
rische. Die beiden Herren sprachen durchaus deutlich
und nicht leise. Manche Gäste im Speisewagen wurden
aufmerksam auf die zwei Riesen, wurden aber nicht
recht schlau aus diesem Gerede übers Erlernen des
bayerischen Dialekts.

Nadolny begann seinen Sprachkurs, Augustin müsse
den ganzen Kehlkopf gewissermaßen nach vorn schieben, gleichzeitig das Kinn senken und am Grunde der
Zungenwurzel die dunklen Laute bilden. Augustin fing
an zu probieren, heraus kam eine Art Grunzen. Nadolny schüttelte den Kopf.

Derweil erhob sich ein Speisewagengast und verließ
den Waggon, zwei andere folgten.

«Also sind das Grunzlaute?» fragte Augustin interessiert. «Nein, nicht Grunzlaute, sondern Grundlaute des Bayerischen sind das!», korrigierte Nadolny ernst. Er machte es vor, schob Kinn und Kehlkopf gleichsam nach unten, und schon drangen urtümlich dunkle Laute der verschiedenen Vokale aus seinem Mund. Augustin war begeistert: «Toll, wie Sie das machen!» Er versuchte es erneut, das klang etwas besser, aber ähnelte weiterhin zu sehr dem Grunzen. Er käme ja aus Schlesien und sei dann in Schwerin groß geworden, da gebe es dergleichen Stimmklänge überhaupt nicht.

Inzwischen war unter dem Eindruck fortgesetzter unartikulierter Dumpf- und Stumpflaute der beiden soignierten Herren ein ganzer Tisch aufgestanden und gegangen. Wir konnten uns also setzen.

Nach der Bestellung ging es munter fort im Unterricht. Das R müsse gerollt werden, betonte Nadolny, da gäbe es in den verschiedenen Gegenden Bayerns ganz unterschiedliche Verfahrensweisen. Beide rollten die Rs, mal hart mit der Zungenspitze am vorderen Gaumen, dann volltönend in der Tiefe des Rachens, so dass es sich wie kräftiges Gurgeln anhörte.

Der Nachbartisch erhob sich und verließ den Speisewagen. Nur hinten, am Übergang zum nächsten Waggon, saßen noch einige Gäste.

Nadolny ermahnte Augustin, er dürfe nicht so viel lachen und die Mundwinkel nach oben ziehen. Im Gegenteil, die Gesichtszüge müssten ernst nach unten gerichtet werden, Kinn und Kehlkopf ganz folgend sozusagen. Augustin versuchte, sein Gesicht in ernste Falten zu legen, das Kinn an die Brust zu drücken und dann A, U und O ganz tief zu intonieren. Das endete in prustendem Gelächter.

Die letzten Passagiere verließen das Zugrestaurant.

Wir waren allein und genossen Essen und Trinken ausgelassen. Später erteilte Augustin dann Grundzüge des Dänischen auf der Basis des Mustersatzes: «Gebdn Hensen en siine Bend sbeelen eene Foxdrodd.»

Das Versagen

Mitte der Neunzigerjahre stach den Feuilletonchef der Süddeutschen Zeitung, Johannes Willms, der Hafer eines literarischen Projekts, das Tagesaktualität, Thriller, Erotisches, Abwegiges und Lustiges ebenso wie wildes Herumphantasieren in die Form eines Kolportageromans in wöchentlichen Lieferungen bringen wollte und sollte. Geschrieben von einem gewissen Percy Warberger, hinter dem sich gleich drei Autoren tummelten: Sten Nadolny, Michael Winter und H. E. Keiner der drei ahnte, mit wie vielen Problemen sie ein Jahr zu tun haben würden. Aber die Sache kam in Gang unter dem Titel «Das große Spiel oder im Dickicht der Begehrlichkeiten». Mal schrieben sie abwechselnd, mal wollte einer gleich drei Lieferungen bestreiten, mal schrieben sie eine einzige Folge miteinander. Natürlich kam es zu freundschaftsgefährdenden Krächen ebenso wie zu gegenseitig ansteckender Begeisterung, wenn etwas zu gelingen schien. Von außen gab es Spöttisches, Nachgeahmtes in anderen Zeitungen, Neidiges, auch Anerkennendes, jedenfalls wurde über Sinn und Unsinn des «Großen Spiels» öffentlich diskutiert.

Andere Autoren begannen, sich zu interessieren. Péter Esterházy beispielsweise fand das Unternehmen so kurios und anregend, dass er mittun wollte. Doch der Wochenrhythmus war für das Übersetzen aus dem Ungarischen zu knapp. Christoph Ransmayr lächelte zwar, aber es war klar, dass sein Arbeiten erst recht nicht in den Sieben-Tage-Trott eines Kolportageromans passte.

Augustin hingegen las in den ersten dreißig Folgen und fand es plötzlich prickelnd, einzusteigen. Für eine Folge, Percy Warberger spielen, das gefiel ihm. Natürlich überließen die drei ihm einen Kapitelanfang, der nahezu völlig frei vom Bisherigen ausfallen könnte. Augustin zog die Brauen hoch, und sein Gesicht strahlte vor Verschmitztheit. Er werde dafür sorgen, dass der Autor nach seiner Folge ganz unangestrengt weiter-schreiben könne.

Die Lieferung 38, die Augustin verfasste und die auch erschien, spielt in Bukarest an einem ungewöhn-lich warmen Weihnachten 1923 und erzählt das Un-glück von Fedor Wische, einem ehemaligen Staub-mantelfabrikanten aus dem russischen Perm am Ural, der sich wegen des russischen Bürgerkriegs und der da-raus folgenden Machterringung der Bolschewiken nach Bukarest abgesetzt hat. Dort besitzt er nun ein Haus mit «Ecktürmchen» und «Renaissance-Zwiebeln». Hier lebt er begütert mit Frau und zwei Kindern. An diesem Weihnachtsmorgen überkommt ihn ein «kleiner Jie-per» auf eine Williamsburg-Zigarre. Deshalb geht er rasch ohne Gehrock nur im Hemd en taille über die

Straße, kauft die Zigarre und kehrt, sein Haus stolz betrachtend, zurück. Doch als er hineinwill, verstellt ihm der grobschlächtige Hausdiener den Weg. Wische protestiert, es kommt zum Handgemenge, Wische landet in der Pfütze. Auch der Butler, der aus der Türe tritt will ihn nicht erkennen. Die Polizei erscheint und fragt die gnädige Frau mit ihren Töchtern, ob dieser verschmutzte Herr ihr Gatte sei: «Madame Wische, in eigentümlich gebogener Haltung, die aber ihre sehr schönen Schultern voll zur Geltung brachte, sah das Individuum mit weiten Augen an. Und dann sagte sie (sie sagte es wirklich): ‹Wer ist das?›» Wische landet dann im Asyl Heleng, glaubt an ein Komplott und wüsste nur einen, der ihn identifizieren und damit rehabilitieren könnte, das wäre sein alter Partner Bullms. Aber «der war tot».

Tatsächlich eine wunderbare Lieferung, voll offener Enden und weiterführender Fäden, im Grunde der Beginn eines sich weit auffächernden Romans. Doch nun musste fortgesetzt werden, der Nachfolger mühte sich redlich, Wisches Aufenthalt im Bukarester Obdachlosenasyl in allen erdenklichen Schockfarben auszumalen von Kakerlaken über Ratten bis zum menschlichen Gelichter jeder Art. Dort trifft Wische auf den mit allen Schmuggelwassern gewaschenen Shamil, der ihm aus der Patsche hilft. Wische kann nachts in sein Haus einsteigen und all seine versteckten Reichtümer mitnehmen. 14 Jahre später stirbt Wische in Kronstadt.

Kaum war die 39. Lieferung erschienen, rief Augustin auch schon an: «Du hast alles vermasselt! Deine

Fortsetzung ist ganz hervorragend, aber Du hast alles vermasselt.» Er lachte, und es klang leider nicht ganz so leichtsinnig wie sonst. Nun folgten Erklärungsversuche, Apologien, Verteidigungsreden. Augustin hörte alles an, machte Scherze und endete doch immer mit den so freundlichen wie unmissverständlichen Worten: «Du hast es vermasselt! Ein einziges Versagen! Aber eine tolle Fortsetzung!» Wie er denn fortgesetzt hätte? Er lachte: «Na Wische kommt irgendwann nach München, macht beim Hitlerputsch mit und wird später Attentäter ohne Fortune!»

Die Koautoren nahmen es gelassen, man neckte sich gegenseitig. Augustin blieb übrigens Percy Warberger selbdritt stets gewogen. Dass er am Ende des Lieferungsromans dann selbst als Romanfigur auftaucht, versteht sich von selbst, Ehre wem wahrlich Ehre gebührt: «Im Türrahmen zum nächsten Raum stand ein Riese mit grauen Locken, der sein nobel ernstes Gesicht urplötzlich mit einem Kichern so erschütterte, dass sich tausendundeine Falten über die Züge legten, während er schmetterte: ‹Dafür haben wir überhaupt kein Verständnis!›»

Tolle, lege Augustin

Nachwort und Dank des Herausgebers

«Tolle, lege!»
«Nimm, lies!»

Uns schwebte ein Buch über Augustin vor; doch wie Leser dafür finden? Es sollte ein Zusammenhang hergestellt, eine Klammer gebildet werden, die Alles umfasste, Prosa und Poesie – am besten vielleicht im Sinne eines Gedenkbuches.

Er sagte schöne Sachen und entlockte auch uns die herrlichsten Bonmots: «Er war in der zeitgenössischen deutschen Literatur unter vielen tollen Hunden eine selbstbewusste Katze. Fiel zwar nicht immer auf die Füße, aber mehrere Leben hatte er bestimmt.» (Sten Nadolny)

Das Werk unseres Erzählers begann mit einer Fabel:

Türmann lebte wirklich
er lebte zwischen Gastürmen und Mietshäusern
und ging in einem Strom von Wirklichkeit spazieren
zu Hause aber in seiner Kommode
hielt er sich einen Sandkasten mit kleinen
    Gastürmen und
Mietshäusern
und in diesem Sandkasten
lebte ein Mann namens Asam, der dort in einem
    Strom von

Wirklichkeit spazieren ging
der aber zu Hause
in einer sehr kleinen Kommode gleichfalls einen
        Sandkasten
hatte, in welcher ein Mann zwischen Gastürmen
        und Mietshäusern spazieren ging
überzeugt, daß es ihn wirklich gäbe.

War er nicht auch Lyriker?

In der bedeutenden Frankfurter Anthologie sind gelegentlich Gedichte von Schriftstellern interpretiert
worden, die nicht eigentlich über ein lyrisches Werk
verfügen. So würdigte, gleich im ersten Jahr ihres
Erscheinens, Hans Mayer ein Gedicht Thomas Manns
(«Monolog») und überschrieb seine Betrachtung mit
der rhetorischen Frage: «War er kein Lyriker?»

Diese Frage ließe sich auch bei Ernst Augustin stellen, und auch Augustins Gedicht steht, ähnlich wie
Thomas Manns «Monolog», am Anfang seiner Werk-
stiftung: gleich zu Beginn seines Romans «Der Kopf»
(1962).

Und ähnlich wie Hans Mayer seinerzeit, der das
Gedicht «Monolog» auf die Entstehung der «Budden-
brooks» bezog, könnten und müssten wir Augustins
Gedicht «Fabel» auf die Entstehung seines Erstlings-
romans «Der Kopf» beziehen. Denn der hat eine Fabel,
im Sinne einer Narration, die ähnlich verstiegen und
zugleich ähnlich klar gebaut ist wie die Fabel seines
kurzen Gedichts.

Der hier erwähnte Türmann gerät in existenzielle

Not, in eine Art Geistesverwirrung, in der er Angst vor seiner «eigenen Vorstellungsgabe» entwickelt: «Wenn wirklich dies alles, was ich hier um mich sehe, nur meinem eigenen Kopf entspringt», so denkt er sich, «dann könnte sich ja alles ereignen, was ich denke.»

Türmann «suchte nach einem lyrischen Vergleich», heißt es im Roman, und eben diesen Vergleich liefert uns Augustins Exposition: eine mehrfach geschichtete und verschachtelte Wirklichkeit, die vielleicht nur gedanklich existiert. Aber wäre das so schlimm? «Meine Phantasie ist zu allem fähig», sagte Augustin, nachdem er teilweise erblindet war und seine Welt ganz nach innen verlegen musste.

Die gedankliche war seither seine eigentliche Welt geworden. Oder war sie es nicht vielmehr schon immer? Jedenfalls: Seiner innerweltlich beheimateten Phantasie verdanken wir wunderbar exotische Romane, die uns nach Afghanistan und Indien, nach Nord- und Südamerika, nach Sibirien und in die Südsee entführen – im Gedankenflug.

Vieles davon hat er noch selbst in Augenschein genommen, auch vom DDR-grauen Schwerin wusste er farbig zu erzählen, oder vom spektakulären Trödlermarkt in London. Dort besaß er ein Kapitänshaus im East End, das er nicht mehr wiedergesehen hat. Genug, er hat es verinnerlicht – und veräußerlicht: in seinem hinreißenden Roman «Eastend». Und das führte er weiter, als er schon nicht mehr sehen konnte.

Hans Mayer spricht in seiner Analyse von Thomas Manns einzigem Gedicht von der «Bangigkeit», die sich immer wieder in das Schreiben gemischt habe, abgelöst von «Hochgefühl». Das trifft vermutlich jeden Erzähler von Rang. Mayer sagt ebenfalls, meines Erachtens völlig überzeugend: «Lyrische Poesie hohen Ranges gibt es allenthalben im epischen Werk.» Wenn man manchmal von moderner Poesie gesagt hat, dass sie in Verse gebrochene Prosa sei, so könnte man von mancher Prosa sagen, dass sie sich mühelos in moderne Poesie ummünzen ließe. Und was die eine von der anderen Gattung gewinnen kann, hat dann wohl eine besondere Qualität.

Wir lieben das Werk von Ernst Augustin sehr, denn poetischer kann Prosa nicht sein. Aber Augustin hat nicht nur poetisch geschrieben, sondern auch poetisch gesprochen, wie die Hausbesuche dieses Bandes eindrucksvoll dokumentieren. Daher schwebte uns lange schon ein Buch vor, das von dieser hohen Rede erzählt und sie mit Bildern illustriert.

Bestimmt erinnert man sich an die Bekenntnisse des heiligen Augustinus. Gegen Ende des achten Buches erzählt uns der Kirchenvater von seiner Glaubenskrise:

«Da auf einmal höre ich aus dem Nachbarhaus die Stimme eines Knaben oder Mädchens im Singsang wiederholen: ‹Nimm es, lies es, nimm es, lies es!› Augenblicklich machte ich andere Miene, gespannt besann ich mich, ob unter Kindern bei irgendeinem Spiel so ein Leierliedchen üblich wäre, aber ich entsann mich nicht, das irgendwo gehört zu haben. Ich hemmte die Gewalt der Tränen und stand vom Boden auf: ich wußte keine andere Deutung, als daß mir Gott befehle, das Buch zu öffnen und die Stelle zu lesen, auf die zuerst ich träfe.»

Und der Trost der Bibel kam über ihn, wie auf uns die Bekenntnisse von Augustins Lesern kamen. Denn es sind vielfach Liebeserklärungen, die wir der Begegnung mit diesem großen Autor verdanken, Nachfragen und Zuwendungen von echten Lesern, kollegiale Sondierungen von Schriftstellern, die selbst ein bedeutendes Werk gestiftet haben, Tröstungen von Freunden und Wegbegleitern. Manchmal datieren diese Freundschaften vom Anbeginn seiner Autorschaft bei Piper (wie bei Hildegard und Reinhard Baumgart), bisweilen ergaben sie sich aus einer entscheidenden Weichenstellung, wie etwa beim späten Verlagswechsel zu Wolfgang Beck: «Das ist wie eine Familie, die man hat.»

Abbildung 19: Epheus (© Isolde Ohlbaum)

Nachweis der Erstveröffentlichungen

Ernst Augustin: Ich über mich. Buchreport, Nr. 12 vom 19. 3.
1976, S. 12.

Wolfgang Beck: Trauerrede für Ernst Augustin. Originalbeitrag.

Ernst Augustin: Das Bild des Verlegers. Rede, gehalten am
18. November 2006 bei der Geburtstagsfeier von Wolfgang
Beck.

Uwe Timm: Nachruf auf Ernst Augustin. Jahrbuch der Bayerischen Akademie der Schönen Künste. Jg. 33, 2019, S. 350–
352.

Lutz Hagestedt: Trauerrede. Originalbeitrag.

Hildegard Baumgart: Ein paar Worte zum Abschied von Dixie.
Originalbeitrag.

Mary Banbury: I Remember Ernst. Originalbeitrag.

Ernst Augustin: Gastürme und Rehe. Eastend. Roman. München: C.H.Beck 2005, S. 165 f.

Tilman Spreckelsen: Aufwachen im Traum. Zum Tod des
Autors Ernst Augustin. Frankfurter Allgemeine Zeitung,
Nr. 257 vom 5. 11. 2019, S. 11.

Ulrich Rüdenauer: Fantastischer Fantastiker. Nachruf auf
Ernst Augustin. Die Tageszeitung, taz.de, https://taz.de/
Zum-Tod-von-Ernst-Augustin/!5639071/

Ernst Augustin: Glücklich – Ernst Augustins Antwort auf die
Frage «Welches Kunstwerk hat Sie zuletzt zum besseren
Menschen gemacht?» Süddeutsche Zeitung, Nr. 277 vom
30. 11. 1999, S. 18. Auch in: Der Künzler am Werk. Eine
Menagerie. München: C.H.Beck 2004, S. 105–107.

Adelbert Reif: Schizophrenie in Literatur und Gesellschaft.
Zwei Gespräche mit Ernst Augustin. (1) Selecta, Nr. 7 vom
14. 2. 1977, S. 634–636. (2) Weltwoche Magazin, Nr. 40
vom 6. 10. 1976, S. 49–50. Der Beitrag ist zur Vermeidung
von Dopplungen behutsam redigiert worden.

Katrin Hillgruber: Im Bann des Sonnengottes. Auf Preußenart das Licht des Südens preisen: Ernst Augustin schickt seine Leser in «Die Schule der Nackten». Der Tagesspiegel, Nr. 18 212 vom 17. 8. 2003, S. 28.

Hans Magnus Enzensberger: Ernst Augustin: Der Kopf. Der Spiegel, Nr. 14 vom 4. 4. 1962, S. 77.

Stephan Lesker: Der Kopfmensch und sein Körper. Weltenwanderer bei Ernst Augustin und Walter Kempowski – mit einem Seitenblick auf Flammarion. Originalbeitrag.

Cornelia Zetzsche: Das Sein ist das eigentliche Geheimnis. Gespräch mit Ernst Augustin in der Orffstraße. Transkript eines Gesprächs mit Ernst Augustin, veröffentlicht im Rahmen der Radiosendung «radioTexte – Das offene Buch». Erstsendung am 21. 9. 2012.

Katrin Hillgruber: Ernst Augustin «Das Monster von Neuhausen». Das Hirn liegt da und friert. Frankfurter Rundschau. 71. Jahrgang, Nr. 188 vom 15. August 2015, S. 38.

Ernst Augustin: Ein zärtlicher Erfinder. Das Monster von Neuhausen. Ein Protokoll. München: C.H.Beck 2015, S. 15–18.

Adolf Muschg: Spielwitz. Rede auf Ernst Augustin. Laudatio anlässlich der Verleihung des Kleist-Preises 1989 an Ernst Augustin am 18. 3. 1989. Kleist-Jahrbuch 1990, S. 4–10.

Hanns-Josef Ortheil: München ist eine exotische Stadt. Laudatio auf Ernst Augustin. Laudatio anlässlich der Verleihung des Mörike-Preises an Ernst Augustin am 18. 3. 2009. Mörike-Preis der Stadt Fellbach 2003–2012. Ein Lesebuch. Hg. von Christa Linsenmaier-Wolf. Fellbach: Stadt Fellbach 2012 (Fellbacher Hefte, 13), S. 117–127.

Cornelia Zetzsche: «Donnerwetter». Laudatio auf Ernst Augustin zum Ernst Hoferichter-Preis, 15. 1. 2008.

Ernst Augustin: Das blutige Herz Afghanistans. Eine Trauerrede. Süddeutsche Zeitung, Nr. 261 vom 13. 11. 2001, S. 17. Auch in: Der Künzler am Werk. Eine Menagerie. München: C.H.Beck 2004, S. 117–123.

Uwe Wittstock im Gespräch mit Ernst Augustin: «Schwarze Romantik liegt mir am meisten». Über die Lust am Fabulieren und die Gruppe 47. Die Welt, Nr. 254 vom 31. 10. 2007, S. 30.

Johannes Willms im Gespräch mit Ernst Augustin über ‹Raum›. Süddeutsche Zeitung, Nr. 231 vom 6./7. 10. 2012, S. 10.

Thomas von Steinaecker: Der Mann der vielen heimlichen Leidenschaften. «Hier entlang bitte!» – Ein Besuch im Haus des Schriftstellers Ernst Augustin. Süddeutsche Zeitung, Nr. 220 vom 24. 9. 2007, S. 14.

Hansjörg Schertenleib: Der Phantast. Ein Besuch bei dem Schriftsteller Ernst Augustin. Neue Zürcher Zeitung, Nr. 261 vom 9. 11. 2007, S. 26.

Jan Bürger: Orffstraße 10. Zu Besuch im Zwischenraum. Überarbeitete Fassung eines Beitrages, der erstmals am 22. März 2012 in der Frankfurter Allgemeinen veröffentlicht wurde.

Wolfgang Habermeyer im Gespräch mit Ernst Augustin, Psychiater und Schriftsteller. Transkript eines Gesprächs im Rahmen der Reihe α-Forum des Bayerischen Rundfunks. Erstsendung am 14. 11. 2005, 20.15 Uhr.

Malte Herwig und Sven Michaelsen im Gespräch mit Ernst Augustin: «Ich schreibe mit der Hand, ohne zu sehen, was ich schreibe». Süddeutsche Zeitung Magazin, Nr. 9 vom 1. 3. 2013, S. 16–23.

Erdmute Klein: Ein Sprachmagier. Ernst Augustin im Gespräch über «Gutes Geld». Transkript eines Interviews mit Ernst Augustin für die Radiosendung «LeseZeichen – Das Bücherjournal» von Radio Bremen. Erstsendung am 20. 4. 1996, 16.05–17.00 Uhr.

Ernst Augustin: Das Abenteuer der Menschheit. Die Schule der Nackten. Roman. München: C.H.Beck 2003, S. 79–83.

Martin Hielscher: Die dünne Eierschale der Wirklichkeit. Der Schriftsteller Ernst Augustin. die horen, Nr. 161 (1991), S. 69–84.

Sherko Fatah: Laudatio auf Ernst Augustin. Laudatio anlässlich der Verleihung des Günter Grass-Preises an Ernst Augustin am 23. 1. 2013.

Christiane Freudenstein: Unsichtbar werden. Gedanken zu
«Robinsons blaues Haus». Originalbeitrag.

Ernst Augustin: Die Taucherglocke: Robinsons blaues Haus.
Roman. München: C.H.Beck 2012, S. 87–94.

Harald Eggebrecht: Magische Augenblicke. Abenteuer mit
Ernst Augustin. Originalbeitrag.

Tolle, lege Augustin: Nachwort und Dank des Herausgebers.
Originalbeitrag.

Die Beiträger

Mary Banbury, who is from New Orleans where women don't reveal their birth date, first met Ernst Augustin on a train to Italy. She was convinced that she had met her own personal Seanchaí, a storyteller who invited her into his dream world and enchanted and enthralled her with his imagination, humor, and fantasy for the next forty years.

Hildegard Baumgart, Jahrgang 1929, war mit Dixie und Queenie seit 1962 befreundet, Mann und Kinder eingeschlossen: «Zu Queenie möchte ich immer noch sagen, dass ich sie für eine hochinteressante Malerin halte und sehr gern in meiner (nicht kommerziellen) Galerie in Lindow/Mark eine Ausstellung machen möchte.»

Wolfgang Beck, Jahrgang 1941, lernte Ernst Augustin erst in (beiderseits) fortgeschrittenen Lebensjahren persönlich kennen – und lieben und verehren, nachdem er sein Verleger geworden war.

Jan Bürger, Jahrgang 1968, liest Augustins Romane seit drei Jahrzehnten, schrieb gelegentlich über ihn in Zeitungen und Zeitschriften und begegnete ihm im Januar 2004 erstmals persönlich im Deutschen Literaturarchiv Marbach. Seither trafen sich die beiden immer wieder, nicht zuletzt, weil ihre Bücher im selben Verlag erscheinen.

Harald Eggebrecht, älter, als manche denken, versuchte seine Begeisterung über Ernst Augustin anfangs in bedeutungsvollen Essayversuchen zu bändigen. Doch seine Anstrengungen, aus dem «ewigen Geheimtipp», wie Augustin sich schelmisch selbst verspottete, mittels Wissenschaftsernst in diversen deutschen Edelzeitschriften einen Welterfolg zu machen, scheiterten kläglich und wurden nicht gedruckt. Augustin lachte höchst amüsiert über den falschen Ehrgeiz. Doch aus verdienten Niederlagen entstand eine wunderbare immerwährende Freundschaft.

Hans Magnus Enzensberger, Jahrgang 1929. Ende der 50er, Anfang der 60er Jahre Lektor im Suhrkamp Verlag, schrieb im Nachrichtenmagazin DER SPIEGEL über «Poesie & Politik». «Der Kopf» war seine erste Rezension.

Sherko Fatah, Jahrgang 1964, hielt die Laudatio zum Lübecker Literaturpreis, der Augustin 2013 «Von Autoren für Autoren» zuerkannt worden war. Begegnet ist er seinen Werken vor vielen Jahren auf einer längeren Indienreise. Eine Ausgabe von «Der amerikanische Traum» lag in einer Lodge herum. «Mahmud der Schlächter» (von Augustin 2003 in «Mahmud der Bastard» umbenannt) wurde bald darauf sein Favorit. Für ihn ist Augustin einzigartig, denn er hat sein eigenes Genre zwischen Phantastik, Abenteuer und Psychologie geschaffen.

Für Christiane Freudenstein, Publizistin, Bibliothekarin und Herausgeberin der Online-Updates von Kindlers Literatur Lexikon, hätte es nicht des steten Tropfens wunderschön verpackter Augustin-Bände bedurft, die Wolfgang Beck ihr Jahr für Jahr zu Weihnachten schenkte, um ganz und gar hingerissen zu sein von der Romankunst Ernst Augustins.

Wolfgang Habermeyer, Ethnologe, Fußballmoderator und Journalist. Mitarbeit bei der Sendung «alpha-Forum» des Bildungskanals «BR-alpha» im Bayerischen Rundfunk.

Lutz Hagestedt, Jahrgang 1960, betreute als Pressesprecher eines lauten, schweren und dröhnenden Verlegers Augustins Roman «Gutes Geld». 2013 wurde er von Augustin zu seinem ‹Max Brod› erklärt. Er füllt keinen Türrahmen aus.

Malte Herwig, Jahrgang 1972, hat als Autor für das Magazin der «Süddeutschen Zeitung», «Spiegel» und «Stern» viele bedeutende Künstlerinnen und Künstler der Gegenwart interviewt. Über manche von ihnen schreibt er danach Biografien: «Meister der Dämmerung» (Pantheon, 2020), «Die Frau, die Nein sagt» (Diogenes, 2021) und zuletzt «Der große Kalanag» (2021, Penguin Verlag).

Martin Hielscher, Jahrgang 1957, Augustins Lektor seit 2001, veröffentlichte die erste größere literaturwissenschaftliche Einzelbetrachtung zum Werk, lange bevor der Autor zu C.H.Beck wechselte. Da er Augustins Werk schon als Schüler entdeckt hatte, betrachtet er es als großes Glück, ihn später als Lektor begleiten zu dürfen.

Katrin Hillgruber, Jahrgang 1965, erinnert sich als Literaturkritikerin an die Führungen, die ihr Ernst Augustin bei Interviews in seinem phantastischen Refugium in München-Neuhausen gewährte: Vorbei an Inge Augustins Trompe-l'œil-Illustrationen im Treppenhaus ins holzgetäfelte Kapitänszimmer oder in die Salsa-Bar mit Discokugel – alles von E. A. eigenhändig ins Werk gesetzt, sein bewohnbarer Roman, der für die Nachwelt erhalten werden sollte.

Erdmute Klein, Journalistin und Publizistin sowie Übersetzerin aus dem Niederländischen, begleitete die ‹buddhistische Persönlichkeit› Ernst Augustins auf ihrer spirituellen Suche nach dem Glück.

Stephan Lesker, Jahrgang 1984, absolvierte während seines Studiums zu Augustins Roman «Schönes Abendland» einst einen Lektüretest. Er bestand ihn und nimmt sich seitdem vor Schwefelblüte (Flores sulfuris – «macht den Darm subtil») in acht.

Sven Michaelsen, Jahrgang 1958, war Reporter und Autor beim »Stern«, interviewt für das »SZ-Magazin« seit 2007 die Leitfiguren und Idole unserer Zeit, wurde zwei Mal mit dem »Deutschen Reporterpreis« ausgezeichnet und schrieb sieben Bücher, zuletzt »Sie sind wohl übers Ufer getreten, Sie Rinnsal! Wenn berühmte Künstler hassen, lieben & lästern«.

Adolf Muschg, Jahrgang 1934, verlieh Ernst Augustin den renommierten Kleist-Preis. Er ist ein süchtiger Leser Augustins, der seine geballte Kompetenz als Arzt, Architekt und Stilist darauf verwendet, im Ton gelassener Vernunft den Wahnsinn der Wirklichkeit aufzudecken, an dem wir verzweifeln müssten, wenn er uns nicht lachen machte.

Hanns-Josef Ortheil, Jahrgang 1951, wartet seit Jahrzehnten auf die Dame, die gegen halb vier von der Ruffinistraße her erscheinen soll und von ihm behandelt werden möchte. Mit Ernst Augustin steht er seither in engem Kontakt.

Adelbert Reif, 1936 bis 2013, porträtierte als Kulturpublizist bedeutende Intellektuelle, Künstler und Schriftsteller. Er veröffentlichte mehrere Bücher, darunter seine «Gespräche mit Hannah Arendt» (1976) sowie «Mythos und Bedeutung. Fünf Radiovorträge. Gespräche mit Claude Lévi-Strauss» (1992).

Ulrich Rüdenauer, Jahrgang 1971, hat sich seinerzeit als junger, unbedarfter Journalist bei einem Gespräch mit Lutz Hagestedt im Frankfurter Westend (oder war's doch eher das Eastend?) mit der Begeisterung für Ernst Augustins Werk angesteckt.

Hansjörg Schertenleib, Jahrgang 1957, gehört zu den Schriftstellerkollegen, für die Augustin schon lange kein Geheimtipp mehr ist.

Tilman Spreckelsen, Jahrgang 1967, ist Schriftsteller und Literaturkritiker. Ernst Augustins Roman «Der amerikanische Traum» eröffnete ihm eine Welt, die er nicht mehr verlassen wollte.

Thomas von Steinaecker, geboren 1977, lebt als Autor von Romanen, Hörspielen und Comics sowie als Regisseur von Dokumentarfilmen in Augsburg. Als Praktikant im C.H.Beck Verlag lernte er Ernst Augustin kennen, der dort damals stets in weißem Anzug erschien.

Uwe Timm, Jahrgang 1940, Münchener Freund und Schriftstellerkollege, lernte Augustin auf einer Bordeaux-Reise kennen und erkundete mit ihm die Stadt nach Möglichkeitsformen.

Johannes Willms, Jahrgang 1948, war gegen Ende des letzten Jahrhunderts Feuilletonchef der Süddeutschen Zeitung, dem Augustin gelegentlich eine Perle seiner Prosa zur Veröffentlichung überließ. Sich selbst charakterisierte Augustin als das «Ungeheuer von Neuhausen», des Münchener Stadtteils, in dem er lebte. In Wahrheit war er der liebenswürdigste Mensch, der ihm je begegnete.

Uwe Wittstock, Jahrgang 1955, hat den Autor, Arzt und Abenteurer Augustin erst spät entdeckt, ist dessen Spuren durch die Landschaften der deutschen und manchmal tiefschwarzen Romantik dann aber umso bereitwilliger gefolgt.

Cornelia Zetzsche, witterte 1996 «Gutes Geld» in der Orffstraße, irrlichterte durchs wunderliche Neuhausener Haus, lernte Salsa in der Flamingo Bar im Souterrain und begleitete Ernst Augustin bei seinem letzten Bühnen-Auftritt durch «Das blaue Haus». Als Literaturkritikerin hütet sie den Schatz seiner Romane, die weise, wundersam, welthaltig und voller Humor sind.

Besonderer Dank an Ulrich Baron, Andreas Kozlik und Susanne Rößler.